Alexander Priebe & Ralf Laging

Das Institut für Leibesübungen der Philipps-Universität Marburg (1924–1974)

Studien zur Geschichte des Sports

herausgegeben von

Prof. Dr. Wolfram Pyta (Universität Stuttgart)
Prof. Dr. Giselher Spitzer (HU Berlin)
Prof. Dr. Rainer Gömmel (Universität Regensburg)
Prof. em. Dr. Jürgen Court (Universität Erfurt)
Prof. Dr. Michael Krüger (Universität Münster)

Band 32

Alexander Priebe & Ralf Laging

Das Institut für Leibesübungen der Philipps-Universität Marburg (1924 – 1974)

Ein Beitrag zur Geschichte der Sportwissenschaft

LIT

Umschlagbild: M. Tarik Orliczek

Die Autoren danken der Universität Marburg
für die finanzielle Unterstützung.

Gedruckt auf alterungsbeständigem Werkdruckpapier entsprechend
ANSI Z3948 DIN ISO 9706

Bibliografische Information der Deutschen Nationalbibliothek
Die Deutsche Nationalbibliothek verzeichnet diese Publikation in der
Deutschen Nationalbibliografie; detaillierte bibliografische Daten sind
im Internet über https://dnb.dnb.de abrufbar.

ISBN 978-3-643-15642-6 (br.)
ISBN 978-3-643-35642-0 (PDF)

© LIT VERLAG Dr. W. Hopf Berlin 2024
Verlagskontakt:
Fresnostr. 2   D-48159 Münster
Tel. +49 (0) 2 51-62 03 20
E-Mail: lit@lit-verlag.de   https://www.lit-verlag.de

Auslieferung:
Deutschland: LIT Verlag, Fresnostr. 2, D-48159 Münster
Tel. +49 (0) 2 51-620 32 22, E-Mail: vertrieb@lit-verlag.de

Inhalt

Vorwort IX

1 Einleitung 11

2 Zur Vorgeschichte der Leibesübungen an der Marburger
  Philipps-Universität 15

  2.1 Die Gebäude und Einrichtungen zum Reiten,
      Fechten und Spielen 15

  2.2 Zur Entwicklung der Turnplätze und Turnhallen im
      19. Jahrhundert 17

  2.3 Das Ringen um die Anstellung eines Turnlehrers im
      Hauptamt 18

  2.4 Die Anstellung von Dr. Peter Jaeck als
      akademischer Turn- und Sportlehrer 23

  2.5 Die Akademische Sportbewegung 24

3 Die Gründung des Instituts für Leibesübungen 1924 und die
  weitere Entwicklung bis 1933 27

  3.1 Das Deutsch-Akademische Olympia 1924 in
      Marburg 28

  3.2 Die Entwicklung des Instituts für Leibesübungen
      nach 1924 34

      3.2.1 Die Entwicklung des Hochschulsports 36

      3.2.2 Die Neuordnung der Turnlehrerausbildung 39

  3.3 Die Einführung des Gelände- und Wehrsports 46

4 Das Hochschulinstitut für Leibesübungen unter dem
  nationalsozialistischen Regime 49

  4.1 Die Ausweitung des Wehr- und Geländesports 1933 50

4.2 Die Hochschulsportordnung vom 30. Oktober 1934 52

    4.2.1 Die Grundausbildung der Studierenden der ersten drei Semester 53

    4.2.2 Der freiwillige Sportbetrieb der älteren Studierenden 55

    4.2.3 Das Wettkampfwesen der Studierenden 55

    4.2.4 Die Lehrerausbildung auf dem Gebiet der körperlichen Erziehung 57

    4.2.5 Das Lehrgangswesen für Fortbildungszwecke 64

    4.2.6 Das wissenschaftliche Studium der körperlichen Erziehung an den Hochschulen und die wissenschaftliche Prüfung 66

    4.2.7 Gliederung, Personal und Etat des Instituts für Leibesübungen nach ihrer Neuordnung 68

4.3 Die Abteilung für Luftfahrt (1934–1945) 71

4.4 Die Entwicklung des HIfL nach Beginn des Krieges 74

4.5 Die Verflechtung des HIfL mit den Ministerien des NS-Regimes 77

5 Der Neuaufbau des Instituts für Leibesübungen nach 1945 bis in die 1960er-Jahre 79

    5.1 Die Entwicklung des Instituts in der Nachkriegszeit 79

    5.2 Die Ausbildung der Turnlehrer/innen in den 1950er-Jahren 86

    5.3 Die Entwicklung des Instituts in den 1960er-Jahren 90

6 Hochschulreform und Institutsentwicklung in den 1960er- und 1970er-Jahren 99

    6.1 Die Hochschulreform in Hessen 100

    6.2 Die Konfrontation der Institutsdirektoren mit der Hochschulreform 104

	6.3	Mitbestimmung und Drittelparität – die Konstituierung des Institutsbeirats	109
	6.4	Reform der Lehre – die Kritik der Studierenden	116
	6.5	Sportlehrer/in werden – für welchen Sport und welche schulische Praxis?	119
	6.6	Hochschulreform – war da was?	122
7		Die Fachbereichszuordnung – das Institut zwischen Gesellschafts- und Erziehungswissenschaften	125
	7.1	Die Hessische Reform von 1970 und ihre Folgen für die Institutsstruktur	126
	7.2	Zwischen Eigenständigkeit und Schwebezustand – das Problem der Sonderstellung	129
	7.3	Angliederung des IfL an den FB 03 – ein erster Versuch	136
	7.4	Die Teilung des FB 03 und die Zuordnung des IfL zum neuen FB 21	143
	7.5	Der Weg des IfL in den FB 21 – ein Resümee	160
8		Die personelle Situation im Institut während der Hochschulreform	163
	8.1	Professuren und Überleitungen	163
	8.2	Die Causa Lindner	165
	8.3	Überleitung in die neue Personalstruktur	170
	8.4	Die Besetzung zugewiesener Professuren	175
	8.5	Die personelle Ausstattung – ein schwieriger Prozess	183

9	Die Arbeitsgemeinschaft Sportwissenschaftlicher Hochschuleinrichtungen am Marburger Institut – eine Geschichte der Sportwissenschaft 185
	9.1 Die Gründung der ASH 187
	9.2 Das erste Jahr der ASH 192
	9.3 Die Stilllegung der ASH 193
	9.4 Die Bundesdelegiertenversammlungen der ASH in Marburg 195
	9.4.1 Die 3. Bundesdelegiertenversammlung 196
	9.4.2 Die 4. Bundesdelegiertenversammlung 201
	9.5 Das Ende der ASH und der Marburger Geschäftsstelle 204
	9.6 Die ASH – ein gescheitertes Reformprojekt der Sportwissenschaft 208
10	Fünfzig Jahre Institut für Leibesübungen und ein Ausblick 211

Abkürzungsverzeichnis 216

Quellen- und Literaturverzeichnis 219

Chronik des Instituts 240

Vorwort

Das *Institut für Sportwissenschaft und Motologie* der Philipps-Universität Marburg feiert 2024 seinen 100. Gründungstag. Es wurde 1924 als *Institut für Leibesübungen* gegründet, von 1934 bis 1945 in *Hochschulinstitut für Leibesübungen* umbenannt, wurde 1974 in das *Institut für Sportwissenschaft* überführt und ab 1983 als *Institut für Sportwissenschaft und Motologie* erweitert. Verweisen diese Umbenennungen auf die institutionelle und akademische Entwicklung des Fachs, hat das Institut seither und auch in der Vorbereitung auf das Jubiläum die Kontinuität gegenüber den Brüchen und Veränderungen in seinem Selbstverständnis in den Vordergrund gestellt. Dieser Band zur Geschichte des Instituts bearbeitet die ersten 50 Jahre und bildet mit der differenzierten Darstellung der Hochschulreform seit 1966 eine Grundlage, die Anfänge und Fortentwicklung des Instituts nachvollziehen zu können. Die Erarbeitung dieser jüngeren Epoche bleibt eine bestehende und gleichermaßen fortzusetzende Aufgabe.

Während die chronologische Erarbeitung der Epochen Vorarbeiten von Walter Bernsdorff und Kollegen aus den 1970er-Jahren aufgreift und durch neuere Forschungsarbeiten ergänzt, sind die Vorgänge um die Hochschulreform und die Zuordnung des Instituts zu einem Fachbereich bisher weitgehend unbearbeitet. Die vorliegende Publikation versteht sich daher weniger als eine klassische Festschrift, sondern versucht neuere Forschungen zusammenzutragen und auch in anderen Instituten anzuregen.

Im Zuge der Bearbeitung haben wir den Quellenbestand im Marburger *Universitätsarchiv* schätzen gelernt, dessen Zugang uns durch Dr. Carsten Lind und Dr. Katharina Schaal fortwährend erleichtert wurde. Ähnliches gilt für das *Bildarchiv Foto Marburg*, das auch bedeutsame sporthistorische Bildbestände bereitstellt. Den Mitgliedern der *Deutschen Gesellschaft für Geschichte der Sportwissenschaft e.V.* gilt ein Dank für die Anregungen auf den Tagungen der vergangenen Jahre. Eine abschließende Durchsicht hat Manuel Reining übernommen. Die redaktionelle Bearbeitung lag ganz in den versierten Händen von M. Tarik Orliczek, der die Fertigstellung des Bandes umsichtig begleitet hat.

Alexander Priebe und Ralf Laging　　　　　　　　Marburg, August 2024

1 Einleitung

„Ein mehr als hundertjähriger Kampf um die Existenzberechtigung der körperlichen Erziehung auf der Universität hat seinen Abschluß gefunden",[1] schrieb Peter Jaeck 1927 anlässlich des 400. Universitätsjubiläums. Er meinte damit zuerst das lange Ringen um die Einführung des Turnens im 19. Jahrhundert und dann besonders die wenigen Jahre nach der Institutsgründung 1924, in denen der äußere Aufbau mit dem Bezug des Institutsgebäudes in der ehemaligen Reithalle vorerst abgeschlossen war. Die vorliegende Schrift greift diese epochale Gliederung auf: Zuerst wird im *zweiten* Kapitel die Vorgeschichte der akademischen Leibesübungen in Marburg seit dem 16. Jahrhundert skizziert und mit dem *Akademischen Ausschuß für Leibesübungen* (1912) aufgezeigt, wie die Universität Gremien zur Gestaltung dieser neuen Aufgabe schuf. Das folgende *dritte* Kapitel schilderte die Gründungsphase des Instituts 1924 und die Vorbereitung auf das Deutsch-Akademische Olympia, dessen weithin anerkannte Ausrichtung eine Voraussetzung für die Etablierung des Hochschulsports und die Einführung der *Turnphilologen*-Ausbildung 1929 wurde. Mit der Einführung des Wehr- und Geländesports 1931 wird der Übergang in das Regime des Nationalsozialismus schon aufgegriffen. Das *vierte* Kapitel beschreibt die Umsetzung der *politischen Leibeserziehung* im Nationalsozialismus, indem die Ausgestaltung der *Hochschulsportordnung* vom 30. Oktober 1934 in ihren einzelnen Abschnitten und den jeweiligen Verflechtungen dargelegt wird. Ein Schwerpunkt bildet die *Abteilung für Luftfahrt* und die gesamte Entwicklung im Verlauf des Krieges, an der die besondere Verantwortung des Instituts für die Umsetzung nationalsozialistischer Erziehungspolitik anschaulich wird. Daher leitet die Frage einer Schließung oder des Fortbestandes des Instituts nach 1945 die Darstellung des *fünften* Kapitels ein, das anschließend die Entwicklung des Hochschulsports und der Ausbildung der Turnlehrer/innen bis in die 1960er-Jahre darlegt.

Durchgehend folgt die Darstellung dem Versuch, die Entwicklung in Marburg mit den auf die Leibeserziehung und die akademische Entwicklung des Faches bezogenen bildungspolitischen Fragen in Preußen, im nationalsozialistischen Deutschland, im Land Hessen und in der Bundes-

---

[1] Jaeck, 1927a, S. 80.

republik in Beziehung zu setzen und den besonderen Beitrag des Marburger Instituts dazu in einer institutionellen und biographischen Perspektive aufzuzeigen.

Wenn Peter Jaeck das Jahrhundert vor 1927 als den „Kampf um die Existenzberechtigung der körperlichen Erziehung auf der Universität"[2] beschrieben hat, so können die 50 Jahre seit der Institutsgründung 1924 als *Kampf um die akademische Anerkennung* des Faches charakterisiert werden. Während diese Frage auch zuvor in unterschiedlichen Ausprägungen virulent war, drängt sie sich mit der Hochschulreform nach 1966 in den Vordergrund. Zuerst wird im *sechsten* Kapitel die Hochschulreform bildungspolitisch eingeordnet und die Folgen für die Institutsentwicklung im Kontext der Studentenbewegung nachgezeichnet bevor auf dieser Grundlage im *siebten* Kapitel die Eingliederung des Instituts in die neue Fachbereichsstruktur als hochschulpolitisch kontroverser Prozess beschrieben wird. Mit der Hochschulreform waren weitreichende Veränderungen in der Personalstruktur verbunden. Welche Konsequenzen damit für das Institut entstanden sind, beschreibt das *achte* Kapitel.

Gerade durch das Zusammenwirken der Prozesse um die Demokratisierung der Hochschulen, der sportpolitischen Diskussion um die Gestaltung des Leistungssports anlässlich der Olympischen Spiele 1972 in München und der Entstehung der Sportwissenschaft mit ihren Teildisziplinen gestaltete sich dieser Reformprozess in Marburg überaus kontrovers. Er kann ein Anhaltspunkt dafür sein, die Vorgänge dieser Zeit auch in anderen bestehenden oder neu gegründeten sportwissenschaftlichen Instituten an Universitäten in Deutschland einzuordnen und reflektieren zu können. Die Gründung der *Arbeitsgemeinschaft sportwissenschaftlicher Hochschuleinrichtungen* (ASH) als Nachfolgerin der seit 1948 bestehenden *Arbeitsgemeinschaft der Institutsdirektoren* (AID) war Ausdruck dieses komplexen gesellschaftspolitischen Transformationsprozesses in der Wissenschaftsorganisation der Universitäten. Im *neunten* Kapitel wird die Entstehung und das Scheitern der drittelparitätisch besetzten ASH beschrieben, die zum Ziel hatte, die sportwissenschaftlichen Interessen an den Universitäten zu koordinieren und zu vertreten. Das Marburger Institut war mit einer Geschäftsstelle und als Versammlungsort eng mit der Geschichte der ASH verbunden.

---

[2] Ebd.

Das *zehnte* Kapitel resümiert in aller Kürze die Institutsgeschichte der ersten 50 Jahre und gibt einen Ausblick auf Forschungsfragen zur Entwicklung des Instituts in den zweiten 50 Jahren.

Die zehn Kapitel dieses Buches basieren auf unterschiedlichen Vorarbeiten und Forschungsinteressen der beiden Autoren. Während *Alexander Priebe* sich in seinen bisherigen Forschungsarbeiten auf die Gründungsgeschichte mit Peter Jaeck, der Zeit des Nationalsozialismus mit seinem Protagonisten und Institutsdirektor Hans Möckelmann und der Nachkriegsgeschichte mit seinem Institutsdirektor Erich Lindner befasst hat und die Kapitel eins bis fünf auf ihn zurückgehen, hat sich *Ralf Laging* in seinen Arbeiten zur Geschichte der Sportwissenschaft mit dem Institut in der Zeit der Studentenbewegung und Hochschulreform der 1960er- und 1970er-Jahre befasst. Die Kapitel sechs bis zehn gehen auf seine Rekonstruktion der Vorgänge dieser Zeit am Institut anhand umfangreicher Dokumente aus dem Universitätsarchiv zurück. Es handelt sich um erste Forschungsarbeiten zur jüngeren Geschichte sportwissenschaftlicher Universitätsinstitute und zugleich der Aufarbeitung der entstehenden Sportwissenschaft.

2 Zur Vorgeschichte der Leibesübungen an der Marburger Philipps-Universität

Mit der Gründung des *Instituts für Leibesübungen* (IfL) im April 1924 sollten die seit dem 18. und besonders dem 19. Jahrhundert bestehenden Einrichtungen der Universität zusammengeführt werden: der Reitstall in der Haspelstraße, das Fechtinstitut am Roten Graben, die Tennisplätze in der Lahnaue und die Turnhalle, die im ehemaligen Reitstall an der Barfüßerstraße eingerichtet war. Diese Bauten verwiesen auf die Vorgeschichte akademischer Leibesübungen in Marburg.

2.1 Die Gebäude und Einrichtungen zum Reiten, Fechten und Spielen

Eine lange Tradition hatte das *Reiten*, dem der Landgraf in Kassel eine solche Bedeutung beimaß, dass er auf den Grundmauern des Franziskanerklosters 1731 eine stattliche Reithalle mit eigenem Reitstall errichten ließ.[1] Vorgesehen war sogar eine Ritterakademie, die in all den vornehmen Fertigkeiten des Tanzens, Fechtens und Reitens unterrichten sollte.

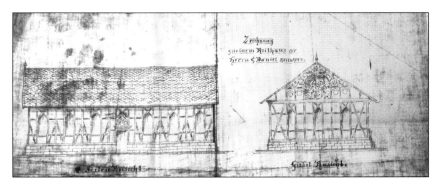

Abb. 1: Die ehemalige Reithalle in der Haspelstraße (IfSM-Archiv)

---

[1] In der Reithalle und den Nebenräumen befindet sich heute das Institut für Sportwissenschaft und Motologie. Im vorgelagerten *Barockhäuschen* ist nach der denkmalgerechten Sanierung seit 2021 der Arbeitsbereich *Motologie und Psychomotorik* untergebracht (vgl. Lind, 2021/22, S. 35).

Die Universität wollte weitere, auch adelige Studenten ansprechen.² Im Verlauf des 19. Jahrhunderts wurde die Halle jedoch als Turn- und Festhalle genutzt und ab 1876 hatte sich das Reiten in die Reithalle in der Haspelstraße verlagert (Abb. 1), deren Besitzer Daniel Jacob fortan mit der Erteilung des Reitunterrichts beauftragt wurde. Bis zum Beginn des Ersten Weltkriegs konnte dies, wenngleich eher rückläufig, fortgesetzt werden.³

Das akademische *Fechten* begann schon 1590, als Fechtmeister aus renommierten Fechtschulen Europas eine Anstellung in Marburg fanden.⁴ Als Fecht- und Tanzboden diente ein Saal im Rathaus.⁵ Das Tragen eines Degens – und manches Duell – waren unter den Studenten bis in das 18. Jahrhundert so verbreitet, dass landesherrschaftliche Reglementierungen und Einschränkungen herausgefordert wurden.⁶ In den studentischen Korporationen entwickelte sich dann im 19. Jahrhundert die Form der bis heute bestehenden Bestimmungsmensur, bei der die *Paukanten* in einem festgelegten Abstand zueinanderstehen.⁷ Das Fechten hatte eine solche Verbreitung gefunden, dass auch seitens der Universität 1820 nahe der Elisabethkirche ein Fechtboden eingerichtet wurde, den die Familie Harms über mehrere Generationen betrieb.⁸ 1889 bezogen sie das stattliche Fechtinstitut am Roten Graben

Abb. 2: Das ehemalige Fechtinstitut der Universität am Roten Graben

---

² Vgl. Lind, 2019, S. 69-70; Lemberg, 1989, S. 141-146; Nail, 2006.
³ Vgl. Nail & Berschin, 2004a, S. 10-11. Die ehemalige Reithalle in der Haspelstraße 35 besteht nach einigen Umbauten bis heute und wird von der Firma Gundlach genutzt.
⁴ Wie etwa Hans Wilhelm Schöffer von Dietz, der ab 1620 Fechtmeister an der Universität Marburg war (vgl. Schlürmann, 2020, S. 54).
⁵ Vgl. Heer, 1927, S. 29-38.
⁶ Vgl. ebd., S. 65-69.
⁷ Vgl. ebd., S. 146-149.
⁸ Von 1821 bis 1873 von Johann Georg Harms, von 1873 bis 1888 von Gottlieb Christian Harms und von 1887 bis 1914 (?) von Heinrich Friedrich Ludwig Harms.

(Abb. 2), das bis 1944/45 als solches genutzt wurde.[9] Eine Aufgabe des Fechtinstituts war, die Entwicklung des traditionellen Mensurfechtens zum turnerischen und sportlichen Fechten zu begleiten, das mit leichteren Waffen wie dem Säbel und Florett dynamischere Wettkampfsituationen ermöglichte. In Marburg wurden diese Neuerungen vor allem durch die *Akademische Turnverbindung* (ATV) forciert.[10]

Während die Tradition des akademischen Reitens und Fechtens bis in die Gründungszeit des *Instituts für Leibesübungen* 1924 gegenwärtig blieb, war das 1605 oberhalb des Kalbstors errichtete *Ballhaus* längst vergessen. Dort wurde das französische *jeau de paume* gespielt, aus dem später das Tennisspiel hervorgegangen ist. Es blieb aber eine Zeiterscheinung, das Ballhaus fand bald eine andere Nutzung und wurde nach dem Siebenjährigen Krieg 1763 abgetragen.[11] An dessen Standort erinnert heute die Statue einer Tennis spielenden Frau. Auch die nahen Studentenwohnheime verweisen auf die enge Verbindung, die diese als Unterkunftsheime für die Lehrgänge und Ausbildungslager mit dem *Institut für Leibesübungen* später hatten.

2.2 Zur Entwicklung der Turnplätze und Turnhallen im 19. Jahrhundert

Mit dem Aufschwung des Turnens und der Eröffnung der Hasenheide 1811 in Berlin durch Friedrich Ludwig Jahn haben auch die Marburger Studenten auf dem Renthof einen Turnplatz errichtet. Dieser wurde seitens der kurhessischen Polizeidirektion 1818 schon wieder verboten.[12] Selbst einem Gutachten der *Medizinischen Fakultät* zur Notwendigkeit der körperlichen Erziehung wollte man nicht folgen, fürchtete man doch die mit der Turnerei verbundenen revolutionären Umtriebe.[13] Erst viele

---

[9] Im ehemaligen Fechtinstitut am Roten Graben befindet sich heute das Institut für Geschichte der Pharmazie und Medizin (vgl. Krafft & Stoll, 1990, zur Nutzung als Fechtinstitut insb. S. 9-11).
[10] Vgl. Altherrenverband, 1988, S. 25-37.
[11] Vgl. Nail, 2006, S. 45; Streib, 1935. Wilhelm Streib war einer der frühen Assistenten am Marburger IfL, der mit dieser Arbeit 1934 eine der ersten Dissertationen am IfL vorlegte.
[12] Vgl. auch zu den weiteren Ausführungen Jaeck, 1927a, S. 77-80.
[13] Vgl. Smolny, 2024.

Jahre nach dem Ende der *Turnsperre* in Preußen (1842) kam es 1862 in Marburg zur Gründung eines akademischen Turnvereins, der zunächst den Saal in der ehemaligen Reithalle an der Barfüßerstraße nutze, bis dieser 1876 als Saalbau für Festveranstaltungen verpachtet wurde.[14] In Zusammenarbeit mit dem Turnlehrer des *Gymnasium Philippinums* fand das Turnen zwischenzeitlich in der Gymnasialturnhalle statt, bis nach dem Spielerlass des preußischen Kultusministers Goßler 1883 die Frage nach einer eigenen Universitätsturnhalle erneut aufgegriffen wurde. Zunächst wurden Pläne eines Neubaus am Marbacher Weg oder auf dem Renthof erwogen, und zudem ein Spielplatz auf der *Saurasenwiese*[15] 1894 bereitgestellt. Die Turnhalle konnte dann 1898 erneut im ehemaligen Reitstall eingerichtet werden, nachdem Verhandlungen zum bestehenden Pachtvertrag mit der Saalbaugesellschaft erfolgreich abgeschlossen wurden.[16] Besonders die Turnverbindungen *Philippina*, *Hasso-Guestphalia*, die Burschenschaft *Alemannia*, der *Wingolf* und die ATV forderten diese Entwicklung ein und trugen mit dem beginnenden 20. Jahrhundert wesentlich zur Förderung des Turnens und der modernen Leibesübungen an der Universität in Marburg bei.[17]

2.3 Das Ringen um die Anstellung eines Turnlehrers im Hauptamt

Im Jahr 1903 wurde aus den Reihen der Korporationen die Anstellung eines Turnlehrers gefordert. Zunächst wurde erwogen, den Fechtlehrer Harms auch mit dieser Aufgabe zu betrauen.[18] Dringlich wurde diese Frage, als in Marburg, wie an anderen Universitäten Preußens, 1907 akademische Turnlehrerkurse eingerichtet wurden, die von den Philologen als begleitendes Studienfach gewählt werden konnten. Den ersten Turn-

---

[14] In dem Saalbau wurde schon im nächsten Jahr 1877 das 350. Universitätsjubiläum gefeiert (vgl. Kessler, 1984, S. 98).
[15] Wenig später wurde dort das anatomische Institut errichtet.
[16] Die Nutzungen in den weiteren Räumen der Reithalle blieben jedoch bestehen: der Saal im Untergeschoß diente weiterhin als Mensa und im gesamten rechten Gebäudeteil war die Gipsgusssammlung der antiken Skulpturen aufgestellt (vgl. Sybel, 1903). Erst mit den Umbauten 1927 stand das gesamte Gebäude dem IfL zur Verfügung.
[17] Vgl. Jaeck, 1927a, S. 79; Altherrenverband, 1988, S. 35; Kessler, 1984, S. 110; zur Gründung der Turnerschaften in Marburg siehe auch Heer, 1927, S. 164-167.
[18] Vgl. Bernsdorff, 1967, S. 2.

lehrerkurs mit 33 Teilnehmern leitete Turnlehrer Stange, Oberlehrer am *Gymnasium Philippinum*. 1910 übernahm Dr. Knabe, dann Professor Dr. Max Georg Schmidt und Dr. Burhenne (bis 1916) und anschließend E. Klonk, ebenfalls vom *Gymnasium Philippinum*. Diese beständigen Wechsel hatten einen Grund darin, dass diese Aufgabe nur im Nebenamt wahrgenommen wurde und auch seitens der jungen akademischen Turner die Anerkennung nicht so selbstverständlich zu erlangen war:

> Es hat sich erneut bewiesen, daß das akademische Turnwesen in der durchaus wünschenswerten Weise nur dann geführt werden kann, wenn sich zu seiner Leitung eine Persönlichkeit findet, die die nötige Frische und Begeisterungsfähigkeit besitzt, um weitere Kreise der akademischen Jugend für das Turnen zu gewinnen,[19]

stellte der Kurator Ernst von Hülsen 1912 fest. Wesentliches Bestreben des 1912 gegründeten *Akademischen Ausschusses für Leibesübungen* (AAfL) – unter dem Vorsitz des Geologen Professor Dr. Karl Erich Andrée – war es, die Anstellung eines akademischen Turn- und Sportlehrers im Hauptamt über das Ministerium zu erreichen. Die Voraussetzungen dafür waren mit der eigenen Turnhalle und dem Spielplatz nahe der Elisabethkirche durchaus gut, wie der renommierte Dr. Hermann Kuhr aus Leipzig 1919 meinte. Nach einem Besuch in Marburg teilte er dem Kurator sein Interesse an der Übernahme einer einzurichtenden Stelle mit. Daraufhin richtete Professor Andrée umgehend folgende Eingabe an das Ministerium:

> Das Ministerium für Wissenschaft, Kunst und Volksbildung bittet der Ausschuß der Universität Marburg für Leibesübungen, an der Universität Marburg einen akademisch gebildeten Turnlehrer etatmäßig im Hauptamte einzustellen und im Zusammenhang damit an der Universität Marburg ein Institut für Leibesübungen einzurichten[20]

und erläutert auch, warum dies an der Universität Marburg vorrangig geboten sei:

---

[19] Zitiert nach ebd., S. 20.
[20] Vgl. ebd., S. 30.

Wenn nun der Staat nicht sogleich auf allen Hochschulen größere Institute für Leibesübungen einrichten und nicht überall akademische Turnlehrer im Hauptamte anstellen wird, was wohl wegen der geringen Zahl von geeigneten Persönlichkeiten nicht sofort durchzuführen sein würde, so glaubt auch der Ausschuß der Universität für Leibesübungen in Marburg, daß gerade Marburg für erste Versuche auf diesem Gebiet in Betracht kommen müßte. In Marburg ist das Interesse für Leibesübungen und die Betätigung auf diesem Gebiet seit langer Zeit sehr rege gewesen. Unter der ausgezeichneten Leitung des Herrn Professor Dr. Burhenne hat die Bewegung in Marburg einen sehr großen Aufschwung genommen, und in immer steigendem Maße haben sich vor dem Kriege alle Kreise der Studentenschaft an den Leibesübungen beteiligt. Auch jetzt ist das Interesse ein sehr großes. Die Studentenschaft in Marburg hat durch freiwillige Beiträge sehr erhebliche Summen zusammengebracht und will gerne weitere Opfer bringen. Die Studentenschaft hat auch, sobald sie sich wieder organisiert hatte, sofort beschlossen, die Pflege der Leibesübungen sich selbst als Aufgabe zu setzen, und hat ganz von sich aus die Anstellung eines akademischen Turnlehrers im Hauptamt erbeten. Es darf erwartet werden, daß sie mit größter Begeisterung sich beteiligen wird. In der Deutschen Studentenschaft gilt Marburg auf dem Gebiet der Leibesübungen als Vorort. Die Staatsregierung hat ihrerseits Marburg gerade bei der Pflege der Leibesübungen in hochherziger Weise unterstützt. Insbesondere ist vor dem Kriege ein Universitätsspielplatz eingerichtet worden, wie er schöner und günstiger, wenn man von dem großen Olympia-Platz in Berlin[21] absieht, wohl auf kaum einer anderen deutschen Hochschule zu finden sein dürfte.[22] Es würde also wohl nur eine Fortführung und Durchführung bereits begonnener Maßnahmen sein, wenn jetzt ein akademischer Lehrer im Hauptamt angestellt würde, der seine volle Kraft dem Ausbau und der Organisation der Leibesübungen widmen könnte.[23]

Doch selbst nach einer weiteren Befürwortung des Antrags durch den Kurator von Hülsen konnte ihm seitens des Ministeriums „mit Rücksicht auf die gegenwärtige Finanzlage des Staates" nicht entsprochen werden.[24]

---

[21] Hier wird das Deutsche Stadion angesprochen, das anlässlich der – letztlich ausgefallenen – Olympischen Spiele 1916 in Berlin gebaut wurde. 20 Jahre später wurde dort das bis heute bestehende Olympiastadion errichtet.
[22] Gerade dieser Spielplatz auf der *Saurasenwiese* nahe der Elisabethkirche wurde von den Studierenden überaus rege genutzt (vgl. Heer, 1927, S. 175).
[23] Zitiert nach Bernsdorff, 1967, S. 31.
[24] Ebd., S. 32-33.

Das Ministerium war also auch schon 1919 mit diesen Forderungen aus den Gremien der Universitäten konfrontiert, die mit Nachdruck auf den *Studententagen* in Göttingen (1920) und Erlangen (1921) erhoben wurden. In Marburg sollte der Betrieb 1919 zunächst durch den städtischen Turnlehrer Fischer weiterhin im Nebenamt fortgesetzt werden und auch der erneuten Eingabe für den Staatshaushalt 1922 wurde im Ministerium nicht nachgekommen.[25] Enttäuscht konstatierte von Hülsen, dass damit das Ziel, „alle Studierenden den Leibesübungen zuzuführen" nicht zu erreichen sei, und dass es auf die Ausrichtung von Akademischen Olympien, wie 1920 in Hannover, „die von den Studierenden aus Mangel an Mitteln gar nicht beschickt werden können",[26] zunächst nicht ankomme.

Der entscheidende Impuls für die weitere Entwicklung ging von der Gründung der *Ämter für Leibesübungen* (AfL) der *Deutschen Studentenschaft* im November 1921 aus, die fortan „das Programm für turnerische und sportliche Veranstaltungen aufstellen [...] soll(en)"[27] und dazu die finanziellen Beiträge aus der Studentenschaft eigenständig verwalteten. Da die Verantwortung für die Staatszuschüsse jedoch bei den *Ausschüssen für Leibesübungen* der Universität blieb, war diese Struktur auf Zusammenarbeit angewiesen und es blieb zu beobachten, „wie sich diese Teilung der Geschäfte bewährt und entwickelt."[28] In Marburg verlief dies gut: Zuerst wurde 1922 „das lange vorbereitete Vorhaben, einen neuen Sportplatz auf dem Hirsefeld zu errichten mit wesentlicher Unterstützung der Studentenschaft durch finanzielle Mittel und tatkräftige Mitarbeit vorangebracht", wie Professor Andrée am 21. Januar 1923 feststellte. Zudem forderte das AfL der Studentenschaft selbst,

> daß jeder Angehörige der Marburger Studentenschaft verpflichtet ist, während seiner ersten zwei Studienjahre mindestens zweimal zwei Stunden wöchentlich sich einem ordnungsmäßigen Übungsbetrieb der Leibesübungen zu unterwerfen.[29]

---

[25] Zitiert nach ebd., S. 34-37.
[26] Zitiert nach ebd., S. 40.
[27] Zitiert nach ebd., S. 42.
[28] Ebd.
[29] Zitiert nach ebd., S. 44.

Für den Kurator von Hülsen bot dies die Argumentation für die erneute Forderung an das Ministerium, die Einrichtung einer planmäßigen Stelle für einen Akademischen Turn- und Sportlehrer im Staatshaushalt 1923 vorzusehen:

> In Übereinstimmung mit dem Rektor der Universität, dem A.A.f.Lü. und der gesamten hiesigen Studentenschaft bitte ich nunmehr dringend, die erforderlichen Mittel [...] 1923 dauernd flüssig zu machen. Aus den anliegenden Berichten [...] geht deutlich hervor, welch großes Interesse gerade in Marburg seitens der Studierenden den Leibesübungen entgegengebracht wird. Für alle seit dem Wintersemester 1921/22 erstmalig immatrikulierten Studierenden sind hier ganz regelmäßig 4 Stunden Leibesübungen obligatorisch. Im laufenden SS 1922 nahmen daran 1271 [...] teil, im 2. Semester aber wird die gesamte Studentenschaft von rund 2600 Studierenden obligatorisch beteiligt sein. Es bedarf keiner Erörterung, daß es für einen nebenamtlich angestellten akademischen Turn- und Sportlehrer ein Ding der Unmöglichkeit ist, die [...] Riesenarbeit zu bewältigen. Die Arbeit wird sich noch weiter steigern, wenn der [...] Ausbau des Universitäts-Turn- und Spielplatzes im Herbst 1922 beendet [...] sein wird.[30]

Diese Argumentation erfuhr weiteres Gewicht dadurch, dass aus den Mitteln der Studentenschaft im Sommer 1922 Diplomsportlehrer Walter Melms, einer der ersten Absolventen der 1920 gegründeten *Deutschen Hochschule für Leibesübungen* in Berlin, eine befristete hauptamtliche Anstellung erhalten hatte.[31] Letztlich führte dies zum Erlass UII, Nr. 70 vom 05.01.1923:

> Es ist in Aussicht genommen, zur Schaffung einer Akademischen Turn- und Sportlehrerstelle bei der dortigen Universität [...] dauernd die entsprechenden Mittel [...] in den Entwurf zum nächstjährigen Staatshaushaltsplan einzustellen.[32]

Die Zusammenarbeit des *Akademischen Ausschusses für Leibesübungen* und des *Amtes für Leibesübungen* der Studentenschaft hatte sich also bewährt: beide großen Vorhaben, die Errichtung eines modernen Stadi-

---

[30] Zitiert nach ebd., S. 45.
[31] Ebd.
[32] Ebd., S. 47.

ons³³ (Abb. 3) und die beständige Anstellung eines hauptamtlichen Akademischen Turn- und Sportlehrers konnten 1923 umgesetzt werden.

2.4 Die Anstellung von Dr. Peter Jaeck als akademischer Turn- und Sportlehrer

Mit der Anstellung Dr. Peter Jaecks im Oktober 1923, der Gründung des *Instituts für Leibesübungen* im März 1924 und der Ausrichtung des Deutsch-Akademischen Olympias im Juli 1924 wurde der Auftakt für die Eingliederung der Leibesübungen in die Universitäten gegeben. Dass mit dem promovierten Peter Jaeck ein junger *Philologe* mit einer Turnlehrerausbildung eingestellt wurde und kein *Diplomsportlehrer*, wie zuvor Walter Melms, war eine richtungsweisende Entscheidung. Denn in den folgenden Jahren galt es die grundlegende bildungspolitische Frage zu entscheiden, ob die angehenden Turn- und Sportlehrer/innen als *Fachturnlehrer* an der *Deutschen Hochschule für Leibesübungen* in Berlin Charlottenburg und der *Preußischen Hochschule für Leibesübungen* in Spandau ausgebildet werden sollten oder als *Turnphilologen* an den Universitäten. Mit der Anstellung von Dr. Peter Jaeck, dem an der Universität Frankfurt im Fach Geschichte promovierten Philologen, war diese Frage in Marburg zumindest vorläufig geklärt.³⁴ Die Vorgeschichte der Gründung des Marburger IfL zeigt also einige Weichenstellungen, die die Entwicklung nach Gründung des Instituts 1924 in eine durchaus fortschrittliche Richtung gelenkt haben. Dass diese institutionelle Entwicklung in der Gründungsphase – wie in den folgenden Jahrzehnten auch – auf persönlichen Beziehungen beruhte, deutet sich schon darin an, dass der verantwortliche Ministerialreferent Dr. Krüß als *Alter Herr* der Marburger ATV angehörte.³⁵

---

[33] Vgl. Priebe, 2023b. Siehe auch die Ausstellung *100 Jahre Universitätsstadion der Philipps-Universität Marburg* (Priebe & Reining, 2023).

[34] Als Beispiel für eine andere Entwicklung kann die Anstellung des Diplomsportlehrers Ernst Söllinger an der *Technischen Hochschule Darmstadt* 1922 gelten, wie Walter Melms einer der ersten Absolventen der *Deutschen Hochschule für Leibesübungen* in Berlin, die auch darin begründet war, dass dort die Entwicklung des akademischen Hochschulsports und weniger die Ausbildung angehender Turnlehrer im Vordergrund stehen sollte (vgl. Priebe, in Vorbereitung).

[35] Vgl. Bernsdorff, 1967, S. 46-47.

Abb. 3: Das Universitätsstadion während der Wettkämpfe des Deutsch-Akademischen Olympias 1924 (Bildarchiv Foto Marburg)

2.5 Die Akademische Sportbewegung

Neben dem traditionellen Turnen hatte sich die aus England kommende Sportbewegung zunehmend in Deutschland verbreitet und es waren zumeist die Studenten und ihre Verbindungen, die auf eine Eingliederung des modernen Sports in die Universitäten drängten. Waren die Akademischen *Turn*verbindungen gegenüber den modernen Formen der Leibesübungen schon aufgeschlossen und nahmen etwa Spiele in das Übungs- und Wettkampfprogramm auf, so entstanden jetzt auch eigene Akademischen *Sport*vereine, in denen besonders Leichtathletik, Rudern, auch Hockey und andere aus England stammende Sportarten betrieben wurden. 1909 gründete sich der *Akademische Sportbund* unter der Leitung des Mediziners, Dr. Arthur Mallwitz, mit dem Anspruch, eine – auch gegenüber der bürgerlichen oder der Arbeitersportbewegung – eigene

*Abb. 4: Die akademische Sportverbindung Marburg trainiert
am Bootshaus der Universität (Stadtarchiv Marburg)*

akademische Sportbewegung zu begründen.[36] So entstand auch in Marburg kurz vor dem Deutsch-Akademischen Olympia eine Akademische Sport*vereinigung*, die sich schon wenig später in eine Akademische Sport*verbindung* umbenannte, und in Anlehnung an die Akademischen Turnverbindungen korporative Strukturen annahm (Abb. 4).[37] Sie hatte jedoch nach einigen beachtlichen Erfolgen in den Gründungsjahren nur kurzen Bestand, möglicherweise auch deshalb, weil mit dem Hochschulsport neue, universitätsinterne Angebote geschaffen wurden. Die Idee eigener akademischer Sportvereine ist jedoch, wie in den 1960er-Jahren zu zeigen sein wird, auch in Marburg nicht ganz verloren gegangen.

---

[36] Vgl. Mallwitz, 1922, S. 196-197. Zur differenzierten Verbandsstruktur in den akademischen Leibesübungen siehe Grabarits, 2013, S. 77-81; Priebe, 2017. Mallwitz stand dem Verband 1924 beim Deutsch-Akademischen Olympia in Marburg vor und initiierte die begleitenden sportmedizinischen Untersuchungen der Athlet/innen, die Grundlage für die Habilitationsschrift Peter Jaecks wurden.

[37] UniA MR, 305, 7893.

3 Die Gründung des Instituts für Leibesübungen 1924 und die weitere Entwicklung bis 1933

Die Entwicklung des akademischen Leistungssports wurde zu einer der Aufgaben des im Oktober 1921 gegründeten *Deutschen Hochschulamtes für Leibesübungen* (DeHofL). In ihm waren die vielen bestehenden Verbände erstmalig gemeinsam vertreten: die seit 1912 gegründeten *Akademischen Ausschüsse für Leibesübungen* der Universitäten, der *Deutsch-Akademische Bund für Leibesübungen* (seit 1909), die *Hochschul-Turn- und Sportlehrer* und die *Ämter für Leibesübungen* der *Deutschen Studentenschaft* (seit 1920). Grundlegend war das Einverständnis darüber, dass das „Deutsche Hochschulamt für Leibesübungen […] von dem lehrenden und dem lernenden Teile unserer Hochschulen" gebildet wird.[1] Der *Deutsch-Akademische Bund für Leibesübungen* hatte unter dem Vorsitz des Berliner Mediziners Dr. Arthur Mallwitz mit den Akademischen Olympien 1909 eine Veranstaltung unter den Universitäten in Deutschland initiiert, die nun – im Jahre 1921 – unter dem Dach des DeHofL fortgeführt werden konnte.[2] Unter dessen Verantwortung fanden im Sommer 1922 die Hochschulmeisterschaften an der Technischen Hochschule in Darmstadt statt, zu deren Anlass eigens ein Hochschulstadion errichtet und mit Ernst Söllinger ein junger Absolvent der *Deutschen Hochschule für Leibesübungen* als Turn- und Sportlehrer eingestellt wurde.[3] Während die *Hochschulmeisterschaften* den – durch den Ersten Weltkrieg unterbrochenen – Jahresrhythmus aufnahmen, wurde mit den *Akademischen Olympien* ein Akzent gesetzt, der sich unmittelbar auf die Olympische Sportbewegung bezog. Gerade weil Deutschland nach dem Ersten Weltkrieg nicht zu den Olympischen Spielen nach Antwerpen 1920 eingeladen wurde und absehbar auch nicht zu den Spielen in Paris 1924 eingeladen werden sollte, erhielt das Deutsch-Akademische Olympia eine sportpolitische Bedeutung, die über den akademischen Sport hinauswies. Unter den Akademikern war es ohnehin verbreitete Auffassung, dass der akademische Leistungssport in der jungen olympischen Bewegung in Deutschland eine herausgehobene Aufgabe übernehmen

---

[1] Hickfang, 1922, S. 88.
[2] Zur Geschichte der Akademischen Olympien siehe Priebe, 2017.
[3] Vgl. Priebe, in Vorbereitung.

sollte, die sich besonders in den olympischen Kernsportarten wie der Leichtathletik und dem Schwimmen ausbilden sollte. Nachdem diese Idee schon 1920 in Hannover mit noch geringer Resonanz umgesetzt wurde, richtete sich der Blick auf das Olympiajahr 1924.

3.1 Das Deutsch-Akademische Olympia 1924 in Marburg

Mit der Ausrichtung des Deutsch-Akademischen Olympias 1924 waren also weitreichende (sport-)politische Erwartungen verbunden, als das *Deutsche Hochschulamt für Leibesübungen* 1923 eine Ausrichterstadt suchte und eine Anfrage an die Marburger Universität richtete.[4] Mit dem

Abb. 5: Das Universitätsschwimmbad während der Sprungwettbewerbe beim Deutsch-Akademischen Olympia 1924 (Priebe, 2022c; Bildarchiv Foto Marburg)

---

[4] Siehe ausführlich die Ausstellung *Das Deutsch-Akademische Olympia 1924 in Marburg* (Priebe & Grabarits, 2015).

im Mai 1923 eingeweihten Stadion und aufgrund der zentralen Lage schienen die Voraussetzungen für diese Großveranstaltung dort gegeben zu sein. Nach einer ersten Zurückhaltung wurde der Anfrage seitens der Universitätsgremien erst im Herbst 1923 zugestimmt. Die verbleibenden Monate sollten nun intensiv zur Vorbereitung genutzt werden: Zuerst wurde mit Dr. Peter Jaeck die vom Ministerium eingerichtete Stelle des Akademischen Turn- und Sportlehrers am 01. Oktober 1923 besetzt. Seine Aufgaben im Olympia-Ausschuss waren so vielgestaltig, dass Universität, Stadt, Turn- und Sportvereine zusammenarbeiten *mussten*.

Abb. 6: Das im kunsthistorischen Institut erstellte Olympiaplakat (Bildarchiv Foto Marburg)

Hier erwies sich Jaeck als umsichtiger Koordinator. Es galt die Sportstätten für das umfangreiche Programm vorzubereiten: das neue Stadion wurde für die leichtathletischen Wettkämpe und das Fußballturnier um eine Tribüne zum Trojedamm hin erweitert, das Universitätsschwimmbad in der Lahn musste zuerst erworben und darin eine 100 m-Bahn und eine Sprunganlage für die Schwimm-, Sprung- und Wasserballwettkämpfe eingerichtet (Abb. 5), die Spielflächen auf dem Kämpfrasen für die Hockey-, Hand- und Faustballspiele und der Fechtboden in der Turnhalle an der Barfüßerstraße vorbereitet werden.[5]

Für die Unterbringung der erwarteten 1700 Athleten und auch Athletinnen aus 45 Universitäten Deutschlands und vieler weiterer Gäste wurde die Stadtbevölkerung zur Bereitstellung von Unterkünften aufgerufen. Die Turn- und Sportvereine Marburgs hielten sich für die Organisation

---

[5] Vgl. Jaeck, 1924b.

der Wettkämpfe bereit.[6] Mit den Mitgliedern des DeHofL war Jaeck in beständigem Kontakt. Dazu gehörten der Vorsitzende Professor Schmidt-Burgh, ein Kunsthistoriker der Universität Aachen, Dr. Martin Vogt, der Direktor der Bayerischen Landesturnanstalt, der das Wettkampfprogramm koordinierte, und Dr. Arthur Mallwitz, der die sportmedizinischen Untersuchungen anregte. Besondere Relevanz hatte das DeHofL, weil sich darin die etablierten akademischen *Turn*lehrer und nun auch die jungen *Sport*lehrer, die seit 1920 eine Anstellung an den Universitäten gefunden hatten, zusammenschlossen. Im März 1924 rief Peter Jaeck diesen Kreis nach Marburg zusammen, um das Wettkampf- und Festprogramm zu planen. Beabsichtigt war, dass dieses Programm im folgenden Sommersemester von den Kollegen an ihren Universitäten vorbereitet werden konnte. Zusammen mit Bernhard Zimmermann aus Göttingen übernahm Jaeck den Vorsitz dieser – auch in den folgenden Jahren – einflussreichen Vereinigung. Anlässlich dieser Tagung wurde in Marburg das *Institut für Leibesübungen* gegründet, obwohl seitens des Ministeriums die Gründung von Instituten mit dem Erlass vom Januar 1923 erst angekündigt, jedoch noch nicht entschieden war. Die Gründung zu diesem Zeitpunkt ist vermutlich von Peter Jaeck in enger Abstimmung mit dem Kurator Ernst von Hülsen erfolgt, der in der Folge um die etatmäßige Eingliederung des Instituts in den Staatshaushalt drängte.[7] Der Universität schien eine vorzeitige Gründung angesichts der bevorstehenden Aufgaben geboten und so wurde auch dadurch der folgende Prozess ministerieller Anordnung forciert. Im Marburger *Institut für Leibesübungen* stand das Sommersemester dann ganz im Zeichen der Olympiavorbereitungen, es wurden Trainingsgruppen gebildet und alle Studierenden zur Vorbereitung einer Aufführung gymnastischer Übungen angehalten (Abb. 7).

Mit einer Feier in der Aula am 18. Juli wurden die 1700 Wettkämpfer und auch einige Wettkämpferinnen aus 45 Hochschulen begrüßt, zu denen auch Studierende aus Brünn, Danzig, Innsbruck und Wien gehörten. Mit dieser großdeutschen Ausrichtung manifestierte sich die nationalkonservative und revanchistische Haltung der Studentenschaft, die während des Deutsch-Akademischen Olympias wiederholt zum Ausdruck kam

---

[6] Vgl. ebd.
[7] Vgl. Grabarits, 2013, S. 61-65.

*Abb. 7: Aufführung von gymnastischen Partnerübungen
der Studenten (Bildarchiv Foto Marburg)*

und auch ein Grund dafür war, dass die deutschen Studierenden im internationalen Verband, der *Confedération International des Etudients* (CIE), nicht vertreten waren.

So sehr der Hochschulsport in diesen Krisenjahren in die gesellschaftspolitischen Konflikte eingebunden war, gab es zudem eine Konfliktlinie innerhalb der organisierten Leibesübungen. Sie zeichnete sich zwischen den Verbänden des traditionellen *Turnens* und des modernen *Sports* ab: Mannschaft oder Einzelkämpfer, Vielseitigkeit oder Spezialisierung, Haltung oder Rekord, das waren die Streitpunkte, die das deutsche Turnen und den internationalen Sport entzweite.[8] Die Auseinandersetzung führten 1923 nicht nur zur *reinlichen Scheidung*, einer Trennung der *Deutschen Turnerschaft* und des *Deutschen Reichsausschusses für*

---

[8] Vgl. Priebe, 2015, S. 212-216.

Abb. 8: Carl Heinrich Becker, Staatssekretär im preußischen Ministerium für Wissenschaft, Kunst und Volksbildung (links), Delegierte des Deutschen Hochschulamtes für Leibesübungen, der Deutschen Hochschule für Leibesübungen Berlin und des Organisationsausschusses mit Peter Jaeck (5.v.r.) (Bildarchiv Foto Marburg)

Leibesübungen, sondern auch zu einer unterschiedlichen Gestaltung der Wettkampfprogramme, wie sie in den Turnfesten oder den Olympischen Spielen kontrastreich ausgetragen wurden. Diese unterschiedliche Auffassung einer Fest- und Wettkampfgestaltung kam auch in den akademischen Leibesübungen zum Tragen, die eine lange Tradition im akademischen Turnen seit dem 19. Jahrhundert hatten und nun zugleich eine überaus dynamische Entwicklung des modernen Sports in ihren Reihen verzeichnen konnten. Unter dem Dach des DeHofL gelang eine Verständigung dieser widerstreitenden Bewegungen, die in Marburg dazu führte, dass Professor Rissom, Turnlehrer an der Universität Heidelberg und Vorsitzender der *Vereinigung der Akademischen Turn- und Sportlehrer,* und Regierungsrat Dr. Mallwitz, Vorsitzender des *Deutschen Akademischen Bundes für Leibesübungen* und des *Akademischen Sportbundes,* sich „die Hände reichten".[9] In der Organisation der akademischen Leibesübungen und der Akademischen Olympien sollten die Vertreter des Turnens und Sports auch weiterhin nach einer Verständigung suchen.

Im Programm standen dann – im Geiste der Turner – die *Mannschaftskämpfe* im Vordergrund, zu denen neben den Turnspielen Faustball und Schlagball auch das Fußball- und Handballspiel zählten. Dann folgten die *Mehrkämpfe*, unter denen der Akademische Mehrkampf der bedeutendste war und der sich von den turnerischen Mehrkämpfen kaum unterschied. Und zuletzt erst standen die *Einzelwettkämpfe*, vor allem der Leichtathlet/innen und Schwimmer/innen, der Fechter und Turner auf dem Programm, die nicht nur in ihrer Anzahl, sondern auch durch Publikum und Presse eine besondere Beachtung fanden.

Selbst in der Organisation der Einzelwettbewerbe wurden die unterschiedlichen Auffassungen deutlich: während die *Sportler* vorgelagerte Ausscheidungskämpfe und kleinere Teilnehmerfelder auf hohem Leistungsniveau vorsahen, wollten die *Turner* möglichst viele Teilnehmer in den einzelnen Wettkämpfen zusammenführen. Das führte dann zu folgenden Presseberichten:

> Einzelne Konkurrenzen weisen wahre Rekordfelder auf. So umfaßte beispielsweise die in 21 Vorläufe zerteilte 100-Meterstrecke 123 Bewerber, der 400-Meter-Lauf (14 Vorläufe) 53, der in 3 Vorläufe getrennte 800-Meter-Lauf 30, ferner jeder der beiden Vorläufe des 1500-Meter-Rennens je 30 Kämpfer. Daß solche Riesenfelder bei den Mittelstrecken nachteilige Wirkungen zeitigen mußten, ist eigentlich verständlich. Wozu dann die akademischen Ausscheidungen in Gestalt örtlicher Hochschulmeisterschaften ausgetragen wurden, ist nicht recht ersichtlich. (Anmerkg. d. Schriftleitung: Man wird sich bei Vorbereitung des nächsten Olympia überlegen müssen, wie man diese Schwierigkeiten meistert. Jedenfalls aber wird man an dem schönen Grundsatz möglichst zahlreicher Beteiligung festhalten. Darin unterscheidet sich ja gerade das ‚Akademische Olympia' von den anderen Meisterschaftsveranstaltungen: es soll ein ‚Fest' der gesamten akademischen Jugend sein.).[10]

Das Deutsch-Akademische Olympia fand weitreichende Anerkennung, in der Stadt und Universität selbst, in den beteiligten Hochschulen, im

---

[9] ATB-Blätter (1924), 37 (10) Sonderheft. Siehe hierzu Priebe & Grabarits, 2015.
[10] ATB-Blätter (1924), 37 (10) Sonderheft, darin zitiert aus „Der Fußball". Siehe ebd.

DeHofL und besonders in den Ministerien, sodass in diesen Tagen Impulse für die weitere Entwicklung ausgegangen sind (Abb. 8). Dieser Entwicklung soll im Folgenden nachgegangen werden: zuerst in Bezug auf das *Institut für Leibesübungen* in Marburg und dann bezüglich der Frage, wie im preußischen Ministerium die akademische Entwicklung des Faches Leibesübung und körperliche Erziehung in den Schulen und Hochschulen diskutiert und entschieden wurde.

3.2 Die Entwicklung des Instituts für Leibesübungen nach 1924

Im Sommer 1924 waren mit der Institutsgründung die Universitätsturnhalle in der Barfüßerstraße, der Universitätssportplatz auf dem Hirsefeld, die Universitätsschwimmanstalt am Wehrdaer Weg, das Universitäts-

Abb. 9: Das Institut für Leibesübungen in der ehemaligen Reithalle am Barfüßertor (1935; Bildarchiv Foto Marburg)

Abb. 10: Das Universitäts-Reitinstitut am Ortenberg (1927; IfSM-Archiv)

Fechtinstitut am Roten Graben, die wissenschaftliche Bücherei für Leibesübungen im Landgrafenhaus und die sportärztliche Untersuchungs- und Beratungsstelle zusammengeführt worden. Mit dem stattlichen Bootshaus am Wehrdaer Weg für die Ruderboote, einem weiteren Bootsschuppen für Faltboote und einem großen Reitstall am Ortenberg wurden die Einrichtungen schon 1927 erweitert (Abb. 10 und 11). Für die Institutsentwicklung wesentlich wurde 1927 der Umzug der Gipsgusssammlung des altphilologischen Seminars aus dem Seitenflügel des ehemaligen Reitstalls in den zum 400. Universitätsjubiläum errichteten *Jubiläumsbau* in der Biegenstraße. Nun stand das gesamte Gebäude dem *Institut für Leibesübungen* zur Verfügung. Hier wurden neben der zuvor schon genutzten Turnhalle, zwei Gymnastiksäle, eine Bibliothek, ein Raum für den Sportarzt, Büroräume und im Keller sogar ein Winterruderbecken eingerichtet (Abb. 9).[11]

---

[11] Vgl. Jaeck, 1927b.

1928 folgte der Bau eines weiteren Bootshauses am Edersee bei Herzhausen und 1929 einer Segelflughalle am Hasenkopf westlich der Stadt, nachdem Peter Jaeck das Segelfliegen in das Programm des Hochschulsports aufgenommen hatte.[12] Mit dem städtischen Hallenbad 1930, an dessen Planung Peter Jaeck wesentlich mitgewirkt hatte, wurden diese großen Erweiterungsprojekte in der Zeit der Weimarer Republik abgeschlossen.[13]

Abb. 11: Einweihung des Universitäts-Reitinstituts (1927; IfSM-Archiv)

3.2.1 Die Entwicklung des Hochschulsports

Lag die Verantwortung für bauliche Erweiterungen des Instituts besonders in den Händen des Kurators Ernst von Hülsen, so war Peter Jaeck in der Gestaltung der Institutsaufgaben auf die Zusammenarbeit mit dem

---

[12] Vgl. Priebe, 2018, S. 574.
[13] Vgl. Priebe & Grabarits, 2024, S. 110-112.

Akademischen Ausschuss für Leibesübungen (AAfL) angewiesen. Seit 1912 koordinierte dieser Ausschuss mit Vertretern aus allen Fakultäten, dem Kurator und dem akademischen Turn- und Sportlehrer die Belange der Leibesübungen und war für den Direktor des Instituts ein unterstützendes Gremium, da sich in ihm die dem Turnen und den modernen Leibesübungen gegenüber aufgeschlossenen Professoren zusammenfanden. Da das IfL noch keiner Fakultät angehörte, sollte diese Zusammenarbeit auch in der Frage der akademischen Einbindung der *Leibesübungen und körperlichen Erziehung* bedeutsam werden. Zudem galt es mit dem *Amt für Leibesübungen* (AfL) der Studentenschaft zusammenzuarbeiten, das ja schon seit 1920 wesentliche Initiativen im Bereich des Hochschulsports angeregt hatte und diese Verantwortung nach der Institutsgründung nicht ganz abgeben wollte. In diesem Geflecht von Verantwortlichkeiten war es hilfreich, dass Peter Jaeck diese zusammenführen konnte und weitreichendes Vertrauen genoss:

> Die Zusammenarbeit zwischen dem Leiter des Instituts für Leibesübungen und der Studentenschaft vollzieht sich reibungslos auf der Grundlage, die durch das gemeinsame Arbeitsgebiet geschaffen ist. [...] Von Anfang an wurde in Marburg von dem akademischen Turn- und Sportlehrer die Notwendigkeit eines Amtes für Leibesübungen der Studentenschaft betont. Wir haben alle Bestrebungen abgelehnt, die darauf hinausliefen, der studentischen Vertretung ihre Selbstständigkeit zu nehmen [...]. Denn für unsere Marburger Entwicklung war nicht so wesentlich die Frage: wie sichern wir unsere beiderseitige Machtposition, sondern es galt stets der Leitgedanke: auf welchem Weg gehen wir am besten miteinander.[14]

Diese Zusammenarbeit wurde nicht nur im Jahresbericht des Rektors, Professor Lommatzsch, gewürdigt, sondern auch vom preußischen Ministerium als *Marburger Modell* in einem Runderlass vom 03. März 1926 auch anderen Universitäten empfohlen.[15] Das gemeinsame Arbeitsgebiet ergab sich aus den Angeboten des Hochschulsports, die vom Institut verantwortet, aber gleichermaßen nachdrücklich von der Studentenschaft gefordert wurden. Deren eigener Verantwortungsbereich sollte sich auf

---

[14] Bericht über Zusammenarbeit des Marburger IfL und des AfL von Peter Jaeck, 8. Februar 1926 (UniA MR, 310 acc. 1983/15 Nr. 4282, pp. 154-155; zitiert nach Grabarits, 2013, S. 67).
[15] Vgl. Grabarits, 2013, S. 66.

den akademischen *Wettkampfsport* konzentrieren, dem in diesen Anfangsjahren eine große Bedeutung zugeschrieben wurde.[16] Für das Ministerium galt es, diese gelungene Zusammenarbeit in den Universitäten zu fördern, denn mit dem Erlass vom 30. September 1925 sollte für die Philolog/innen die verpflichtende Teilnahme am Hochschulsports über zwei Semester eingeführt werden. Mit diesem Erlass war auch die formale Gründung des *Instituts für Leibesübungen* und die Ernennung Peter Jaecks zum Direktor am 10. Februar 1926 verbunden.[17]

So sehr die *Ämter für Leibesübungen* die Umsetzung einer verpflichtenden Teilnahme aller Studierenden am Hochschulsport forderten, wurde dies durch das Ministerium mit einem Verweis auf die akademische Freiheit nicht umgesetzt. Mit der breiten Unterstützung für den Hochschulsport sollte hingegen ein Angebot geschaffen werden, das zu einer *freiwilligen* Teilnahme anregen sollte. Die regelmäßigen statistischen Übersichten dokumentierten diesen erhofften Anstieg der Teilnehmerzahlen von 37,1% (1924) auf über 60% (1927) und dienten daher auch dem Zweck, diese weiterhin *freiwillige* Teilnahme zu rechtfertigen (Tab. 1).[18]

Jahr		1923	1924	1925	1926	1927
Zahl der immatrikulierten Studierenden	gesamt	1799	2028	2079	2387	2906
	männlich	*1585*	*1786*	*1793*	*2026*	*2417*
	weiblich	*214*	*242*	*286*	*351*	*489*
Zahl der Studierenden, die an den Übungen des IfL teilnahmen.	gesamt	554	753	1275	1441	1753
	männlich	*509*	*691*	*1082*	*1150*	*1446*
	weiblich	*45*	*62*	*193*	*291*	*307*
Anteil in Prozent		**31**	**37,1**	**61,3**	**60,3**	**60,3**

Tab. 1: Teilnahme der Studierenden an den Übungen des Instituts für Leibesübungen[19]

---

[16] Vgl. Buss, 1975, S. 72-77.
[17] Vgl. Grabarits, 2013, S. 65.
[18] Vgl. Jaeck, 1927b, S. 24.
[19] Vgl. ebd.

3.2.2 Die Neuordnung der Turnlehrerausbildung

Beziehen sich die Darstellungen seither auf den Hochschulsport, so ist die Turnlehrerausbildung für die akademische Entwicklung der Institute noch bedeutsamer gewesen. Zunächst blieb die Gesamtleitung der Turnlehrerkurse in der Verantwortung von Studienrat Dr. Knabe vom Gymnasium Philippinum. Peter Jaeck sollte im Sommersemester 1924 zunächst nur den Schwimmlehrerkurs im Rahmen dieser akademischen Turnlehrerkurse übernehmen. Als nach dem Deutsch-Akademischen Olympia im Preußischen Ministerium mit dem Erlass vom 18. August 1924 eine Ausweitung der Studieninhalte angekündigt wurde, die theoretische *und* praktische Lehrveranstaltungen zu den Leibesübungen für *alle* Studierenden vorsah, erhielt Peter Jaeck am 18. November 1924 einen Lehrauftrag für *Theorie und Geschichte der Leibesübungen*.[20] Der wenig später am 24. März 1925 folgende Erlass sah nun vor, dass „[n]eben der Teilnahme an den praktischen Übungen während zweier Semester" alle angehenden Philologen – also alle Lehrer an den höheren Schulen, ob sie nun Turnen unterrichten wollten oder nicht – „während einer gleichlangen Zeit Vorlesungen auf dem Gebiet der Leibesübungen gehört" haben mussten.[21] Dies schien dem Ministerium geboten, „um das Verständnis der Lehrerschaft an höheren Schulen für die körperliche Erziehung der Jugend und damit diese Erziehung selbst zu fördern."[22]

Damit war ab dem Sommersemester 1925 auch die Leitung der akademischen Turnlehrerkurse auf Peter Jaeck übergegangen. Wie zuvor wurden die Professoren Heinrich Hildebrand (*Gesundheitslehre für Turnlehrer*), Paul Schenk (*Physiologie und Hygiene der Leibesübungen*) und Erich Jaensch (*Philosophische und psychologische Grundlagen der körperlichen Erziehung*) in diese Kurse eingebunden.[23] Die ministerielle Erwartung, mit diesen Studienverpflichtungen unter den Philolog/innen die Zahl der angehenden Turnlehrer/innen zu steigern, erfüllte sich: kontinuierlich stieg deren Zahl in den folgenden Jahren von 47 (1924) bis auf 216 (1927) an (Tab. 2).[24] Das Marburger Institut war damit – neben etwa

---

[20] Vgl. ausführlich Court, 2019, S. 121-122; Priebe, 2019b, S. 274-275.
[21] Erlass des Preußischen Ministers für Wissenschaft, Kunst und Volksbildung (UniA MR, 307 d, 2839).
[22] Ebd.
[23] Vgl. Priebe, 2019b, S. 275.
[24] Vgl. Court, 2024, S. 150.

Berlin und Göttingen – zu einer der großen Ausbildungseinrichtungen in Preußen geworden.

	Jahr	1923	1924	1925	1926	1927
Turnlehrerkurs	gesamt	11	47	111	176	216
	männlich	11	31	76	134	166
	weiblich	-	16	35	42	51
Schwimm-lehrerkurs	gesamt			28	63	107	119
	männlich			16	45	82	85
	weiblich			12	18	25	34
Ruder-lehrerkurs	gesamt			27	60	89
	männlich			15	41	55
	weiblich			12	19	34
Kurs für orth. Schulturnen	gesamt				29	44
	männlich				18	24
	weiblich				11	20

Tab. 2: *Die Entwicklung der Turn- und Sportlehrer/innenausbildung am Institut für Leibesübungen*[25]

Diese erfolgreiche Entwicklung der Ausbildungskapazitäten und der Erfahrungen in der Ausgestaltung der Ausbildung waren für die Diskussion um die Ausgestaltung der Turnlehrerausbildung in Preußen von besonderer Tragweite. Mit dem *Fachturnlehrer*, der an der *Deutschen Hochschule für Leibesübungen* in Berlin oder der *Preußischen Hochschule für Leibesübungen* in Spandau ausgebildet wurde, und dem – an den Universitäten ausgebildeten – *Turnphilologen*, standen zwei Konzeptionen gegenüber, über die in allen verantwortlichen Gremien, den Ministerien, den Turnlehrerverbänden und den Hochschulen kontrovers verhandelt wurde.[26] Nach Auffassung Jaecks ging der

> Meinungsstreit […] um den Nur-Fachturnlehrer oder den auch in anderen Fächern der höheren Schule vorgebildeten Studienrat, um die Abkapselung der Turnlehrerausbildung an Hochschulen für Leibesübungen oder die organische Eingliederung des Faches für körperliche Erziehung in den Unterrichtsplan geeigneter Universitäten. […] Wenn schließlich in den

---

[25] Vgl. Jaeck, 1927b, S. 24; Zhorzel, 1977, S. 84.
[26] Vgl. ausführlich Court, 2024, S. 96-143.

neuesten Richtlinien des Ministeriums für die höheren Schulen Preußens es als ‚selbstverständliche Forderung' hingestellt wird, daß die harmonische Persönlichkeit nur bei einer über die Einzelfächer hinausreichenden gemeinsamen Erziehungsarbeit möglich ist, daß die Gedanken der Notwendigkeit und der Bedeutung einer planvollen Körpererziehung sich auch im übrigen Unterricht durchsetzen müssen, so wird man füglich die Vorbedingungen dazu schaffen müssen. Diese Vorbedingung ist der Lehrer, der durch sein Studium sowohl in dem wissenschaftlichen Unterricht als auch in der körperlichen Erziehung seiner Schule verankert ist.[27]

Dies sei, erinnerte Jaeck, auch die Auffassung Edmund Neuendorffs, dem Direktor der *Preußischen Hochschule für Leibesübungen* in Spandau, gewesen, der als erfahrener Fachmann der höheren Schule darauf hingewiesen habe,

daß es mit Rücksicht auf das Ganze der Erziehung unverhältnismäßig segensreicher für die Schüler sein muß, wenn der Lehrer, der mit ihnen wissenschaftlich arbeitet, sich auch leiblich mit ihnen betätigt, mit ihnen turnt, spielt, schwimmt und wandert.[28]

Carl Diem, der Direktor der *Deutschen Hochschule für Leibesübungen* und Protagonist des Fachturnlehrers, meinte, dass die viersemestrige Turnlehrerausbildung an den Universitäten nicht ausreiche, da sie lediglich „zweimal in der Woche drei Stunden" erfordert" und daher „oberflächlich und ergebnislos" sei.[29] Dies jedoch wies Jaeck entschieden zurück:

Man scheint doch in Berlin von der Turn- und Sportlehrerausbildung an preußischen *Provinz*-Universitäten [Hervorhebung im Original, d. Verf.] nur eine sehr oberflächliche Vorstellung zu haben. Der unsachlichen Kritik stellen wir die sachlichen Tatsachen gegenüber, daß – wenigstens in Marburg ist es so – nicht zweimal in der Woche drei Stunden, sondern über die ganze Woche verteilt vier Semester lang wöchentlich mindestens zehn bis achtzehn Stunden stramm gearbeitet wird. (Wissenschaftliche und praktische Lehrstätten der Universität liegen so nah beieinander, daß ein Wechseln in wenigen Minuten möglich ist.) Man hat anscheinend

---

[27] Jaeck, 1927c, S. 3.
[28] Ebd.
[29] Ebd.; vgl. Priebe, 2019b, S. 277-278.

,übersehen', daß auch auf den Universitäten zu der neuzeitlichen Turnlehrerausbildung das Schwimmen, das Rudern, das Wandern, der Wintersport und die Fachausbildung im orthopädischen Schulturnen gehören. Rechnet man die Zeit, die für diese Gesamtarbeit planmäßig angesetzt ist, hinzu, so sieht das Bild doch anders aus. Rechnet man ferner hinzu, wie wir im Sommer die freien Tage herausziehen zur Ausbildung als Wanderführer, einen Teil der Herbstferien zur Ausbildung der Ruderlehrer auf großer Fahrt, daß wir im Winter sonntags unsere Schneelauf-Ausbildung im Sauerland durchführen und die Weihnachtsferien verwenden für Schneelaufkurse im Schwarzwald und in Tirol, so weiß man wirklich nicht recht, wie man eine solche Ausbildung, an der hervorragende Männer aus der medizinischen und philologischen Fakultät und ausgewählte Turnfachleute beteiligt sind, ,zweimal in der Woche 3 Stunden oberflächlich und ergebnislos' nennen kann.[30]

Und mit Blick auf die bevorstehende ministerielle Entscheidung fasste er zusammen:

Wir stellen fest, daß an den Instituten für Leibesübungen mehrerer preußischer Universitäten in den letzten Jahren in stiller, aber zäher Arbeit die Vorbedingungen geschaffen wurden, die das Ministerium braucht, um bei entsprechender weiterer Ausstattung den Universitäten die Philologen-Ausbildung mit Turnfakultas als einem Haupt- und Nebenfach übertragen zu können.[31]

Tatsächlich konnte Peter Jaeck auf das umfangreiche Lehrangebot dieser Anfangsjahre verweisen, die gerade das zeittypische Wandern auf dem Wasser (Abb. 12), in den Mittelgebirgen oder den Alpen umfasste. Jaeck, der selbst im jugendbewegten Wandern aufgewachsen war,[32] leitete dies selbst und fand damit – auch in den Ministerien – Anerkennung.

Die wesentliche Herausforderung war damit jedoch noch nicht geklärt: sie stellte sich in der Frage der akademischen Anerkennung der *Leibesübungen und körperlichen Erziehung* in den Fakultäten und Prüfungsämtern.[33] Da dies in allen Universitäten Preußens zu klären war, wurde sie

---

[30] Ebd.
[31] Ebd.
[32] Vgl. Priebe, 2023a, S. 60-62.
[33] Vgl. ausführlich Court, 2024, S. 154-164.

Abb. 12: Ruderwanderfahrt in den Masuren 1931 (IfSM-Archiv)

auf der Deutschen Rektorenkonferenz am 14. Oktober 1927 verhandelt. Verbreitet war die Auffassung, dass die Leibesübungen als Prüfungsgegenstand „auf keinen Fall [...] an die Stelle irgend eines wissenschaftlichen Hauptfaches treten" könne.[34] Als mögliche Lösung wurde daher die Ergänzung um ein drittes Haupt- oder Nebenfach diskutiert, ohne aber die Studiendauer im Ganzen auszuweiten. Ähnlich kontrovers wurde dies in der *Philosophischen Fakultät* in Marburg besprochen, die in einem ersten Gutachten vom Januar/Februar 1928 die *Leibesübungen und körperliche Erziehung* als akademisches Fach ablehnten:

> ‚Das Studium der körperlichen Erziehung' ist nach dem Gesagten keine Disziplin, die inhaltlich auch nur im entferntesten eine Gleichstellung mit einem Forschungsgebiet beanspruchen dürfte. Der Unterricht in diesem ‚Studium' wird daher auch faktisch geleistet auf dem Wege der lediglich didaktischen [Unterstreichung im Original, d. Verf.] Verwendung von

---

[34] Leitsätze für den Betrieb der Leibesübungen an den Universitäten (Hoffmann/Münster, 04.10.1927; UniA MR, 307 d, 2839); vgl. dazu auch Priebe, 2019b, S. 279.

Erkenntnissen selbständiger Disziplinen (Psychologie, Medizin, Pädagogik, Geschichte). Wenn der dem Minist. Erl. vom 23.12.1927 beigegebene ‚Rahmenlehrplan' unter dem Titel ‚Wissenschaftliche Ausbildung' aufführt: ‚Übungslehre und Lehrweise des Schulturnens, Übungsstättenbau- und -pflege, Verwaltungslehre' – ferner Übungslehre und Lehrweise des Schwimmens, Übungs- und Lehrweise des Ruderns, Fahrtenkunde, Bootspflege – dann muß die Fakultät gestehen, daß ein solcher Wissenschaftsbegriff bislang an der Universität unbekannt war.[35]

Hinzu kam in der Wahrnehmung der Professoren, dass

[b]ei der jetzigen gegenüber den wissenschaftlichen Fächern unverhältnismässig grossen Inanspruchnahme [durch die Leibesübungen, d. Verf.] [...] die Stetigkeit und Frische der wissenschaftlichen Arbeit der Studierenden ernstlich gefährdet [ist, d. Verf.]. Insbesondere bedürfen die praktischen [Unterstreichung im Original, d. Verf.] Leibesübungen einer wesentlichen Beschränkung, denn gerade die körperlichen Übungen haben, auch wenn sie sich von Überanstrengungen freihalten, in der Regel zwar ein körperliches Wohlbefinden aber auch eine erhöhte geistige Schlaffheit zufolge, die oft längere Zeit anhält. [...] Der hierdurch bedingte Ausfall von geistiger Arbeitskraft und gedanklicher Initiative lässt sich zwar statistisch nicht feststellen, er wird sich aber in der zunehmenden Niveausenkung der wirklichen *Bildung* [Hervorhebung im Original, d. Verf.] unserer Studierenden eines Tages in erschreckender Weise offenbaren.[36]

Die Ablehnung war also fundiert und erhielt erst dadurch eine konstruktive Wendung, indem für die angehenden Turnlehrer/innen nach der absolvierten wissenschaftlichen Prüfung ein einjähriger Kurs mit dem Abschluss vor einem eigenen Prüfungsamt vorgeschlagen wurde. Den Bedenken gegen eine Verlängerung der Studiendauer wurde damit entgegnet, dass dieses weitere Studienjahr auf die Dienstzeit anzurechnen sei.[37]

---

[35] Gutachten der Mehrheit der *Philosophischen Fakultät* der Universität Marburg vom Januar/Februar 1928. (UniA MR, 307 d, 2839). Das Gutachten wurde erstellt von den Professoren Martin Heidegger (Philosophie), Karl von Auwers (Chemie), Ernst Lommatzsch (Klassische Philologie), Paul Jacobsthal (Archäologie) und Rudolf Wedekind (Paläontologe) (vgl. Priebe, 2019b, S. 280-283).
[36] UniA MR, 307 d, 2839.
[37] Vgl. Priebe, 2019b, S. 282.

Wurde dieses Gutachten von der Mehrheit der *Philosophischen Fakultät* in Marburg getragen, so wird die kontroverse Diskussion durch ein *Sondergutachten* noch anschaulicher, das wenig später vorgelegt wurde. Darin wird festgestellt, dass es

> die neue Bewegung zugunsten einer engen Verbindung der geistigen und körperlichen Erziehung grundsätzlich billigt und den Turnunterricht unbedingt in die Hände der Studienräte zu legen wünscht.[38]

In Abweichung von dem zuvor dargelegten Wissenschaftsverständnis wird hier auf die Einstellung *unserer akademischen Jugend* zur Wissenschaft rekurriert:

> Die heutige Jugend verlangt von der Universität nicht nur die Bildung des Geistes, sondern ebenso sehr die Ausbildung ihrer seelischen und körperlichen Anlagen: Der Student fühlt sich eben als ein ganzes: Dieser Drang nach Totalität ist innerlich berechtigt und kerngesund, denn auch die Totalität ist ein Prädikat des Lebendigen. Wenn nun der einzelne Student seine Gesamtpersönlichkeit steigern und zur Vollendung bringen und dabei auch die körperliche Form seines Ichs eingeschlossen haben will, so liegt kein Grund vor, ihm die wissenschaftlich theoretische Ausbildung auf diesem Gebiete zu verwehren: vielmehr handelt es sich hier für die Universitäten um eine Aufgabe, die ernste Prüfung erheischt.[39]

Sofern „dies ohne Schädigung unserer rein wissenschaftlichen Aufgaben geschehen kann", sollten die Leibesübungen und die körperliche Erziehung „durch die Lehrmittel und die Einrichtungen der Universität [...] eifrig" gefördert werden.[40] Vorgeschlagen wurde daher, das Fach *Leibesübungen und körperliche Erziehung* als drittes Hauptfach anzuerkennen.

Eine besondere Bedeutung erhält dieses Sondergutachten dadurch, dass darin auf der Grundlage eines Menschenbildes argumentiert wird, das

---

[38] Sondergutachten einer Minderheit der *Philosophischen Fakultät* der Universität Marburg vom 02. Februar 1928 (UniA MR, 307 d, 2839). Das Sondergutachten wurde unterzeichnet von den Professoren Wilhelm Busch (Geschichte), Max Deutschbein (Anglistik), Ernst Elster (Literaturgeschichte), Rudolf Häpke (Geschichte), Erich Jaensch (Psychologie), Dietrich Mahnke (Philosophie), Arthur Schulze (Physik), Hermann Stephani (Musikwissenschaft) und Walter Troeltsch (Nationalökonomie).
[39] Ebd.
[40] Ebd.

unter dem Vorzeichen einer *politischen Leibeserziehung* im Nationalsozialismus anschlussfähig wird. Mit dem Psychologen Erich Jaensch, der das Sondergutachten vermutlich formuliert hat und einer der Protagonisten der nationalsozialistischen Jugenderziehung wurde, zeigt sich hier auch eine personelle Kontinuität.[41] Letztlich ist die ministerielle Entscheidung vom 01. August 1929 einer *Neuordnung der Ausbildung der Turn- und Sportlehrer(innen) an den höheren Schulen in Preußen* noch über die Position des Sondergutachtens hinausgegangen, indem darin ab Sommersemester 1930 die Anerkennung des Faches als Haupt- *und* Nebenfach anerkannt wurde. Ein wesentlicher Grund für diese mutige und wegweisende Entscheidung war der Rückhalt, die sie an einzelnen Fakultäten wie besonders an der Universität Göttingen unter dem Pädagogen Hermann Nohl gefunden hatte.[42]

Wenngleich die Einbindung des IfL in die *Philosophische Fakultät* und das Promotionsrecht für Peter Jaeck mit dieser Entscheidung noch nicht verbunden war, ist doch die Bedeutung des Instituts in diesen frühen 1930er-Jahren in der Universität Marburg aufgewertet und gefestigt worden. Im Ministerium und den Universitäten wurden diese Entwicklungen aufmerksam dokumentiert: Die zunehmende Anzahl der angehenden Turnlehrer/innen schien die Erwartungen, die mit dieser Neuregelung verbunden war, zu bestätigen und zugleich gab es erste Anzeichen dafür, dass die Institute der Universitäten Preußens diese Aufgaben würden bewältigen können.[43]

3.3 Die Einführung des Gelände- und Wehrsports

Während mit dem Erlass vom August 1929 zur Neuregelung der Turnlehrerausbildung die Bedeutung des Instituts in der Universität und den Ministerien gefestigt und die Verantwortung für diese Ausbildung von den *Akademischen Ausschüssen für Leibesübungen* ganz auf das *Institut für Leibesübungen* übergegangen war,[44] ergab sich im Bereich des Hoch-

---

[41] Zur Bedeutung von Erich Jaensch für die akademischen Biografien von Peter Jaeck und Hans Möckelmann siehe ausführlich Priebe, 2022 und 2023a.
[42] Vgl. Buss, 2009, S. 291-292; Priebe, 2019b, S. 283; Court, 2024, S. 164-172.
[43] Vgl. Briese, 1930/31 und 1931/32; Jaeck, 1931/32.
[44] Vgl. Zhorzel, 1977, S. 24 (Fußnote 124).

Abb. 13: *Segelfliegen der Studentinnen mit dem Gleitflieger Grunau 9 am Hasenkopf (Möckelmann, 1938)*

schulsports mit der Einführung des Gelände- und Wehrsports eine – auch die folgenden Jahre – prägende Entwicklung. Waren der Aufschwung der Leibesübungen in den 1920er-Jahren wehrpolitisch begründet und gab es auch schon wehrsportliche Gruppierungen,[45] so stellte die Gründung des *Allgemeinen wissenschaftlichen Wehramtes* durch die *Deutschen Burschenschaften* und alle Korporationsverbände am 13. Juni 1931 eine Zäsur dar. Neben dem Hochschulsport gab es fortan eine eigenständige Wehrsporteinrichtung,[46] mit der das Turn- und Sportamt der *Deutschen Studentenschaft* und die *Institute für Leibesübungen* ab 1932 eng zusammenarbeiteten.[47] Auch in dieser Frage erwies sich das *Marburger Modell* der Zusammenarbeit zwischen dem *Amt für Leibesübungen* der Studen-

---

[45] Vgl. Buss, 1975, S. 94.
[46] Die Wehrsportbewegung stand zudem in enger Verbindung mit der einsetzenden Arbeitsdienstbewegung.
[47] Vgl. Buss, 1975, S. 105-107. Seitens der Regierung war diese Entwicklung mit der Gründung des Reichskuratoriums für Jugendtüchtigung (13. September 1932) unterstützt worden.

tenschaft und dem IfL tragfähig. Der Wehr- und Geländesport erhielt Einzug in den Hochschulsport, ein Wehrsportlehrer wurde eingestellt, die Schießstände des Instituts wurden erweitert und im Universitätsstadion eine Hindernisbahn eingerichtet.[48]

Eine besondere Förderung erhielt ab 1928 das Segelfliegen. Als motorloser Flug verstand sich diese Bewegung gerade unter den Studenten als ein Ausgleich für den im Versailler Vertrag verbotenen Motorflug und hatte damit nicht nur eine wehrpolitische, sondern auch eine didaktische Bedeutung für die Vorbereitung auf den Motorflug. Peter Jaeck hatte dies früh erkannt, das Fliegen auf dem Flugplatz am Hasenkopf bei Cyriaxweimar westlich der Stadt gefördert und dort 1929 eine eigene Segelflughalle errichtet (Abb. 13).

In Grunau lernte er mit 37 Jahren das Fliegen sogar selbst. In diesen Jahren wurde die Grundlage dafür gelegt, dass Marburg in der Zeit des Nationalsozialismus und besonders im Kriegsverlauf zu einem Zentrum des akademischen Segelflugs in Deutschland wurde.[49] In den acht Jahren seit der Gründung hatte sich das Marburger Institut unter der Ägide von Peter Jaeck im Bereich des Hochschulsports und der Turnlehrerausbildung wesentlich gefestigt, hatte sich nach erfolgreichen Gründungsjahren in den politischen Wirren der späten Weimarer Republik überaus anpassungsfähig gezeigt und sollte dies, so Peter Jaeck, nach der Machtübernahme im Januar 1933 im „nationalsozialistischen Geist"[50] fortsetzen.

---

[48] Vgl. Zhorzel, 1977, S. 31, S. 32, S. 69 (Fußnote 178).
[49] Vgl. ausführlich Priebe, 2018 und 2020a.
[50] Auf Anfrage des *Amtes für Leibesübungen* der Studentenschaft vom 04. Mai 1933 antwortete Jaeck: „Das Institut für Leibesübungen an der Universität Marburg wird im nationalsozialistischen Geist geführt. Aus dieser Einstellung ergibt sich klar die Richtung für die Durchführung der Leibesübungen an unserer Hochschule. Es ergibt sich daraus weiterhin, daß das Institut mit den beauftragten Führern der Studentenschaft vertrauensvoll zur Erreichung des gemeinsamen staatspolitischen Zieles zusammenarbeitet" (zitiert nach Buss, 1975, S. 196; vgl. auch Zhorzel, 1977, S. 31).

4 Das Hochschulinstitut für Leibesübungen unter dem nationalsozialistischen Regime

Die an *Rasse*, *Volksgemeinschaft* und *Führertum* ausgerichteten nationalsozialistischen Erziehungsvorstellungen hatten an der Marburger Universität, die auch zuvor ihre Distanz zur Weimarer Verfassung nicht hatte ablegen können, über die Fächer hinweg Verbreitung gefunden.[1] Wie die Disziplin der Psychologie unter dem Direktor Erich Jaensch gemeinsame Zugänge zu den Themen der Leibesübungen und körperlichen Erziehung schon seit den 1920er-Jahren fand, beteiligte sich nun auch der Marburger Theologe Erich Dinkler[2] an der Begründung eines neuen nationalsozialistischen Menschenbildes, das er in seiner „Volksgebundenheit" legitimierte und den „SA-Mann […], den aus tiefer, sittlicher Verantwortung heraus kämpfenden jugendlichen Stürmer"[3] als Beispiel vorgab. In diesem Geiste versicherte auch Peter Jaeck,

> daß das Institut für Leibesübungen an der Universität Marburg […] im nationalsozialistischen Geist geführt [wird, d. Verf.]. Aus dieser Einstellung ergibt sich klar die Richtung für die Durchführung der Leibesübungen an unserer Hochschule.[4]

Mit den *jugendlichen Stürmern* waren gerade die Studierenden gemeint, die sich in Marburg seit 1931 in großen Teilen dem *Nationalsozialistischen Deutschen Studentenbund* angeschlossen hatten und im April 1933 erneut das Recht an der Selbstverwaltung der Universitäten erhielten.[5] Peter Jaeck, der sich am 01. Mai 1933 der *Nationalsozialistischen Deutschen Arbeiterpartei* (NSDAP) angeschlossen hatte, betonte wie in den Vorjahren die Zusammenarbeit mit der Studentenschaft und versicherte auf deren Anfrage vom 04. Mai 1933,

---

[1] Vgl. Nagel, 2018.
[2] Erich Dinkler (1909–1981), Theologe und Archäologe, war ab 1932 Assistent und ab 1935 Dozent für Kirchengeschichte und Christliche Archäologie in der *Theologischen Fakultät* der Universität Marburg.
[3] Dinkler, 1934a, S. 134. Siehe zudem Dinkler, 1934b und 1934c.
[4] Zitiert nach Buss, 1975, S. 196.
[5] Vgl. Buss, 1975, S. 146-147; Zhorzel, 1977, S. 31.

daß das Institut mit den beauftragten Führern der Studentenschaft vertrauensvoll zur Erreichung des gemeinsamen staatspolitischen Zieles zusammenarbeitet.[6]

Damit meinte Peter Jaeck weniger eine theoretische Fundierung der nationalsozialistischen „politischen Leibeserziehung",[7] sondern eine institutionelle Zusammenführung der gerade in den Anfangsjahren der NS-Diktatur vielfach wechselnden Einflussnahmen der Parteigliederungen und Ministerien in den für den NS-Staat grundlegenden Bereich der körperlichen Erziehung.[8] Die *Hochschulinstitute für Leibesübungen* (HIfL) wurden damit zu tragenden Institutionen des nationalsozialistischen Erziehungssystems. Wie sich dies darstellte, soll an der Einführung und Umsetzung der differenzierten *Hochschulsportordnung* vom 30. Oktober 1934 im Folgenden nachvollzogen werden.

4.1 Die Ausweitung des Wehr- und Geländesports 1933

Die Zusammenarbeit mit der Studentenschaft bezog sich auf die Ausweitung des Wehr- und Geländesports in den eingerichteten Wehrämtern, die von den deren Führern, Curt Hübner (ab 1933) und Gerhard Todenhöfer (ab 1935), vehement eingefordert wurde.[9] Vorgesehen war,

daß das Institut für Leibesübungen die allgemeine körperliche Durchbildung der Studierenden als Grundlage für die Wehrerziehung übernimmt, ferner die besondere Ausbildung der Studierenden der Leibesübungen im Wehr- und Geländesport, das Wehramt dagegen die eigentliche Wehrsporterziehung der Studentenschaft.[10]

Damit wurde der Wehr- und Geländesport auch am *Institut für Leibesübungen* bis Ende 1933 zum wichtigsten Ausbildungsinhalt. Für die Durchführung der Geländesportlager wurde ein Wehrsportlehrer einge-

---

[6] Zitiert nach Buss, 1975, S. 196.
[7] Joch, 1976.
[8] Vgl. Priebe, 2023a, S. 72-77.
[9] Vgl. Nagel, 2018, S. 12.
[10] Zitiert nach Buss, 1975, S. 156.

stellt und die Zahl der Schießstände nahe dem Reitstall am Ortenberg erhöht.[11]

Als der Gelände- und Wehrsport im September 1933 in die Verantwortung der SA-Hochschulämter überging, wurden auch die IfL-Direktoren zu einer Geländesportausbildung in Döberitz verpflichtet.[12] Peter Jaeck nahm Ostern 1934 daran teil und trat im Juni 1934 selbst der SA bei.[13] Mit der Einbindung der Institutsdirektoren konnte auch nach der *Röhm-Affäre* und der Entmachtung der SA die Kontinuität im Gelände- und Wehrsport beibehalten werden. So umfangreich die Beanspruchung der Studierenden durch die – im Februar 1934 auf drei erhöhten – Pflichtstunden im Hochschulsport, die geforderten Übungsmärsche unter der Leitung des Wehrsportlehrers und die seit Juni 1933 eingeführte Arbeitsdienstpflicht war, stieg im Sommersemester 1934 zugleich die Zahl der Studierenden auf 49 an, die in einem restriktiven Verfahren über den Sportarzt eine Befreiung erwirken konnten.[14]

War die Ausweitung des Wehr- und Geländesports in der frühen Phase des NS-Regimes für den Hochschulsport im Ganzen prägend, so weiteten sich diese Inhalte auch in der Ausbildung der Turnlehrer/innen wesentlich aus. Mit der Neuordnung dieser Ausbildung vom 02. Februar 1934 wurden gegenüber der Verordnung von 1929 schon Änderungen eingeleitet, die den Übergang in die *Hochschulsportordnung* vom 30. Oktober 1934 vorbereiten sollten.[15]

---

[11] Vgl. Zhorzel, 1977, S. 30-32, 69.
[12] Vgl. Buss, 1975, S. 161. Im Erlass des *Preußischen Ministeriums für Wissenschaft, Kunst und Volksbildung* vom 28.12.1933 hatte der Minister festgelegt: „Ich mache den Direktoren der Institute für Leibesübungen engste Zusammenarbeit mit den SA-Hochschulämtern zur Pflicht. Eine gleiche Anweisung wird der Führer des Reichs-SA-Hochschulamtes für die Führer der SA-Hochschulämter treffen. Die Zusammenarbeit bezieht sich insbesondere auf die gemeinsame Festlegung eines Jahresausbildungsplanes der Studierenden, die Verteilung der Übungseinrichtungen, die Verteilung der Übungszeiten, die gegenseitige Aushilfe mit Lehrerpersonal und die gemeinsame Arbeit an der Vorbereitung und Abnahme der Leistungsprüfungen des SA-Sportabzeichens" (zitiert nach Buss, 1975, S. 163).
[13] Vgl. Priebe, 2023a, S. 75.
[14] Vgl. Zhorzel, 1977, S. 31 (Fußnote 175); Nagel, 2018, S. 12.
[15] Vgl. Zhorzel, 1977, S. 32.

4.2 Die Hochschulsportordnung vom 30. Oktober 1934

War das Aufgabenfeld der IfL seit deren Gründung 1924 beträchtlich erweitert worden und die Abstimmung der Aufgaben zwischen den Ämtern der Studentenschaft und den Instituten überaus differenziert, so sollte dies in dem 1934 gegründeten *Reichserziehungsministerium* (REM) eine einheitliche Neuordnung finden. Der Bedeutung im nationalsozialistischen Erziehungssystem folgend wurde ein eigenes *Amt für körperliche Erziehung* (Amt K) gegründet, zu dessen Direktor Carl Krümmel Ende 1934 ernannt wurde.[16] Dem Amt K waren die *Hochschulinstitute für Leibesübungen*, wie sie fortan genannt wurden, unmittelbar zugeordnet und für deren Direktoren Dienststellungen als Regierungs- und Oberregierungsräte vorgesehen. Das Bestreben Krümmels galt der zügigen Neuordnung, die noch im Wintersemester 1934 zumindest in Teilen eingeführt werden sollte. Mit Peter Jaeck, Bernhard Zimmermann und anderen Direktoren, deren Zusammenarbeit in der *Vereinigung der Akademischen Turn- und Sportlehrer* seit 1924 eingespielt war, fand er erfahrene Mitstreiter, die gerade in der Phase der kurzfristigen Einführung erforderlich und auch zur Unterstützung bereit waren.

Die am 30. Oktober 1934 erlassene *Hochschulsportordnung* war in sieben Abschnitte unterteilt:

I. Die Grundausbildung der Studierenden der ersten drei Semester
II. Der freiwillige Sportbetrieb der älteren Studierenden
III. Das Wettkampfwesen der Studierenden
IV. Die Lehrerausbildung auf dem Gebiet der körperlichen Erziehung
V. Das Lehrgangswesen für Fortbildungszwecke
VI. Das wissenschaftliche Studium der körperlichen Erziehung an den Hochschulen und die wissenschaftliche Prüfung
VII. Gliederung, Personal und Etat der IfL nach ihrer Neuordnung.[17]

Die *Hochschulsportordnung* steht für den im Oktober 1934 einsetzenden umfassenden Gestaltungsanspruch. Dass diese Ordnung im Wintersemester 1934/35 in einigen Abschnitten nicht endgültig ausgearbeitet war und daher fortgesetzte Verordnungen erforderlich wurden, nahm man in Kauf. In mancher Hinsicht konnte aber auf Strukturen und Erfahrungen der

---

[16] Vgl. Ueberhorst, 1976, S. 109-122.
[17] Briese, 1937, S. 9.

Vorjahre aufgebaut werden. Ein wesentliches Kennzeichen der Neuordnung ist die Gliederung in Abschnitte, die in einem übergeordneten Zusammenhang standen und divergierende Verantwortlichkeiten unter der Führung des Amtes K zusammenführen sollten.

4.2.1 Die Grundausbildung der Studierenden der ersten drei Semester

Dass es den Instituten gelungen ist, die im Abschnitt I geforderte Grundausbildung schon im Wintersemester 1934 umzusetzen, lag vor allem daran, dass sie auf dem seit Februar 1934 geltenden Erlass aufbaute und die Direktoren in die vorgesehenen Änderungen eingebunden waren. Wesentliche Neuerung der Grundausbildung war, dass die Inhalte nicht mehr frei zu wählen, sondern vorgegeben waren. Während im ersten Semester die *allgemeine Körperausbildung* mit Turnen und Boxen (für Männer) und Gymnastik und Tanz (für Frauen) sowie der Geländelauf auf dem Programm standen, folgten im zweiten Semester Leichtathletik und Kleinkaliberschießen und schließlich im dritten Semester Mannschaftskampfspiele (Fußball und Handball für Männer; Handball für Frauen) und Rettungsschwimmen.[18] Gegenüber dem vielseitigen Angebot, das sich in einigen Instituten wie in Marburg in den 1920er-Jahren auch mit beträchtlichen infrastrukturellen Aufwendungen etabliert hatte, stellte dies eine einschneidende Konzentration dar. Erforderlich wurde die Beschaffung von Boxhandschuhen, die Erweiterung der Schießstände und die Ausweitung des Personals.[19] Die zweite wesentliche Neuerung war, dass die Grundausbildung eine Leistungsprüfung vorsah, die für das erfolgreiche Bestehen Bedeutung hatte. Gerade weil dies Voraussetzung für die Fortführung des Studiums im vierten Fachsemester war, erhielt die Grundausbildung damit eine zentrale Bedeutung für die Studienzulassung. Dieser Selektionsfunktion entsprechend gab es ein formalisiertes Punktesystem, das für die Teilnahme bis zu 100 Punkte und für die abschließenden Leistungsprüfungen weitere 100 Punkte vorsah. Im Prüfungsturnen konnten also 18, im Geländelauf 17, im leichtathletischen Fünfkampf 15, im Prüfungsschießen 15, in den Mannschaftskampfspielen

---

[18] Vgl. ebd., S. 12-14.
[19] Vgl. Zhorzel, 1977, S. 31 (Fußnote 178).

18 und im Prüfungsschwimmen 17 Punkte erzielt werden.[20] Erforderlich wurden daher in den einzelnen Übungsgebieten Wertungstabellen, die mit dem Erlass im Oktober 1934 jedoch noch nicht vollständig vorgelegt werden konnten und erst nach und nach entwickelt wurden.

Die Studierenden waren durch die Grundausbildung vor erhebliche Anforderungen gestellt, denen vielfach nicht entsprochen werden konnte. Der Anteil derer, die die geforderten 150 Punkte in drei Semestern nicht erreichten, war beträchtlich.[21] Wie konsequent die Entscheidung über die Fortsetzung des Studiums im vierten Semester in Marburg unter der Ägide Peter Jaecks bis 1937 an dem Erreichen der 150 Punkte geknüpft war, lässt sich nicht eindeutig feststellen. Vermutlich ist diese Regelung bis 1937 weniger konsequent umgesetzt worden, während die zunehmend dokumentierten Fälle unter der Ägide Hans Möckelmanns ab 1938 den Entscheidungsspielraum der Direktoren anschaulich werden lassen. Der Direktor des HIfL wurde damit auch faktisch zu einer zentralen Instanz der Studienzulassung, die im Fall des Dozentenschaftführers Hans Möckelmann weiteres Gewicht erhielt.[22]

Die Teilnahme und Prüfungsleistungen wurden in Kursheften[23] dokumentiert, die anschaulich machten, dass die geforderten Punkte in vielen Fällen nicht erreicht wurden. In manchen Kursen sind für alle Kursteilnehmer/innen pauschal 25 Punkte vergeben worden, die für das Bestehen der Anforderungen ausreichten. Die Grundausbildung war in Zielsetzung und Struktur das Kernstück der Neuordnung einer alle Studierenden umfassenden Neuordnung einer politischen Leibeserziehung. Sie war zugleich die Grundlage für die Gestaltung auch der anderen, zeitlich folgenden Abschnitte, die das Studium ab dem vierten Semester bestimmen sollten.[24]

---

[20] Vgl. Briese, 1937, S. 13–14.
[21] Vgl. Zhorzel, 1977, S. 35 (Fußnote 202); Zok, 2022, S. 39. Auch in anderen Universitäten wie etwa in Münster stellte sich dies ähnlich dar (vgl. Bosch, 2008, S. 186).
[22] Vgl. Priebe, 2022, S. 49–52.
[23] Im Bestand des Universitätsarchivs Marburg liegt eine große Zahl dieser Kurshefte aus den Jahren 1939–1944, die seither nicht systematisch ausgewertet wurden.
[24] Vgl. Ueberhorst, 1976, S. 75–80.

4.2.2 Der freiwillige Sportbetrieb der älteren Studierenden

Ab dem vierten Semester sah die *Hochschulsportordnung* (Abschnitt II) den *freiwilligen Sportbetrieb der älteren Studierenden* vor, der eine Erweiterung der Inhalte beinhaltete und die in Marburg vorhandenen Einrichtungen nutzen konnten. Die traditionellen akademischen Sportarten wie das Rudern, Fechten oder Reiten hatten in der Grundausbildung keine Berücksichtigung gefunden, wodurch deren Fortführung auf dieses freiwillige Engagement begrenzt war. Die Entwicklung der Teilnahme in diesem Angebot wurde aufmerksam registriert und in jährlichen Berichten an das Amt K gemeldet, galt dies zugleich als ein Indiz für die mit der Grundausbildung verbundenen Erwartung, die Studierenden über eine erste Verpflichtung zu einer *freiwilligen* Fortsetzung der Leibesübungen zu bewegen. Es ist nachvollziehbar, dass Peter Jaeck die Teilnehmerzahlen in den Berichten überwiegend positiv kommentierte, doch war die Haltung der Studierenden nach der überstandenen Grundausbildung vermutlich ambivalent und in den einzelnen Übungsgebieten unterschiedlich: während die Studierenden die Fechtstunden im universitätseigenen Fechthaus am Roten Graben kaum mehr nutzten und daher 1937 für die Kameradschaften eine weitere Verpflichtung auferlegt wurde,[25] fanden die Angebote im Segelfliegen auf dem Hasenkopf bei Cyriaxweimar, dem Goldberg bei Cölbe und dem großen Flugplatz auf dem Afföller regen Zuspruch.[26] Im Abschnitt zum *freiwilligen Sportbetrieb der älteren Studierenden* waren auch die Sportarten vorgesehen, in denen Meisterschaften ausgerichtet wurden.[27] Sie standen damit in unmittelbaren Zusammenhang mit dem Abschnitt III der *Hochschulsportordnung*, dem *Wettkampfwesen der Studierenden*.

4.2.3 Das Wettkampfwesen der Studierenden

Dieser Bereich ist in Bezug auf die Organisationsstruktur von besonderer Bedeutung, da sich darin die Verantwortlichkeit der Studentenschaft und deren Ämter für Leibesübungen fortgesetzt hatte. Dazu kam, dass durch deren Anspruch einer engen Einbindung des akademischen Leistungs-

---

[25] Vgl. Zhorzel, 1977, S. 35 (Fußnote 201).
[26] Vgl. Priebe, 2018, S. 576.
[27] Vgl. Zok, 2022, S. 45-51.

sports in das Leistungssportsystem im Ganzen – gerade in der Vorbereitung auf die Olympischen Spiele 1936 in Berlin – eine Zusammenarbeit mit der Reichssportführung unter Hans von Tschammer und Osten gefordert war. Diese Konstellation führte zu einem differenzierten Wettkampsystem, das auf der ersten Ebene universitätsinterne Meisterschaften vorsah. In Marburg war das der Beginn des bis heute bestehenden *Sport-Dies*, der im folgenden Olympiajahr sogar auf eine *Sportwoche* ausgeweitet wurde.[28] Im Zentrum standen zum Semesterabschluss die Prüfungen in den Mannschaftsspielen der Grundausbildung und sportliche Begegnungen der Studierenden mit den Dozenten. Dann gab es Wettkämpfe mit anderen Universitäten und die Hochschulmeisterschaften, deren Organisation und Finanzierung vom Amt K und der Reichssportführung gemeinsam getragen wurden. Über die Teilnahme und Erfolge der Marburger Studierenden, etwa bei den Hochschulmeisterschaften in Jena 1935, den *Internationalen Studentenweltspielen* in Budapest 1935 oder den Hochschulmeisterschaften in Bonn 1936 wurde fortwährend berichtet, wenngleich herausragende Erfolge ausblieben.[29] Gesucht wurde der Anschluss an den internationalen Sport, indem etwa 1935 ein Boxwettkampf mit einer dänischen Studentenmannschaft ausgerichtet wurde und bei den Universitätsmeisterschaften im Schwimmen auch eine olympische Kernmannschaft in Vorbereitung auf die Olympischen Spiele im städtischen Luisabad antrat.[30] In Marburg bereiteten sich auch die Frauen und Männer der deutschen Auswahlmannschaft für die *Akademischen Weltspiele* 1937 in Paris vor.

Im Zusammenhang mit den Hochschulmeisterschaften, in deren Zentrum die olympischen Kernsportarten Leichtathletik und Schwimmen standen, soll noch eine Besonderheit herausgestellt werden, die das differenzierte Verantwortungsgefüge anschaulich macht. Zuerst waren die Hochschulmeisterschaften für die *älteren* Studierenden vorgesehen, die sich im freiwilligen Sportbetrieb auf die Hochschulmeisterschaften in den – neben den Anfängerkursen – eingerichteten Fortgeschrittenenkursen vorbereiteten. Die Startgenehmigung erteilten die verantwortlichen *Ämter für Leibesübungen* der Studentenschaft. Dazu kam die von Carl Krümmel

---

[28] Vgl. Zok, 2022, S. 58.
[29] Vgl. ebd., S. 55.
[30] Vgl. ebd., S. 57.

initiierte Einbindung der *jüngeren* Studierenden aus der Grundausbildung, die ja gerade in der Leichtathletik und im Schwimmen einen Schwerpunkt hatte. Im Rahmen der Hochschulmeisterschaften wurden für diese jüngeren Studierenden *Junioren-Meisterschaften*[31] ausgerichtet, die von der Marburger Mannschaft im leichtathletischen Fünfkampf in Bonn 1936 gewonnen werden konnte.[32]

In diesem Abschnitt zum *Wettkampfsport der Studierenden* gab es mit den *Kreismeisterschaften* eine weitere Form, die den akademischen mit dem verbandsorganisierten Wettkampfsport zusammenführen sollte. Dies war zumindest die programmatische Absicht, wenngleich deren Realisierung in den dichten – über die Reichssportführung zentral gesteuerten – Terminvorgaben nur zeitweise erfolgen konnte. Bemerkenswert ist diese Regelung, da sie trotz aller Bestrebungen einer eigenständigen Entwicklung des akademischen Sports damit ein Zusammenwirken mit dem bürgerlichen Sport zumindest ermöglichte. In Marburg waren die Voraussetzungen dafür gegeben, da Peter Jaeck schon seit 1925 Vorsitzender des *Stadtverbandes für Leibesübungen* war.[33] Wie bedeutend der Standort Marburg auch für den im *Deutschen Reichsbund für Leibesübungen* organisierten Vereinssport wurde, lässt sich an der Gründung der Gausportschule 1936 nachvollziehen, die die Sportstätten des HIfL mitnutzte.[34]

4.2.4 Die Lehrerausbildung auf dem Gebiet der körperlichen Erziehung

Bezogen sich die seither dargestellten Abschnitte I bis III der *Hochschulsportordnung* auf die Organisation des Hochschulsports, regelte der Ab-

---

[31] 1934 fanden diese in Frankfurt, 1935 in Jena, 1936 in Bonn, 1937 in Göttingen, 1938 in Mannheim und 1939 in Innsbruck/Würzburg statt.
[32] Vgl. Zok, 2022, S. 57. Die Hochschulmeisterschaften in Bonn 1936 wurden von Erich Lindner organisiert, der 1940 in Marburg promoviert wurde und 1939/40 die Leitung des Marburger Instituts übernehmen sollte.
[33] Vgl. Priebe & Grabarits, 2024, S. 116-117.
[34] Der *Verein deutscher Studenten zu Marburg* (VDSt) hatte das Verbindungshaus in der Lutherstraße nach der Auflösung 1936 aufgeben müssen, in dem dann die Gausportschule für die Turn- und Sportvereine des Gaues Hessen-Nassau eingerichtet wurde. Damit hatte der Gau als einer der wenigen Gaue eine eigene Gausportschule, in der seit Gründung 1936 bis November 1937 60 Lehrgänge durchgeführt wurden (vgl. o.A., 1937).

schnitt IV mit der *Lehrerausbildung auf dem Gebiet der körperlichen Erziehung* eine weitere vorrangige Aufgabe. Gegenüber der seit 1929 eingeführten Ausbildung der Turnlehrer/innen stellte die Neuordnung einen gravierenden Einschnitt dar, wenngleich auch sie einige Erfahrungen aus den Vorjahren aufgriff. Dass mit der verpflichtenden Teilnahme der Philolog/innen am Hochschulsport die Zahl der angehenden Turnlehrer/innen gesteigert werden sollte und die Ausbildung dann auch inhaltlich auf den vorangegangenen Hochschulsport aufbauen konnte, war ja schon mit dem Erlass von 1925 beabsichtigt. Mit der jetzt geforderten dreisemestrigen Grundausbildung, die der nunmehr einjährigen Ausbildung vorangestellt wurde, wurde diese Konzeption aufgegriffen und durch die vorgegebenen Inhalte konkretisiert. Ein beträchtliches organisatorisches Problem ergab sich dadurch, dass für die angehenden Turnlehrer/innen eine auf zwei Semester verkürzte und inhaltlich komprimierte Grundausbildung vorgesehen war, damit schon im dritten Semester mit dem zentral vorgegebenen Ausbildungsplan begonnen werden konnte. Wie diese verkürzte Grundausbildung in Marburg und den anderen Instituten gestaltet wurde, ist nicht genau nachzuvollziehen. Bemerkenswerterweise ist diese Frage in der *Hochschulsportordnung* nicht geklärt worden und auch in den Archivunterlagen ist nicht dokumentiert, wie in dieser Hinsicht verfahren wurde. Es kann jedoch davon ausgegangen werden, dass die Grundausbildung und deren erfolgreicher Abschluss ein Kriterium bei der endgültigen Zulassung zur Ausbildung der Turnlehrer/innen gewesen ist. Möglicherweise wurde das geforderte Reichssport- oder SA-Sportabzeichen, das auch außerhalb der Grundausbildung erworben werden konnte, ergänzend herangezogen.[35] Hier deutet sich, trotz der engen systemischen Vorgaben, ein Entscheidungsspielraum für den verantwortlichen HIfL-Direktor an, der, so kann vermutet werden, von Peter Jaeck genutzt wurde.

Im Ganzen stellen Vorbereitung, Zulassung und die Ausbildung selbst ein formalisiertes Verfahren dar, das vermutlich auch ein Grund dafür ist, dass die hohe Auslastung dieses Studiengangs der späten 1920er-Jahre zumindest bei den Männern nicht mehr erreicht wurde. Waren 1927 noch 166 Studenten[36] in der Turnlehrerausbildung eingeschrieben, so gab es

---

[35] Vgl. Bosch, 2008, S. 189.
[36] Vgl. Jaeck, 1927b, S. 24.

1936 noch 61 Männer in diesem Studienabschnitt, bis sich die Anzahl 1938 auf 15 reduzierte und während des Krieges weitgehend eingestellt wurde.[37] Damit war einer der zentralen Gründe für die Einrichtung der Ausbildung an den Universitäten nicht mehr gegeben. Angesichts des hohen Bedarfs an Turnlehrer/innen, der durch die Einführung der dritten Turnstunde 1935 noch einmal gesteigert wurde, blieb diese Entwicklung eine Herausforderung, die seitens des Ministeriums auch in den anderen Instituten nicht zufriedenstellend gelöst werden konnte. Die Zahl der Männer in der Turnlehrerausbildung blieb 1938/39 mit insgesamt 201 Studierenden in den insgesamt 22 Instituten überaus gering. So unterschiedlich die Situation und die Lösungen in den einzelnen Instituten waren, wurde in Marburg schon ab 1935 der Schwerpunkt in der *Turnlehrerinnen*ausbildung fortgesetzt und damit ein Rückgang der männlichen Studierenden ausgeglichen. Besonders dieser Anteil der Turnstudentinnen war ein Grund dafür, dass der Anteil der weiblichen Studierenden in Marburg mit 21% (1932) über dem Reichsdurchschnitt lag.[38] Die zentralen vierwöchigen *Prüfungslehrgänge* aller deutschen Turnstudentinnen ab dem Sommersemester 1935 sollten diesen Anteil noch einmal deutlich erhöhen.

In diesem Zusammenhang ist ein weiteres Gestaltungskriterium der Turnlehrer/innenausbildung relevant, das die langjährige Diskussion um die akademische Einbindung des Studiums in die Fakultäten aufgriff. Mit dem einjährigen Studium wurde ein Studienabschluss für *Sportlehrer/innen im freien Beruf* eingeführt, den es zuvor vor allem an der *Deutschen Hochschule für Leibesübungen* in Berlin gegeben hatte, um den zunehmenden Bedarf in den Vereinen, Verbänden und Kommunen zu decken. In diesem Studiengang wurde die Gewichtung zu den praktischen Inhalten hin verlagert.

Zugleich ermöglichte dieser Studiengang eine Öffnung der Hochschulzulassung, die im Sinne einer volksnahen Universität seitens des NS-Regimes vorgesehen war und die in Marburg durch die NSDAP-Führung nachdrücklich umgesetzt wurde.[39] In Absprache mit dem Amt K und der

---

[37] Vgl. Jaeck, 1936, S. 12-13.
[38] Vgl. Nagel, 2018, S. 13.
[39] Vgl. Nagel, 2018, S. 3-6.

Abb. 14: *Segelflugausbildung der BdM-Sportwartinnen auf dem Hasenkopf (1937; Möckelmann, 1938; IfSM-Archiv)*

Reichsjugendführung wurden von Peter Jaeck am Marburger Institut Lehrgänge für ausgewählte Jugendführerinnen des *Bundes deutscher Mädel* (BdM) aus allen Gauen eingerichtet, die nach ersten mäßigen Erfahrungen mit kürzeren Lehrgängen 1935 in die einjährigen Lehrgänge der Turnlehrerinnen eingebunden waren. Fortan war ein großer Anteil der Studentinnen in der einjährigen Ausbildung angehende BdM-Sportwartinnen (Abb. 14).[40] So spannungsreich die Machtfragen zwischen dem REM und der *Reichsjugendführung* um das Feld der Jugenderziehung in und außerhalb der Schulen und Hochschule ausgetragen wurde, erkannte Jaeck die zunehmende Bedeutung der *Hitlerjugend* (HJ) für die Vereins- und Verbandsentwicklung, die durch deren Ernennung zur Staatsjugend 1936 noch einmal gefestigt wurde. Jetzt war in den Vereinen des *Reichsbundes für Leibesübungen* eine enge Zusammenarbeit

---

[40] Siehe hierzu auch Bernsdorff, 1982.

mit der HJ gefordert. Da Peter Jaeck schon seit 1925 auch Vorsitzender des *Stadtbundes für Leibesübungen* in Marburg war, war er in diese Entwicklung eingebunden und versuchte sie in seinem Verantwortungsbereich auch zusammenzuführen.
Der Schwerpunkt auf der Ausbildung der Turnlehrerinnen und das enge Zusammenwirken mit Carl Krümmel im Amt K führte 1935 zur Einrichtung der zentralen vierwöchigen *Prüfungslehrgänge* aller angehenden Turnlehrerinnen in Marburg (Abb. 15).[41] In ihnen sollten zum Abschluss des einjährigen Studiums die Ausbildungsinhalte zuerst zusammenfassend wiederholt und in der abschließenden Woche geprüft werden. Ab 1935 stieg die Zahl der Teilnehmerinnen nach und nach an. Nachdem das Prüfungslager 1940 kriegsbedingt nach Berlin verlegt wurde, fanden die folgenden Lager an mehreren Universitätsstandorten statt. Dennoch konnten in Marburg hohe Teilnehmerinnenzahlen (1942: 189; 1943: 195) registriert werden. Durchgehend ist der Anteil der Turnstudentinnen aus Marburg ab 1935 durch die große Gruppe der BdM-Sportwartinnen weit über dem Durchschnitt gewesen. Unter den Lehrgangsleitern sind zahlreiche Direktoren der *Hochschulinstitute für Leibesübungen* vertreten (Tab. 3), die zum Teil wiederholt an den Lagern teilgenommen haben.[42] Daneben gab es eine größere Zahl von Assistent/innen aus zahlreichen Standorten, sodass das Marburger Prüfungslager – wie in Neustrelitz für die Ausbildung der Männer auch – eine koordinierende Fortbildung im Netzwerk der Institute darstellte. Auffallend sind jedoch die Abweichungen in der verantwortlichen Leitung der Lager, die zuerst von den Professoren Jaeck und Möckelmann übernommen wurde, dann aber nicht dem

---

[41] Untergebracht waren die Gäste in den von der Universität und dem HIfL verwalteten Lehrgangsheimen am *Forsthof*, im *Carl-Duisberg-Haus* und im *Haus Hessenland*, die nahe des Institutsgebäudes fußläufig beieinanderlagen. Diese Häuser befinden sich heute in der Ritterstraße 16, am Gisonenweg 2 und in der Sybelstraße 12. Zeigt sich an diesen Gebäuden die räumliche Ausbreitung der *Sportuniversität Marburg* am Schloßberg, so wird dieser Eindruck noch dadurch verstärkt, dass in unmittelbarer Umgebung am nahen Lutherweg die *ATV Kurhessen* seit 1927 ein Verbindungshaus bezogen hatte, der *VfL Marburg* den *Turnergarten* betrieb und darüber das Verbindungshaus des *Vereins Deutscher Studenten* (VDSt) ab 1936 als Gausportschule diente.

[42] Wiederholt war zum Beispiel die Olympiasiegerin Christl Cranz von der Universität Freiburg als Dozentin eingeteilt (vgl. Zansen, 2016, S. 30, S. 51).

Jahr	1935	1936	1937	1938
Teilnehmerinnen insgesamt		185	224	213
Leitung	Prof. Dr. Jaeck (Marburg)	Prof. Dr. Jaeck (Marburg)	Prof. Dr. Jaeck (Marburg)	Prof. Dr. Möckelmann (Marburg)
	Münter (Kiel)	Klinge (Köln)	Klinge (Köln)	Lotz (Köln)
	Schütz (Bonn)	Thörner (Bonn)	Prölß (Halle)	Brechtel (Erlangen)
		Bartsch (Münster)	Winter (München)	Lindner (Kiel)
		Lindner (Bonn)	Jahr (Münster)	Ebel (Halle)
			Uhlmann (Marburg)	Winter (München)
			Ibach (Berlin)	Uhlmann (Marburg)
			König (Gießen)	Köhler (Breslau)
			Lindner (Bonn)	
			Deckwerth (Greifswald)	
			Lange (Breslau)	

Tab. 3: *Leiter, Assisten/innen und Teilnehmerinnen an den zentralen Prüfungslehrgängen in Marburg (1935–1944) (Daten aus Zansen, 2016)*

1939	1940	1941	1942	1943	1944
350	115	353	189	195	?
Dr. Schindl (Wien)		Dr. Hirn (Berlin)	Dr. König (Göttingen)	Prof. Dr. Hirn (Berlin)	Dr. Lindner (Marburg)
Ammonn (Münster)		Thörner (Bonn)	Lindner (Marburg)		
Meß (Marburg)		Lindner (Marburg)	Winter (München)		
König (Gießen)		Winter (München)	v. Pirscher (Marburg)		
Knübel (Bonn)		König (Gießen)			
Dolsdorf (Erlangen)					
Jost (Köln)					
Guggumos (München)					

Tab. 3
(Fortsetzung)

Abb. 15: *Teilnehmerinnen des Prüfungslagers vor dem HIfL in Marburg (1941; Bestand Hans-Georg Kremer)*

kommissarischen Leiter des Marburger Instituts Dr. Erich Lindner übertragen wurde. Offenbar fand Lindner nicht den Rückhalt im Ministerium, sodass er auch nicht zum Regierungsrat ernannt wurde.

Entsprechend der Bedeutung des Marburger Instituts für die Ausbildung der Turnstudentinnen war das HIfL in Berlin unter der Leitung von Carl Krümmel mit dem Standort in Neustrelitz das Zentrum der Ausbildung für die Turnstudenten.[43] Dorthin wurden die – zunehmend wenigen – Marburger Turnstudenten und die Assistenten Hanebuth und Lange zur Lehrgangsleitung der Prüfungslager wiederholt entsandt.

4.2.5 Das Lehrgangswesen für Fortbildungszwecke

Bevor auf das in Abschnitt VI der *Hochschulsportordnung* geregelte *wissenschaftliche Studium* der Turnlehrer/innen eingegangen wird, muss

---

[43] Vgl. Bosch, 2008.

Abschnitt V zu den *Fortbildungslehrgängen* näher betrachtet werden. Damit wurden die Aufgaben des Instituts mit der Fortbildung der im Beruf stehenden Turnlehrer/innen im Gau Hessen-Nassau erweitert. Über diese Lehrgänge sollte, so Regierungsrat Briese,

> die Arbeit der Hochschulinstitute für Leibesübungen hinsichtlich Auffassung und Stand von Theorie und Praxis der körperlichen Erziehung weitesten Kreisen zugänglich und nutzbar gemacht werden.[44]

Diese ein- bis zweiwöchigen Lehrgänge orientierten sich in Zielsetzung und inhaltlicher Gestaltung an der einjährigen Turnlehrerausbildung. Sie griffen Themen auf, die sich durch die Einführung der dritten Turnstunde (1935), der *Richtlinien für Leibeserziehung in Jungenschulen* (1937) und der *Richtlinien für Leibeserziehung der Mädchen in Schulen* (1941) ergaben.[45] Es galt, die Turnlehrer/innen in die Grundlagen der politischen Leibeserziehung einzuführen und sie darauf zu verpflichten.[46] Die insgesamt 120 dokumentierten Lehrgänge (1935–1943)[47] waren nicht nur inhaltlich von den Instituten zu gestalten, sondern waren – der nationalsozialistischen Idee einer Lagergemeinschaft folgend – im *Haus Hessenland* und im *Forsthof* untergebracht.[48] Da sich einige Lehrgänge an Volksschullehrer/innen richteten und die Bedingungen des Turnunterrichts in den Schulen auf dem Lande in den Vordergrund stellten, sah Peter Jaeck „einen wertvollen Beitrag zur Schaffung der neuen Hochschule, die bodenständig in ihrer Provinz, ihrer Landschaft verwurzelt ist, zu der wirklichen Landesuniversität" besonders gegeben.[49]

Es waren nun auch die älteren Turnlehrer/innen, die das Institutsleben prägten. Für sie galten die Prüfungsverfahren gleichermaßen, in denen, der nationalsozialistischen Ideologie folgend, neben der körperlichen Leistung die charakterliche Eignung und politische Zuverlässigkeit maßgebend waren.[50] Wie umfangreich sich die Aufgaben des Instituts zur Fortbildung der im Beruf stehenden Turnlehrer/innen durch diese nahezu

---

[44] Briese, 1937, S. 31-32.
[45] Vgl. Hübner, 2018, S. 32-53.
[46] Vgl. Briese, 1937, S. 31-32.
[47] Vgl. Hübner, 2018, S. 32-53; Zhorzel, 1977, S. 37-38.
[48] Vgl. Hübner, 2018, S. 48.
[49] Vgl. Jaeck, 1936, S. 15; Hübner, 2018, S. 33.
[50] Siehe einige dokumentierte Beispiele bei Hübner, 2018, S. 45-47.

monatlich stattfindenden Lehrgänge verlagert hatten, wird besonders anschaulich, wenn dies dem in Abschnitt VI der *Hochschulsportordnung* geregelten *wissenschaftlichen Studium der körperlichen Erziehung an den Hochschulen und die wissenschaftliche Prüfung* gegenübergestellt wird.

4.2.6 Das wissenschaftliche Studium der körperlichen Erziehung an den Hochschulen und die wissenschaftliche Prüfung

Gerade diese in Abschnitt VI der *Hochschulsportordnung* geregelte Aufgabe war wenige Jahre zuvor für die Einführung der Turnlehrerausbildung an den Universitäten und die akademische Legitimation des jungen Faches maßgebend gewesen. Nach der einjährigen Ausbildung waren für die Turnphilolog/innen ab dem fünften Semester wissenschaftliche Seminare vorgesehen, die auch von Professoren und Dozenten anderer Institute und Fakultäten angeboten wurden. In Marburg waren das sportmedizinische Lehrveranstaltungen der Professoren Rudolf Klapp, Wilhelm Pfannenstiel und Karl Eimer oder psychologische Lehrveranstaltungen von Professor Erich Jaensch.[51] Einen thematischen Schwerpunkt bildeten die historischen und methodischen Seminare von Peter Jaeck, die von Hans Möckelmann 1938/39 kurzzeitig fortgesetzt wurden. In den Seminaren von Jaeck wurden auch Themen der politischen Leibeserziehung aufgegriffen. Neben diesen Seminarverpflichtungen waren die angehenden Turnphilolog/innen in dieser Studienphase in die weiteren Abschnitte der *Hochschulsportordnung* eingebunden, indem sie zum einen die Kursleitung der Grundausbildung übernahmen und ihre praktische Ausbildung im Rahmen des freiwilligen Sportbetriebs und im Wettkampfwesen fortsetzen mussten. Beendet wurde dieser Studienabschnitt mit einer wissenschaftlichen Prüfung, zu der auch eine Abschlussarbeit gehörte. Das Spektrum der Themen reichte von Fragen zur politischen Leibeserziehung bis hin zu historischen und methodischen Arbeiten, die in einem Zusammenhang mit dem Lehr- und Forschungsbereich Jaecks und Möckelmanns standen.[52] Auffallend ist, dass die enge Zusammenarbeit mit der *Medizinischen Fakultät* und auch mit dem institutseigenen Sport-

---

51 Vgl. Jaeck, 1936, S. 12-13.
52 Siehe hierzu die Themenliste im IfSM-Archiv, Bestand Walter Bernsdorff.

arzt nicht auch zu sportmedizinischen Themen in den Abschlussarbeiten geführt hat. Die Anzahl der rund 60 dokumentierten Abschlussarbeiten im Zeitraum von 1935 bis 1939 verweist auf die geringe Zahl angehender Turnphilolog/innen. Während die Zahl der Teilnehmerinnen in der einjährigen Ausbildung auch nach Kriegsbeginn auf einem hohen Niveau blieb, konnte dies nicht in das fortgesetzte Studium überführt werden, da es sich überwiegend um angehende BdM-Sportwartinnen handelte, die keine Zulassung zu diesem Studiengang hatten. An dieser rückläufigen Entwicklung der Ausbildung der Turnphilolog/innen wird deutlich, wie der zuvor für die akademische Etablierung des Faches und des Instituts zentrale Bereich auch schon vor Beginn des Krieges zunehmend marginalisiert wurde.

Im Zusammenhang mit dem wissenschaftlichen Studium und der akademischen Entwicklung des Faches stand auch der *Kongreß für körperliche Erziehung* und das *Internationale Studentenlager* anlässlich der Olympischen Spiele in Berlin 1936.[53] Unter der Lagerleitung von Peter Jaeck[54] kamen vom 23. Juli bis 17. August 900 Studenten aus 31 Nationen für dreieinhalb Wochen auf dem Gelände des Berliner *Hochschulinstituts für Leibesübungen* zusammen und repräsentierten die Turnlehrerschaft ihrer Länder, die in täglichen Aufführungen die nationalen Formen ihrer Leibeserziehung darboten.[55] Eingeleitet wurde das Studentenlager mit dem *Kongreß für körperliche Erziehung* vom 24. bis 31. Juli im *Haus des Deutschen Sports* an dem auch viele der HIfL-Direktoren[56] aus dem „Netzwerk Krümmel"[57] teilnahmen und damit zur Anerkennung der *Leibesübungen und körperlichen Erziehung* als akademischer Disziplin beitrugen. Neben einigen internationalen Referenten waren die deutschen Wissenschaftler durch die Marburger Professoren Erich Jaensch und Rudolf Klapp vertreten, die zu den Themen „Jugendanthropologie" bzw.

---

[53] Die Idee zum Studentenlager und Kongress stammte von Carl Diem, dem Generalsekretär der Olympischen Spiele in Berlin, der diese Idee 1961 mit der Gründung der *Internationalen Olympischen Akademie* in Olympia (Griechenland) noch einmal aufgriff.
[54] Peter Jaeck wurde von den Mitarbeitern des Marburger Instituts unterstützt, die nahezu alle in der Verwaltung des Lagers eingebunden waren.
[55] Vgl. Jaeck, 1937, S. 41-58.
[56] Siehe die ausführliche Liste der Leitung des *Internationalen Studentenlagers* und der Kongressteilnehmer (Krümmel & Jaeck, 1937, S. 12-13, 23-27).
[57] Buss, 2012.

„Vierfüßlerhaltung als Grundlage für Rumpfübungen" sprachen.[58] Beide Professoren waren auch in die wissenschaftliche Ausbildung der Marburger Studierenden eingebunden. Mit der Ausrichtung des Studentenlagers und Kongresses war die zentrale Stellung der Institute in Berlin und Marburg und deren Direktoren im nationalsozialistischen Erziehungssystem wesentlich gefestigt. Sie waren jedoch zugleich Teil der mit der Ausrichtung der Olympischen Spiele verbundenen nationalsozialistischen Propaganda.

4.2.7 Gliederung, Personal und Etat des Instituts für Leibesübungen nach ihrer Neuordnung

Obwohl Abschnitt VII der *Hochschulsportordnung* zu *Gliederung, Personal und Etat des Instituts für Leibesübungen nach ihrer Neuordnung* nicht endgültig verabschiedet wurde, waren Planungen und Entscheidungen in diesem Bereich von grundlegender Bedeutung. Durch die Zuordnung der Institute in das Amt K waren für die Direktoren Dienststellungen als Regierungs- und Oberregierungsräte vorgesehen.[59] In den preußischen Instituten ist dies ab 1935 nach und nach umgesetzt worden. Der Bedeutung des Marburger Instituts entsprechend wurde Peter Jaeck am 31. August 1935 zum Oberregierungsrat ernannt. Die herausgehobene Bedeutung Jaecks für die Etablierung der Konzeption Krümmels bestand darin, dass Jaeck, als einer der wenigen habilitierten Leibeserzieher, 1935 seitens des Ministeriums das Promotionsrecht zugesprochen bekam und damit die Rekrutierung weiterer promovierter Direktoren aus dem eigenen akademischen Verantwortungsbereich erfolgen konnte. So sind in den Jahren 1935 bis 1945 von Peter Jaeck und Hans Möckelmann Promotionen von Erich Lindner (1937/1940),[60] Wilhelm Streib (1935),[61] Karl Torges (1937), Friedrich Piel (1938), Algirdas Vokietaitis (1939),[62] Otto

---

[58] Jaensch, 1937a; Klapp, 1937. Zu Rudolf Klapp siehe auch Aumüller, 2006.
[59] Vgl. Bosch, 2008, S. 181.
[60] Siehe Lindner, 1940.
[61] Die Dissertation wurde 1933 – noch ohne eigenes Promotionsrecht – von Peter Jaeck zusammen mit dem Historiker Professor Wilhelm Mommsen betreut.
[62] Die Dissertation wurde zuerst von Peter Jaeck, dann von Hans Möckelmann betreut. Algirdas Vokietaitis begegnete Peter Jaeck und Hans Möckelmann als Teilnehmer des

Abb. 16: Peter Jaeck und Carl Krümmel planen die Neubauten im Universitätsstadion (1937; IfSM-Archiv)

Hanebuth (1939/42), Paul Meß (1942) und Alfred Johannsen (1944) betreut worden.[63] Zu Dienststellungen als Direktoren führten die Promotionen in den Fällen von Erich Lindner[64] und Wilhelm Streib,[65] später auch bei Otto Hanebuth.[66]

Das erweiterte Aufgabenfeld der HIfL erforderte auch eine größere Zahl von (Ober-)Assistent/innen, die in Marburg nach und nach besetzt wur-

---

Kongresses für körperliche Erziehung in Berlin 1936 und übernahm später eine Professur für Leibeserziehung an der Universität Vilnius.

[63] Siehe die bibliographischen Angaben im Literaturverzeichnis.

[64] Lindner war kommissarischer Leiter des HIfL Kiel von 1937 bis 1939/40, kommissarischer Leiter des HIfL Marburg von 1939/40 bis 1945 und dort später Direktor von 1950 bis 1973.

[65] Streib war Direktor des HIfL Göttingen von 1938-1943.

[66] Hanebuth war zunächst Direktor an der PH und am IfL Saarbrücken von 1957 bis 1972 und dort Professor für Sportwissenschaft von 1971 bis 1976.

Abb. 17: Ernst von Hülsen und Peter Jaeck (rechts) weihen das Marburger Haus auf der Hohen Fahrt am Edersee ein (1937; IfSM-Archiv)

den.[67] Ab 1938 war der Sportarzt Dr. Karl Eimer nicht mehr der *Medizinischen Fakultät*, sondern unmittelbar dem HIfL zugeordnet.[68] Die Veränderungen bezüglich des Etats betrafen ab 1935 besonders die hohen Kosten für die zahleichen Fortbildungslehrgänge,[69] in geringerem Umfang auch für die Durchführung des Wettkampfwesens.

Im Amt K wurde auch die bauliche Erweiterung der Institute geplant. Die Neubauten in Göttingen und Tübingen 1937 verfolgten ein Konzept, das die Einrichtungen an einem zentralen Ort zusammenführen sollte. Obwohl in Marburg mit dem Institutsgebäude in der ehemaligen Reithal-

---

[67] Wilhelm Streib von 1932 bis 1938, Paul Meß von 1935 bis 1945, Otto Hanebuth von 1938 bis 1945, Vera von Pirscher von 1944 bis 1960, Ludwig Franke, Heinz vom Felde von 1936 bis 1945 (vgl. Bosch, 2008, S. 184).
[68] Vgl. ebd.
[69] Vgl. ebd., S. 182; Zok, 2022, S. 91-93.

le erst 1927 ein großzügiges Gebäude bereitgestellt wurde, sollte auch hier ein zentrales Verwaltungsgebäude mit Sporthalle nahe dem Universitätsstadion errichtet werden (Abb. 16).[70] Anders als dieser nicht realisierte Plan ist im Jahr 1937 auf der Hohen Fahrt am Edersee das *Marburger Haus* errichtet worden, das zuerst für die Prüfungslager und auch alle weiteren Ruderlager vorgesehen war (Abb. 17).

4.3 Die Abteilung für Luftfahrt (1934–1945)

Dass sich eine Zentralisierung der Hochschulanlagen in Marburg nicht so einfach verwirklichen ließ, lag auch an der im November 1934 eingerichteten *Abteilung für Luftfahrt*. Sie unterhielt mit den Flugplätzen am Hasenkopf nahe Cyriaxweimar, am Goldberg bei Cölbe, auf den Afföllerwiesen und der Werkstatt in der Barfüßerstraße weit verteilte Liegenschaften. Die Gründung dieser Abteilungen, die durch das Ministerium vorrangig gefördert wurden und die aufgrund der technischen Fluggeräte die Institute vor ganz eigene Herausforderungen stellte, verdient es, eingehender dargestellt zu werden.

Nicht nur im *Reichsluftfahrtministerium*, auch im *Reichserziehungsministerium*, der *Reichsjugendführung* und – wenngleich begrenzt – in der *Reichssportführung* wurde die Förderung des Luftfahrtgedankens unter dem NS-Regime forciert. Kurz nach Einführung der *Hochschulsportordnung* erfolgte am 11. November 1934 der Erlass zur Gründung der *Abteilungen für Luftfahrt* an den HIfL, die in einem unmittelbar inhaltlichen Zusammenhang mit der *Hochschulsportordnung* standen. Seitens des REM wurden aus dem Reichsetat umfangreiche Mittel zu deren Gründung bereitgestellt.[71] An vielen Universitätsstandorten konnte auf Flugplätze und -geräte und auch Schulungserfahrungen aufgebaut werden, die wie in Marburg seit den späten 1920er-Jahren in enger Kooperation mit dem *Kurhessischen Verein für Luftfahrt* entstanden waren.[72] Jetzt sollte

---

[70] Hans Möckelmann hat als Referent im Amt K des *Reichserziehungsministeriums* 1942 nach zahlreichen Inspektionen die Ausbaupläne der HIfL weiterverfolgt. Insbesondere bezogen auf das Marburger Institut, dessen Direktor er war, erkannte er erheblichen Entwicklungsbedarf (vgl. Priebe, 2022, S. 54-55).
[71] Vgl. Bosch, 2008, S. 200-202.
[72] Zur Kooperation mit dem KVfL, die bis in die 1960er-Jahre fortgesetzt wurde, siehe Priebe, 2018. Siehe zudem auch die Ausstellung *Studenten fliegen* (Priebe, 2019a).

dieses neue Betätigungsfeld, das sich seither eher als technisches Abenteuer und nicht als eine Form der Leibesübungen verstand, die Institute vor ganz neue Herausforderungen stellten. Das Ziel war vorgegeben: „Fliegen muss Sache des ganzen deutschen Volkes werden und die Hochschulen müssen im Einsatz vorangehen",[73] konstatierte der Marburger Universitätskurator Ernst von Hülsen. In der *Hochschulsportordnung* war das Segelfliegen dem Abschnitt des *freiwilligen Sportbetriebs der älteren Studierenden* zugeordnet und wurde in Marburg von 10% bis 12% der Studierenden betrieben. Das Ziel war, Studierenden aller Fachrichtungen den Zugang zu diesem aufwändigen Sport zu erleichtern und sie anschließend weitestgehend zu fördern. Noch wichtiger war die Vorgabe, die Segelflugausbildung in die einjährige Ausbildung der Turnlehrer und besonders auch der Turnlehrerinnen einzubinden. So war Segelfliegen 1935 zu einem verpflichtenden Ausbildungsinhalt *aller* angehenden Turnlehrer/innen geworden, obwohl das Segelfliegen selbst *kein* Inhalt des Turnunterrichts in den Schulen wurde. Es galt aber, die Förderung der Luftfahrt in die Schulen zu tragen und dabei waren die Turnphilolog/innen – auch über das weitere Unterrichtsfach – wesentliche Protagonisten.[74]

Eine dritte Aufgabe der *Abteilungen für Luftfahrt* galt der Koordination und Unterstützung der Luftfahrtforschung der anderen Fakultäten, die in Marburg vor allem im Bereich der Luftfahrtmedizin und im psychologischen und pharmakologischen Institut betrieben wurde.[75] Da „in Marburg und seiner engsten Umgebung für Gleit- und Segelflugschulung die denkbar günstigsten Möglichkeiten bestehen",[76] war die Entwicklung schon 1935 so weit vorangeschritten, dass die Marburger Abteilung bei der großen Ausstellung *Schule und Luftfahrt* des REM zu Beginn des Olympiajahres 1936 ihre Arbeit beispielgebend für den Entwicklungsstand an den Universitäten präsentieren konnte. Bei Hans Helbig, dem verantwortlichen Referenten im Amt K, fand diese Arbeit große Anerkennung:

---

[73] UniA MR, 310, 4290a, p. 134; siehe auch Priebe, 2018, S. 577.
[74] Zur Thematisierung der Luftfahrt in den Schulen siehe Priebe, 2018, S. 575-576; Priebe, 2020a, S. 66.
[75] Zu den Forschungsthemen siehe Priebe, 2018, S. 578; Priebe, 2020a, S. 78-80.
[76] Peter Jaeck an Kurator von Hülsen zur Vorlage im Ministerium am 04.02.1936 (UniA MR, 310, 4290a, p. 109).

Was sie [die Abteilung für Luftfahrt, d. Verf.] bedeuten und leisten sollen, wurde zum ersten Mal bei Eröffnung der Ausstellung ‚Schule und Luftfahrt' im Januar 1936 an einem überzeugend klaren Ausstellungsstand des Hochschulinstituts für Leibesübungen Marburg gezeigt: Wissenschaftliche und technische, pädagogische und unterrichtliche Berufsausbildung sowie Forschung auf der Grundlage luftsportlicher Betätigung – das ist das Ziel![77]

Neben dem Flugplatz am Hasenkopf für die Anfängerschulung wurde 1935 ein weiterer Hang am Goldberg bei Cölbe für die Fortgeschrittenen eingerichtet. Und als 1936 der Windenstart mit eigens konstruierten Fahrzeugen mit Schleppwinden eingeführt wurde, konnten die Startzahlen in großem Umfang auch in der Ebene wie dem Flugplatz auf den Afföllerwiesen gesteigert werden (Abb. 18).[78] Im April 1937 wurde die

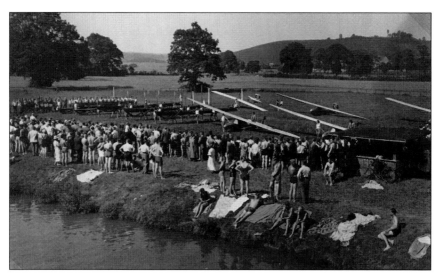

Abb. 18: Einweihung neuer Segelflugzeuge und Ruderboote auf den Afföllerwiesen (1936; Möckelmann, 1938; IfSM-Archiv)

---

[77] Helbig, 1937, S. 590-591.
[78] So stieg die Zahl der Starts von 700 (Sommersemester 1934) auf 6720 (Sommersemester 1938) an. Siehe ausführlich Priebe, 2018, S. 577-578.

Verantwortung der *Abteilung für Luftfahrt* in wesentlichen Teilen dem *Nationalsozialistischen Fliegerkorps* (NSFK) unterstellt, wenngleich die Abteilungen ihre Eigenständigkeit in der Ausbildung des flugwissenschaftlichen Nachwuchses erhalten konnten. Auch in diesem neuen Feld des akademischen Segelflugs hatte das Marburger Institut Zielstellungen und Vorgaben des Amtes K beispielgebend umgesetzt und sollte auch darin nach Beginn des Krieges die weitere Entwicklung maßgeblich mitgestalten.

4.4 Die Entwicklung des HIfL nach Beginn des Krieges

Mit dem im September 1939 begonnenen Krieg waren die Leibeserzieher der Institute gefordert, ihre eigene militärische Eignung und auch die in der *Hochschulsportordnung* festgeschriebenen wehrpolitischen Ziele nachzuweisen. Die überwiegende Zahl der am HIfL angestellten Männer wurde in die Wehrmacht eingezogen. Manche *Hochschulinstitute für Leibesübungen* waren „tatsächlich in wenigen Tagen bis auf den letzten Mann entblößt [...]. Es dürfte schwerlich eine Berufskategorie geben," schrieb Hans Möckelmann 1942, „die so viele Angehörige zur Wehrmacht und der kämpfenden Truppe stellt, wie die der Lehrer an den Hochschulinstituten für Leibesübungen".[79]

Für die Institute hatte das weitreichende Bedeutung, da Ziele und Aufgaben der *Hochschulsportordnung* im Kriegsverlauf Bestand haben sollten. Nachdem Möckelmann zu Kriegsbeginn in die Wehrmacht eingezogen wurde, übernahm Erich Lindner[80] zunächst ab November 1939 und nach Abordnung im April 1940 kommissarisch die Dienstgeschäfte. Nach der zeitweisen Schließung der Universität sollte schon Anfang 1940 der Lehrbetrieb und über verkürzte Trimester der vorgesehene Jahresrhythmus wieder aufgenommen werden. Das Prüfungslager im Sommersemester 1940 wurde jedoch nach Berlin verlegt. Während die einjährige Ausbildung der Turnlehrer nahezu eingestellt wurde, stieg die Zahl der angehenden Turnlehrerinnen kontinuierlich an. Auch die Zahl der Turnstudentinnen in den Prüfungslagern blieb auf hohem Niveau, obwohl es neben Marburg weitere Prüfungslager gab. Nicht nur in der Ausbildung am

---

[79] Möckelmann, 1942, S. 100.
[80] Zu Erich Lindner siehe ausführlich Joch, 2020.

Marburger Institut, sondern auch in den Schulen waren die Turnlehrerinnen zunehmend gefordert.

Wurde die Ausbildung der Turnlehrerinnen weitgehend fortgesetzt, so galt das auch für die von allen Studierenden geforderte Grundausbildung. Angesichts der gesonderten militärischen Ausbildung in der Wehrmacht wurde eine Anpassung der Grundausbildung diskutiert. Hans Möckelmann plädierte aus der Perspektive des Ministeriums, dass „die im sportlichen Training erworbene Leistungsfähigkeit, Härte und Ausdauer in Leistungsprüfungen unter Beweis" gestellt wurde und eine geeignete militärische Vorbereitung sei und mit „Ausbruch des Krieges [...] für die Grundausbildung der Vorkriegszeit die Stunde der Bewährung gekommen [sei]".[81] Er rechtfertigte die Fortsetzung der Grundausbildung mit wenigen kriegsbedingten Anpassungen.

Auch der *freiwillige Sportbetrieb der älteren Studierenden* wurde in reduziertem Ausmaß zumeist im Rahmen der Kameradschaften fortgesetzt,[82] während das von den *Ämtern für Leibesübungen* verantwortete *Wettkampfwesen der Studierenden auf dem Gebiet der körperlichen Erziehung* zunehmend auf den universitätsinternen *Sport-Dies* verlagerte wurde.[83] Eine der größeren überregionalen Wettkampfereignisse stellte der *Reichswettkampf der Studentinnen* 1941 in Darmstadt dar, zu dem alle Teilnehmerinnen des Marburger Prüfungslagers geschlossen antraten.[84] Die Fortbildungslehrgänge wurden auch in geringerer Zahl mit einem Schwerpunkt auf der Einführung der *Richtlinien für die Leibeserziehung der Mädchen an Schulen* 1941 fortgesetzt und richteten sich zunehmend an die Turnlehrerinnen, die auch in den Schulen die Leitung des Turnunterrichts übernahmen.

Während die Entwicklung in diesem Bereich eine kriegsbedingte reduzierte Kontinuität darstellt, wurde, wie Erich Lindner berichtet, die Ausbildung in der Marburger *Abteilung für Luftfahrt* ausgeweitet:

> Der Minister hat zu Beginn des Krieges ausdrücklich verfügt, dass die Abteilung Luftfahrt in Marburg von allen westdeutschen Universitäten aufrecht erhalten werden muss. Marburg hat also die fliegerischen Aufga-

---

[81] Möckelmann, 1942, S. 100.
[82] Vgl. Zok, 2022, S. 49-51; Zhorzel, 1977, S. 50.
[83] Vgl. Zok, 2022, S. 54-62.
[84] Vgl. Zansen, 2016, S. 84-87.

ben aller westdeutschen Universitäten mit zu übernehmen. [...] Weiterhin hat der Minister [...] die Abteilung Luftfahrt als ausdrücklich wehrwichtig anerkannt, um den Nachwuchs der Luftwaffe sicher zu stellen. Es handelt sich bei dem Betrieb der Abteilung Luftfahrt nicht um einen sportlichen Übungszweig, sondern um eine wehrwichtige Angelegenheit, für deren Aufrechterhaltung alles aufgeboten werden muss.[85]

Alle Studierenden der *wehrwichtigen Fächer* (Medizin, Mathematik und Naturwissenschaften, Recht- und Verwaltungslehre und die Leibeserziehung) wurden in einjährigen Lehrgängen in das Gesamtgebiet der Luftfahrt in hochschulmäßiger Form eingeführt mit dem Ziel einer Steuerung in die Berufe der Luftfahrt.[86] Zur Förderung dieser fakultätsübergreifenden Lehrgänge schrieb der Universitätsrektor ab 1939 jährlich einen Wanderpreis für die *beste Flugleistung einer Kameradschaft* aus, der wiederholt von der Kameradschaft Friedrich Ludwig Jahn gewonnen wurde (Abb. 19).[87]

Der Schwerpunkt der luftfahrtmedizinischen Forschung wurde in Kooperation mit der Universität Gießen ausgeweitet und stand zunehmend in militärischen Verwendungszusammenhängen. Der Ausbau der Flugplätze, die Ausweitung des Gerätebestandes, die Intensivierung der Nutzung durch die *Abteilung für Luftfahrt* selbst und das NSFK setzte sich bis 1944 fort.[88] In den letzten Kriegsjahren ist auch

Abb. 19: Wanderpreis für die beste Flugleistung einer Kameradschaft

---

[85] UniA MR, 308/19, 5: Erich Lindner an den Universitätskurator Ernst von Hülsen am 12. April 1941. Siehe auch Priebe, 2020a, S. 75. In Marburg übernahm zeitweise Vera von Pirscher als C-Pilotin die Ausbildung der Turnlehrerinnen (UniA MR, 310, 4290a, p. 157).
[86] Vgl. Priebe, 2020a, S. 76.
[87] Vgl. Priebe, 2020b, S. 270-273.
[88] Vgl. ausführlich Priebe, 2020a, S. 74-78; zu den luftfahrtmedizinischen Dissertationen siehe Pfannenstiel, 1940.

das Personal der Abteilung, die zuvor UK-Stellungen erhalten hatten,[89] zunehmend in die Luftwaffe eingezogen worden, sodass die koordinierenden Aufgaben von Erich Lindner wahrgenommen wurden. Lindner hatte sich seit 1940 in kommissarischer Verantwortung unter der Direktorenschaft Möckelmanns als Verwaltungsfachmann erwiesen, der die Vorgaben des NS-Regimes weitgehend umsetzte. Obwohl er 1937 der NSDAP beigetreten war, blieb er auf Distanz und geriet 1942 selbst in die Fänge der Gestapo.[90] Seine akademische Qualifikation hat er in den Kriegsjahren fortsetzen und 1944 mit der Annahme der Habilitationsschrift abschließen können. Die Erteilung der Lehrbefugnis und die Übernahme einer Professur blieben ihm jedoch in den Wirren der letzten Kriegsmonate und auch nach 1945 verwehrt.[91]

Die Bewertung der persönlichen Haltung und der Verantwortung Lindners im NS-Regime ist unterschiedlich ausgefallen: Während er vom hessischen *Ministerium für Erziehung und Volksbildung* nach 1946 die Leitung des Marburger Instituts übertragen bekam und 1950 zum Direktor ernannt wurde, ist ihm die Lehrbefugnis von der Fakultät und der Leitung des Psychologischen Instituts unter Professor Dr. Heinrich Düker 1946 wegen einer zu großen Nähe zur nationalsozialistischen Ideologie nicht erteilt worden.[92] In diesem Spannungsfeld sollte sich das Marburger Institut in den Gründungsjahren des Landes Großhessen unter der Ägide des *Ministeriums für Erziehung und Volksbildung* den neuen Herausforderungen nach 1946 stellen.

4.5 Die Verflechtung des HIfL mit den Ministerien des NS-Regimes

Das Marburger Institut hat unter dem NS-Regime seine führende Stellung in Deutschland ausgebaut und gefestigt. Ähnlich wie in den 1920er-Jahren grundlegende ministerielle Entscheidungen für die preußischen Universitäten in Abstimmung mit der Marburger Entwicklung vorbereitet wurden, lässt sich dies bezüglich der Vorbereitung, Einführung und An-

---

[89] Vgl. Rief, 2017, S. 44-45.
[90] Vgl. Joch, 2020, S. 75, S. 104; Zhorzel, 1977, S. 43-45.
[91] Siehe hierzu Kap. 8.2; vgl. Priebe, 2022, S. 55-56.
[92] Ebd.; UniA MR, 307 d, 4137.

passung der *Hochschulsportordnung* 1934 nachvollziehen. Die enge Zusammenarbeit der Akademischen Turn- und Sportlehrer unter dem Vorsitz von Peter Jaeck mit dem preußischen Kultusministerium und dessen Referenten Hermann Ottendorf setzte sich im Amt K des *Reichserziehungsministeriums* unter Carl Krümmel gleichermaßen fort.

Auffallend ist, dass die Einflussnahme der Parteigliederungen und anderer Ministerien auf die Leibesübungen und die körperliche Erziehung im Aufgabenbereich der HIfL in Marburg zusammengeführt wurden: die Forderung des Wehrsports durch die *SA-Hochschulämter*, die Ausbildung der BdM-Sportwartinnen durch die *Reichsjugendführung*, der Einfluss der *Reichssportführung* auf den akademischen Wettkampfsport und den kommunalen Sport und in einem erweiterten Sinn auch die Belange des *Reichsluftfahrtministeriums* mit der Einrichtung der *Abteilungen für Luftfahrt*. Gerade diese ressortübergreifende Verflechtung mit dem Ziel der Gestaltung der *politischen Leibeserziehung* macht die Verantwortung der Institute, und insbesondere des Marburger Instituts, für die politische Entwicklung unter dem NS-Regime so anschaulich. Dies korrespondiert mit der Bedeutung, die die jungen Institute innerhalb der Universitäten nach 1934 einnahmen und diese sich wie im Falle von Marburg als *Sportuniversität* verstanden. Dabei hat die Ausgliederung der Institute aus den Universitäten und deren unmittelbare Unterstellung in das Amt K des REM diesen Umgestaltungsprozess forciert. Diese Eigenständigkeit hat – zumindest in Marburg – die Kooperation mit anderen Instituten jedoch nicht beendet, sondern ist, wie mit dem psychologischen und historischen Institut und auch der *Medizinischen Fakultät* intensiv fortgesetzt worden.[93] Es stellt sich also die Frage, wie nach 1945 mit dieser historischen Verantwortung in den alliierten Besatzungsbehörden, den sich aufbauenden Ministerien des Landes, der Universität und ihren Fakultäten und den Instituten selbst umgegangen wurde?

---

[93] Vgl. Joch, 2020, S. 77-78; siehe die abweichende Einschätzung bei Ueberhorst, 1976, S. 114.

5 Der Neuaufbau des Instituts für Leibesübungen nach 1945 bis in die 1960er-Jahre

5.1 Die Entwicklung des Instituts in der Nachkriegszeit

Mit dem Einmarsch der alliierten Truppen in Marburg im März 1945 wurde der Lehrbetrieb eingestellt und das Institutsgebäude und Universitätsstadion von den US-amerikanischen Truppen besetzt. In dieser Zeit der Auflösung staatlicher Strukturen sollte es für die Entwicklung des Instituts von besonderer Bedeutung werden, dass mit Erich Lindner ein kommissarischer Leiter in Verantwortung war, dem die fortgesetzte Leitung seitens der Militärregierung und des Verwaltungsdirektors zugestanden wurde. Nachdem Hans Möckelmann[1] aufgrund seiner Verantwortung für die nationalsozialistische Leibeserziehung und auch die (Ober-)Assistenten Dr. Heinz von Felde,[2] Ludwig Franke,[3] Dr. Otto Hanebuth,[4] Dr. Paul Meß[5] und Dr. Heinz Obermann[6] ihre Dienststellun-

---

[1] Vgl. Priebe, 2022; de Lorent, 2019.
[2] Heinz von Felde war Leiter der *Abteilung für Luftfahrt* von 1936 bis 1945 (mit Unterbrechung), er wurde mit einer Arbeit zu „Beiträge zum Persönlichkeitsaufbau von Fliegern" (1942) promoviert. Von Felde setzte sein Engagement, nachdem der Segelflug in den Universitäten ab 1945 verboten wurde, im *Kurhessischen Verein für Luftfahrt* (KVfL) fort, der nicht nur den universitätseigenen Flugplatz auf den Afföllerwiesen weiterhin nutzte, sondern auch die Werkstätten im IfL-Keller an der Barfüßerstraße. Student/innen, die fliegen wollten, machten dies nun als Mitglieder des KVfL (vgl. Priebe, 2018).
[3] Zu Ludwig Franke liegen keine weiteren Hinweise vor.
[4] Otto Hanebuth war Assistent am IfL von 1938 bis 1945. Seine Dissertation trägt den Titel „Die Bewegungsgestaltung im deutschen Geräteturnen" (1939/1942). Hanebuth war nach 1945 – neben Lehraufträgen am IfL 1946/47 – zunächst als Lehrer tätig und im *VfL 1860 Marburg* engagiert, bis er 1949 als Oberassistent am IfL in Göttingen und 1951 als Dozent am *Pädagogischen Institut Seeheim Jugenheim* eine Anstellung fand. 1957 wurde er Direktor des *Instituts für Leibeserziehung* der Universität des Saarlandes und dort nach Umwandlung in das Sportwissenschaftliche Institut zum Professor ernannt (vgl. Dieckert, 1976, S. 11-12; siehe kritisch zur Biografie Hanebuths Buss, 2018, S. 97-99).
[5] Paul Meß wirkte als Assistent von 1935 bis 1945. Er promovierte zum Thema „Das Feldbergturnfest: das älteste deutsche Bergturnfest in hundert Jahren politischturnerischer Entwicklung" (1942). Meß war nach 1945 Lehrer an der *Martin-Luther-Schule* in Marburg und Fachleiter am Studienseminar. Er war der *Akademischen Turnverbindung*, der DLRG und dem *VfL 1860 Marburg* verbunden und organisierte

gen vermutlich aus politischen Gründen[7] an den Instituten nicht fortführen konnten, wurde Erich Lindners[8] Verstrickung in das nationalsozialistische System ausgewogener beurteilt und ihm die Fortführung seines Amtes gewährt. Mit Vera von Pirscher war 1946 eine Kollegin zurückgekehrt, die schon 1935/36 am Marburger Institut angestellt war.[9] Ob aber das *Hochschulinstitut für Leibesübungen* überhaupt Bestand haben sollte, war keineswegs entschieden. Die Schließung der Institute in Gießen und Darmstadt[10] durch das sich im Aufbau befindende Ministerium im Land Großhessen machte dies deutlich. In den Universitäten wurden Bedenken aus den 1920er-Jahren gegenüber den Instituten und dem akademischen Fach noch einmal bestätigt und es gab Stimmen wie an der *Philosophischen Fakultät* der Universität Köln, die

> Institute für Leibesübungen aus dem Verband der Universitäten als Anstalten der Geistesbildung und Forschung herauszulösen und die freie sportliche Betätigung der Studenten, die durchaus gefördert werden soll, der Studentenschaft selbst zu überlassen.[11]

Dass die Schließung des Marburger Instituts am 17. Juni 1946 kurz bevorstand, lag vor allem an Erwägungen des Finanzministeriums, denen sich Lindner entschieden entgegenstellte: Das Marburger Institut sei das älteste Deutschlands

> und zugleich seit etwa zwei Jahrzehnten das bestbekannteste im In- und Ausland.[12] Wegen der zentralen Lage und der mustergültigen Beschaf-

---

verantwortlich den Stadtstaffellauf bis in die 1970er-Jahre, der zuvor unter der Ägide des IfL ausgerichtet wurde.

[6] Dr. Heinz Obermann war ab 1940 als Hilfsassistent eingestellt.
[7] Bezogen auf diese Personengruppe der Assistent/innen an den HIfL, ihren Verstricklungen in das NS-System, ihren beruflichen Biografien nach 1945 und ihrem Engagement in außeruniversitären Bereichen des organisierten Sports sollten sich weitere Forschungen anschließen.
[8] Zu Erich Lindner, der am 01. Mai 1937 der NSDAP beigetreten ist, siehe Joch, 2020.
[9] Insbesondere der beruflichen Biografie Vera von Pirschers und Fragen zu ihrer Verstrickung in das NS-System sollten eingehender nachgegangen werden.
[10] Zur Entwicklung in Darmstadt und Ernst Söllinger siehe Priebe, in Vorbereitung.
[11] Zitiert nach Buss, 2018, S. 95.
[12] Da an der Universität Gießen schon 1920 ein *Institut für Körperkultur* gegründet wurde, ist diese Angabe Lindners nicht ganz korrekt. Bemerkenswert ist insbesondere, dass Lindner die zentrale Bedeutung des Marburger Instituts in ähnlicher Weise,

fenheit der Übungs- und Lehrstätten ist die Universität Marburg auch heute noch der weitaus geeignetste Hochschulort in Großhessen für die Belange der körperlichen Erziehung. Keine Universität Großhessens verfügt im Vergleich zu Marburg über ähnliche Voraussetzungen und Möglichkeiten, um den vielseitigen Anforderungen des Hochschulsports gerecht zu werden.[13]

Ein Grund für die angekündigte Schließung war der Plan, ein zentrales *Institut für Leibesübungen* für Großhessen in Frankfurt zu gründen. Gerade die Bedenken gegenüber den *Instituten für Leibesübungen* aus den Universitäten selbst hatten die Konzeption einer zentralen *Hochschule für Leibesübungen* erneut ins Gespräch gebracht, die Carl Diem in den westlichen Besatzungszonen in der Tradition der *Deutschen Hochschule für Leibesübungen* in Berlin (1920–1933) erneut begründen wollte.[14] Obgleich Frankfurt als vorrangiger Standort in Großhessen galt, gab es auch von Ernst Söllinger eine Initiative, die *Zentral-Lehrstätte für Leibeserziehung* für Großhessen in Darmstadt zu errichten.[15] Diese Pläne sind mit der Entscheidung, die *Sporthochschule Köln* in der britischen Besatzungszone zu errichten, dann nicht weiterverfolgt worden.

In dieser Zeit des Ringens um den Fortbestand des Marburger Instituts sind zunächst die Ausbildungslehrgänge in ihrer Struktur aus der Zeit vor 1945 fortgesetzt worden, insbesondere das *ein- oder zweijährige* Studium für die Turnlehrer/innen im freien Beruf. Das war geboten, da das Studium der Turnphilolog/innen weitgehend marginalisiert war und der Anteil der Studierenden gering blieb. Auch an den Fortbildungslehrgängen für die Turnlehrer/innen, die schon im Beruf standen, wurde festgehalten.[16] Dazu kam die Ausbildung der Gymnastiklehrerinnen, die sich in Marburg seit den 1920er-Jahren entwickelt und besonders in Zusammenarbeit mit Rudolf Bode unter dem NS-Regime gefestigt hatte. Sie wurden 1947 als

---

wie Paul Meß dies 1944 zum 20-jährigen Jubiläum getan hatte, herausstellt, ohne auf die Verantwortung des Marburger Instituts für die Konzeption und Umsetzung der politischen Leibeserziehung in der NS-Zeit einzugehen (siehe Kap. 4).
[13] Zitiert nach Becker, 1977, S. 91-92.
[14] Vgl. Buss & Nitsch, 1986, S. 17-41.
[15] Vgl. Priebe, in Vorbereitung. Söllinger griff damit eine Konzeption auf, die er schon 1928 verfolgt hatte.
[16] Vgl. Becker, 1977, S. 92. Siehe zu den 1950er-Jahren auch Schaub, 1977, S. 130.

Abb. 20: *Rudolf Bode bei einem Gymnastiklehrgang in der IfL-Turnhalle (1950er-Jahre; IfSM-Archiv)*

eigener zweijähriger Ausbildungsgang eingerichtet und führten zu regelmäßigen Lehraufträgen von Rudolf Bode[17] und auch Hinrich Medau[18] bis in die 1950er-Jahre (Abb. 20).[19]

Die Teilnehmerzahl blieb in all diesen Lehrgängen jedoch gering, im Sommersemester 1947 gab es insgesamt 80 Studierende, darunter nur 30 Turnphilolog/innen.[20] Deren Anzahl zu steigern, sollte das vorrangige Ziel der kommenden Jahre werden. Denn „die Zahl der Turnlehrer war auf ein Mindestmaß geschwunden; ein großer Teil war gefallen oder arbeitsunfähig, ein weiterer politisch belastet, der übrige Teil entweder

---

[17] Die Zusammenarbeit mit Rudolf Bode wurde in den 1920er-Jahren von Maria Först, Lehrerin an der *Elisabethschule*, Absolventin der *Preußischen Hochschule für Leibesübungen* in Spandau und Mitbegründerin des *Bode Bundes* 1922, angebahnt.
[18] Zu Hinrich Medau siehe Krüger, Kramer & Giesler, 2024.
[19] Im Marburger Schlosspark traten die Absolventinnen im Sommer 1947 auf (vgl. Becker, 1977, S. 92).
[20] Vgl. Becker, 1977, S. 103-104.

überaltert oder unzulänglich ausgebildet",[21] wie der Ausschuss der Sportlehrerverbände in einem Memorandum zusammenfasste, das den Kultusministerien der Länder am 30. Oktober 1948 vorgelegt wurde.
Die wichtigste Institution, die zur Bewältigung dieser Aufgaben gegründet wurde, war die *Arbeitsgemeinschaft der Institutsdirektoren* (AID).[22] Sie setzte sich

> mit allen Kräften dafür ein, daß: 1. Die Ausbildung im Lehrfach Sport den übrigen Studienfächern angepasst wird, 2. Die Prüfungsordnung die gleichen Anforderungen enthält, wie sie für die wissenschaftliche Prüfung in den anderen Studienfächern gestellt werden (schriftliche Hausarbeit), 3. Die Zulassungsquote dem Bedarf an Sportphilologen entspricht.[23]

Das waren weitreichende Ziele, die an die Reformdiskussion der 1920er-Jahre anknüpften, und erneut ein Ringen um akademische Anerkennung mit den Fakultäten und Prüfungsämtern herausforderte. Da eine Aufarbeitung der historischen Verantwortung der Institute und deren Direktoren, die ja in vielen Fällen vor und nach 1945 in Verantwortung waren, aus den eigenen Reihen bis in die 1960er-Jahre nicht erfolgte, blieb die Zurückhaltung gegenüber dem Fach und deren Protagonisten virulent.[24] Umso bedeutsamer wurden innerhalb der Universitäten die *Akademischen Ausschüsse für Leibesübungen*,[25] die – auch in Marburg – als Se-

---

[21] Vgl. Bernsdorff, 1977c, S. 198.
[22] Siehe ausführlich Buss, 1985; Buss, 2018.
[23] Protokoll der Tagung vom 16./17. November 1949, zitiert nach Buss, 1985, S. 38; siehe auch Buss, 2018, S. 100.
[24] Vgl. Becker, 1977, S. 90, S. 101; siehe auch Buss, 2012; Buss, 2018, S. 97-99. Von den ehemaligen Assistenten und Direktoren waren erneut in Verantwortung: Hermann Altrock (Leipzig, Frankfurt M.), Otto Hanebuth (Göttingen, Jugenheim, Saarbrücken), Erich Klinge (Köln), Erich Lindner (Marburg), Franz Lotz (Würzburg), Gerhard Nacke-Erich (Bonn, Münster), Otto Neumann (Heidelberg), Walter Thörner (Bonn), Martin Vogt (München), Eugen Zerbe (Hamburg).
[25] Die *Akademischen Ausschüsse für Leibesübungen* wurden zum Teil schon 1912 an den Universitäten gegründet und waren Gremien zur Vorbereitung und Einrichtung der *Institute für Leibesübungen* in den 1920er-Jahren. Standen die AAfL in der Tradition der 1920er-Jahre so gilt dies auch für den 1950 erneut gegründeten *Deutschen Hochschulausschuss für Leibesübungen*, in dem die Vertreter aus den Universitäten zusammenarbeiteten. Den Vorsitz im DeHofL übernahm der Marburger Staatswissenschaftler Prof. Dr. Gerhard Albrecht, der von Erich Lindner als Geschäftsführer unterstützt wurde (vgl. Nitsch, 1992/93).

natsausschüsse 1948 gegründet wurden, und die Belange der Leibesübungen in den Universitäten gemeinsam mit dem jeweiligen IfL-Direktor vertraten. Ähnlich wie in den 1920er-Jahren fanden sich hier aus jeder Fakultät jeweils ein Professor zusammen, der einen wissenschaftlichen oder auch persönlichen Bezug zu den Leibesübungen hatte.[26] Man befasste sich dort mit Fragen zum Hochschulsport, zum Studium und zu den Sportstätten.[27]

Von den vielen Sportstätten, die das Institut zuvor bewirtschaftet hatte, waren das Bootshaus am Wehrdaer Weg,[28] das Fechthaus am Roten Graben[29] und der Universitätsreitstall am Ortenberg[30] zerstört oder standen nicht mehr zur Verfügung. Auch die Flugplätze auf den Afföllerwiesen, dem Hasenkopf und dem Goldberg bei Cölbe fanden seitens der Universität keine Nutzung mehr.[31] Bedeutsam war jedoch, dass mit dem Institutsgebäude in der Barfüßerstraße und dem Universitätsstadion zentrale Sportstätten im April 1946 wieder bereitgestellt wurden. Mit den alliierten Truppen musste man sich allerdings verständigen, da das neu markierte Basketballfeld in der IfL-Turnhalle und das Baseball-Spielfeld[32]

---

[26] Im Erlass IV/2 – 423/01 – 36-57 vom 02. Mai 1957 legte der Hessische Minister für Erziehung und Volksbildung fest, dass den AAfL der Rektor oder dessen Stellvertreter, zwei vom akademischen Senat bestimmte Hochschullehrer, drei vom *Allgemeinen Studentenausschuss* bestimmten Studenten, der IfL-Direktor und der Sportarzt angehören (UniA MR, 307 d, 3856).

[27] Vgl. Becker, 1977, S. 94-95.

[28] Das Bootshaus und auch die Fußgängerbrücke zum Afföller wurden 1944 durch Bombenabwurf zerstört (UniA MR, 308/19, 141). Die Ruderausbildung fand daher zeitweise im Bootshaus der *Elisabethschule* etwa 1 km lahnaufwärts statt. Die Fußgängerbrücke wurde 1952 durch eine US-amerikanische Pioniereinheit wieder aufgebaut. Hierzu liegt im IfSM-Archiv ein Kurzfilm vor, der den Aufbau mit Ponton-Fahrzeugen dokumentiert. Am Ort des alten Bootshauses ist in den 1970er-Jahren ein neues errichtet worden.

[29] Das Fechtinstitut am Roten Graben wurde 1945 von der Universität erworben und wird seit den 1960er-Jahren vom *Institut für Geschichte der Pharmazie* genutzt (vgl. Krafft & Stoll, 1990).

[30] Damit hatte das akademische Reiten in Marburg zunächst ein Ende gefunden, nachdem es in den Jahren zuvor auch im Kriegsverlauf – neben dem Segelfliegen – eines der aufwändigen Aufgabenfelder des HIfL war. Diese Entwicklung ist seither jedoch nicht genauer untersucht worden.

[31] Vgl. Priebe, 2018.

[32] Während das Basketballspiel seitdem in Marburg eine bis heute währende Entwicklung genommen hat, ist die intensive Episode zur Initiierung des Baseballs bald wie-

Die Entwicklung des Instituts in der Nachkriegszeit 85

*Abb. 21: Das Marburger Haus auf der Hohen Fahrt bei
Vöhl am Edersee (1950er-Jahre; IfSM-Archiv)*

im Universitätsstadion weiterhin von den US-Soldaten bespielt wurden. Geschwommen werden konnte im Universitätsschwimmbad in der Lahn, im städtischen Luisabad und im Sommerbad. Auch im *Marburger Haus* am Edersee konnten, nachdem es zunächst von den alliierten Truppen genutzt wurde, ab 1948 wieder Ruderkurse und viele weitere Lehrgänge durchgeführt werden (Abb. 21). Im Ganzen schien die Situation der Sportstätten also trotz der umfangreichen Einschnitte eine Perspektive für eine Ausweitung der Aufgaben aufzuzeigen.

Außerhalb des engeren Verantwortungsbereichs der Institute sollte sich nach 1945 der Hochschulsport entwickeln, der vor allem in der Verantwortung der Studentenschaft lag. Mit Walther Kolb war 1947 ein Marburger Student zum Zonensportreferenten der US-Zone gewählt worden, der 1948 zusammen mit seinem britischen Amtskollegen Ludwig Trummer-Sievers zur Gründungsversammlung der *Arbeitsgemeinschaft der Hochschulsportreferenten*, dem späteren *Allgemeinen Deutschen Hoch-*

---

der beendet gewesen (vgl. Becker, 1977, S. 94-95; Bernsdorff & Schmidt, 1991, S. 61-62).

schulsportverband (ADH) einlud.[33] In Marburg konnten schon am 22./23. November 1947 erste Hochschulmeisterschaften im Schwimmen ausgetragen werden, da mit dem Luisabad eine Schwimmstätte vorhanden war. Und aus Marburg kamen auch einige der Athlet/innen,[34] die 1948 bei der *Ersten Internationalen Hochschulsportwoche* in Meran mit Erfolg teilnahmen. Innerhalb der AID war Erich Lindner für die Koordination der Zusammenarbeit mit dem ADH verantwortlich.[35]

5.2 Die Ausbildung der Turnlehrer/innen in den 1950er-Jahren

Nachdem sich in den Nachkriegsjahren durch das beharrliche Wirken Erich Lindners die Situation konsolidiert hatte und er 1950 zum Direktor des Instituts ernannt wurde, galt es vor allem, das Studium der Turnphilolog/innen attraktiver zu machen und deren Anteil unter den Studierenden zu erhöhen. Letztlich war dies eine der dringlichsten Aufgaben der Institute, die auch deren Fortbestand sichern sollte.[36] Mit insgesamt 90 Studierenden im Sommersemester 1950 waren die Kapazitäten aus der Weimarer und auch der NS-Zeit bei Weitem nicht erreicht. Dies lag auch an der – wie beklagt wurde – nicht ausreichenden personellen Ausstattung des Instituts: die Verantwortung für die theoretischen Lehrveranstaltungen lag allein in den Händen von Dr. Erich Lindner und dem Sportmediziner Dr. Willi Schmidt (1954–1972), obwohl auch Lindner um die Zusammenarbeit mit den anderen Wissenschaften der Universität wie Pädagogik, Psychologie, Soziologie, Physiologie, Biologie, Physik und Geschichte bemüht war.[37] In den vielen praktischen Fächern lehrten Vera von Pirscher (1946–1960, u.a. Tanz), Fritz Finkenauer[38] (1946–1959, Leichtathletik, Boxen, Fußball), Rita Hölzer (ab 1946), Gerhard Kuballa

---

[33] Vgl. das Plakat zu „Das Institut für Leibesübungen und der Allgemeine Deutsche Hochschulsportverband (adh)" in Priebe, Orliczek & Reining 2024.
[34] Hierzu zählten Ursula Erhardt (Siegerin über 80 m-Hürden und 100 m), Konrad Wittekind (Sieger über 100 m und 200 m) und Fritz Finkenauer als Trainer.
[35] Vgl. Joch, 2020, S. 86.
[36] Vgl. Buss, 1985, S. 36; Joch, 2020, S. 84-86.
[37] UniA MR 309/89, Nachlass Erich Lindner, alte Signatur 289.
[38] Fritz Finkenauer hatte als HJ-Sportführer auch einen Zugang zum Boxen, das im Rahmen des Hochschulsports weiterhin betrieben wurde, nicht aber in der Ausbildung der Turnlehrer/innen, da Boxen in der schulischen Leibeserziehung verboten war.

(ab 1946) und Gerhard Schepe (1947–1958, Leichtathletik). Nach und nach gelang es, die Zahl der Turnphilolog/innen zu steigern: Im Sommersemester 1955 waren 190 und im Sommersemester 1959 schon 355 Studierende eingeschrieben.[39] Gleichzeitig war die Zahl der Turn- und Sportlehrer/innen *im freien Beruf* rückläufig und betrug 1958 nur noch 15, sodass dieser Ausbildungsgang 1960 eingestellt wurde.[40] Diese Entwicklung lag auch an der Eröffnung der Sportschule des *Landessportbundes Hessen* in Frankfurt 1958, die fortan eigene Ausbildungsgänge für Turn- und Sportlehrer/innen in den Vereinen und Verbänden einrichtete.[41]

Unter dem Dekan der *Medizinischen Fakultät*, Prof. Dr. Hans Erhard Bock, wurde außerdem mit einem Ausbildungsgang für Sportärzte eine Idee aufgegriffen, die schon in den 1920er-Jahren von Peter Jaeck und dem Sportarzt Paul Schenk umgesetzt wurde.[42] Im Wintersemester 1953/54 konnten darin 15 Teilnehmer registriert werden.[43]

Trotz dieser im Ganzen guten Entwicklung der Studierendenzahlen in Marburg und auch an anderen Universitäten, konnte damit das Problem des Lehrkräftemangels in der jungen Bundesrepublik nicht gelöst werden. Das Ziel blieb die „Gewinnung, Aus- und Fortbildung geeigneter Lehrer für die Leibeserziehung in allen Bereichen des dreigliedrigen Schulsystems",[44] wie die *Konferenz der Kultusminister*, der *Deutsche Sportbund* und die Spitzenverbände in den *Empfehlungen zur Förderung der Leibeserziehung in den Schulen* 1956 forderten. Diese Forderung war so offen formuliert, dass sie auch Überlegungen aus dem *Philologenverband Niedersachsen* und dem *Bundesausschuß für Leibeserziehung an höheren Schulen* aufgriff, die eine Verkürzung des Turnlehrerstudiums,[45] eine Absenkung der Anforderungen und eine Auslagerung in Sporthochschulen wie etwa in Köln nicht ausschlossen.[46] Diese Revision der richtungsweisenden Entscheidung von 1929 führte zu heftigen Verunsicherungen

---

[39] Vgl. Bernsdorff, 1977c, S. 185; UniA MR, 308/19, 112.
[40] UniA MR, 308/19, 141.
[41] Vgl. Kling, 1996.
[42] Vgl. Court, 2024, S. 79.
[43] UniA MR, 308/19, 141.
[44] Schaub, 1977, S. 114.
[45] Vorgesehen war eine Kürzung des Studiengangs auf vier Semester und ein erstes Zeugnis nach der praktischen Zwischenprüfung (vgl. Schaub, 1977, S. 117), ähnlich wie dies in der *Hochschulsportordnung* 1934 vorgesehen war.
[46] Vgl. Priebe, 2022, S. 59-61; Buss, 1985, S. 40.

innerhalb der AID, die um eine Unterstützung des turnphilologischen Studiums in den Ministerien bemüht war.[47] Dabei hatte die maßgeblich von Hans Möckelmann als Oberschulrat in Hamburg in die Gremien eingebrachte Forderung nicht nur einen auf die Mangelsituation bezogenen pragmatischen Bezug, sondern zielte auf das akademische Selbstverständnis der Theorie der Leibeserziehung, die „an wissenschaftlichen Maßstäben nicht gemessen werden dürfe".[48] War diese Diskussion nicht ganz von persönlichen Motiven Möckelmanns zu trennen, dem eine Rückkehr in eine akademische Aufgabe verwehrt blieb, so zielte sie doch mit der Forschungsperspektive auf den wesentlichen Kern der akademischen Entwicklung des Faches.

Erich Lindner hatte diese Aufgabe neben den praktischen Erfordernissen der Institutsleitung nicht aus dem Auge verloren und beteiligte sich an dem 1953 eingeführten *Carl-Diem-Wettbewerb*, der gerade die Forschung in der jungen Sportwissenschaft anregen sollte.[49] Seine Arbeit zu *Bewegungsschrift und Charakter*[50] wurde 1953 mit einer Plakette und eine weitere zum *Halterensprung* in der Antike[51] 1955 mit einer „lobenden Anerkennung" gewürdigt.[52] Für Erich Lindner war mit diesen Forschungen und deren Anerkennung auch die Hoffnung verbunden, dass die seither ausgebliebene Verleihung der Lehrbefugnis doch noch zu einer Professur führen könnte. Mit Prof. Dr. Hans Erhard Bock[53] hatte er einen prominenten Fürsprecher: „Ich hoffe, dass sich die Philosophische Fakul-

---

[47] An den Gesprächen in den Kultusministerien nahm neben Ernst Münter und Wilhelm Henze auch Erich Lindner als AID-Vertreter teil (vgl. Buss, 1985, 42).
[48] Buss, 1985, S. 40; vgl. auch Priebe, 2022, S. 59-61.
[49] Vgl. Buss, 1985, S. 46-47.
[50] Siehe Lindner, 1953
[51] Siehe Lindner, 1955.
[52] Vgl. Joch, 2020, S. 87-90. Carl Diem schrieb Erich Lindner dazu am 03. Oktober 1955: „Für unsere Studierenden ist aber Ihre Arbeit schon deswegen wertvoll, weil sie den ganzen Umkreis der Erwägungen zeigt, um ein solches Problem zu lösen. Außerdem werden sie zunächst einmal in die Überlieferung des antiken Sprunges genauer eingeführt, als es sonst in den Lehrbüchern der Fall ist" (UniA MR, 309/89, Nachlass Erich Lindner, alte Signatur 133).
[53] Hans Erhard Bock hatte als ATVer 1924 im Akademischen Mehrkampf teilgenommen und war nach seinem Dekanat in Marburg (1952–1962) auch Dekan der *Medizinischen Fakultät* der Universität Tübingen, wo er gleichermaßen die Entwicklung des *Instituts für Leibesübungen/Sportwissenschaft* unter der Leitung von Professor Dr. Ommo Grupe unterstützt hat.

tät von Ihrer Arbeit und Ihrem Erfolg überzeugt, und dass Sie noch einige weitere Publikationen haben, damit Sie nun bald als Institutsdirektor auch Professor werden können".[54] Lindner dankte für diese Anerkennung, blieb aber realistisch: „Ehe sich eine Wirkung bei der Philosophischen Fakultät wird verspüren lassen, wird wohl noch viel Zeit vergehen, aber ich werde mich weiter bemühen und bin zur Zeit schon wieder an neuen Untersuchungen".[55] Die Forschungsaktivitäten Lindners sollten also auch in den 1960er-Jahren fortgesetzt werden.

Die zufriedenstellende Entwicklung der Studierendenzahlen führte zu einigen Neuanstellungen für die Lehre im sportpraktischen Bereich, die schon in den späten 1950er-Jahren einsetzten und die Ausbildung in einigen Fällen bis in die 2000er-Jahre prägen sollten.[56] Im Bereich des Hochschulsports und in der Zusammenarbeit mit dem ADH sind in diesen Jahren vor allem Fritz Finkenauer, der Disziplinchef in insgesamt drei Sportarten war (Fußball 1958–1967, Leichtathletik 1948–1969, Boxen), Erich Lindner, der diese Aufgabe im Tennis übernahm, und Walter Bernsdorff (später im Handball) tätig gewesen. In der Leichtathletik etwa gewannen die Marburger Mannschaften unter der Leitung von Fritz Finkenauer 1955 und 1957 die Deutsche Hochschulmeisterschaft. Hochschulmeister wurde auch Dirk Schümer 1963 im Boxen (Schwergewicht).

---

[54] H. E. Bock an E. Lindner, 09. November 1953 (UniA MR, 309/89, Nachlass Erich Lindner, alte Signatur 133).

[55] E. Lindner an H. E. Bock, 19. November 1953 (UniA MR, 309/89, Nachlass Erich Lindner, alte Signatur 133). Kritischer hingegen urteilte Hans Möckelmann insbesondere zu den methodischen Verfahren dieser Arbeit, die er am 30. Dezember 1955 Lindner mitteilt (UniA MR, 309/89, Nachlass Erich Lindner, alte Signatur 133). Erich Lindner erhielt die Ernennung zum Professor für Bewegungslehre und Biomechanik erst am 02. März 1973, wenige Tage vor seinem Tod (siehe Kap. 8.2).

[56] Zu diesen Neuanstellungen gehörten: Ruth-Inge Flabb, verh. Huffert (1957–1990, Tanz, Rudern), Horst Heyder (1957–1961), Walter Bernsdorff (1959–1991, Handball, Basketball), Lienhardt Bischofsberger (ab 1959, Turnen), Christian Engelhardt (1959/60, Turnen), Eberhard Hildenbrandt (1959–1961, 1963–1971, Leichtathletik; Professur für Sportpädagogik 1975–1998), Wolfgang Elsner (ab 1960, Rudern; ab 1976 Leiter des Zentrums für Hochschulsport), Gerd Eisel (1960–1963, Turnen), Anneliese Queek (1961–1990, Volleyball), Rudi Albusberger (1963–1984, Turnen), Herbert Hartmann (1966–1969, 1971–1972, Volleyball; 1973/74 Professur für Sportpädagogik), Richard Weber (1967–1969, Fußball), Ivo Serverdija (1969–1998, Sportspiele u.a.), Ulrich Joeres (1970–1972, Schwimmen), Erich Heine (1974–1975), Kurt Faust (1974–1975). Die Liste ist vermutlich nicht vollständig und führt die Mitarbeiter/innen auf, deren Dienstbeginn vor 1975 lag.

Neben diesen Erfolgen war für das Marburger Institut die Ausrichtung der Hochschulmeisterschaften im Schwimmen, Springen und Wasserball 1962 im städtischen Sommerbad bedeutsam. Die Einbindung des Marburger Instituts in den ADH zeigt sich im Besonderen an den Sportreferenten wie dem ATVer Helmut Meyer (1951–1953), Norbert Wolf (1958–1960) und Franz Nitsch (1967–1974), die in diesen Jahren ihre beruflichen Laufbahnen begannen und sie in zahlreiche Institutionen des hessischen und bundesdeutschen Sports bis in die 1990er-Jahre führten.

5.3 Die Entwicklung des Instituts in den 1960er-Jahren

Es hatte sich schon in den 1950er-Jahren abgezeichnet, dass die weitere Entwicklung des Marburger Instituts vom Ausbau der Sportstätten abhängen würde. Der Dekan der *Medizinischen Fakultät*, Prof. Dr. Hans Erhard Bock (Abb. 22), mahnte 1961 erneut:

> Ein Wort noch zu den Leibesübungen, die einst in Marburg eine große Tradition hatten, jetzt aber infolge eines zu kleinen Lehrkörpers und völlig mangelhaften Sportstättenangebots zu versanden drohen. Dabei gehören wir in Marburg zu den Universitäten mit der größten Zahl auszubildender Sportphilologen. Vergessen wir nicht, daß der Gesundheitszustand unserer Studenten durch Leibesübungen erhalten und gehoben wird. Gerade der jugendliche Organismus braucht sie wie Vitamine.[57]

Damit war ein Ziel formuliert, das im Verlauf der 1960er-Jahre nach und nach realisiert werden sollte. Man folgte in diesen Jahren in Marburg wie auch in einigen anderen Sportinstituten Deutschlands der Idee, die über die Stadt verstreuten Sportstätten auf einem Campus zu vereinen. In ähnlicher Weise war dies schon in den 1930er-Jahren einmal vorgesehen. Ab 1960 gab es daher Planungen, im Süden der Stadt nahe Ockershausen das Institut neu errichten, und der Stadt im Austausch dazu das zentral gelegene Universitätsstadion zu überlassen. Diese langjährigen Überlegungen sind jedoch nicht umgesetzt worden, sondern haben 1967 zum

---

[57] Zitiert nach Schaub, 1977, S. 136.

Bau des städtischen Georg-Gassmann-Stadions geführt. Damit war zum einen das Universitätsstadion wesentlich entlastet und zum anderen konnte nach dem Abriss der alten Jugendherberge dort 1969 eine moderne Dreifelderhalle eröffnet werden. Jetzt erst hatten die olympischen Sportspiele Basketball und Volleyball, die in den 1960er-Jahren in den Schulen und Hochschulen Verbreitung gefunden hatten, eine ausreichend große Hallenspielfläche. Mit dem Bau der Sporthalle waren aber die Planungen zu einem neuen Campus noch nicht abgeschlossen, sondern wurden bis in die 1970er-Jahre mit Überlegungen zu einem Neubau auf den Lahnbergen nahe dem Spiegelslustturm fortgesetzt, die dann jedoch nicht realisiert wurden.[58] Dennoch sind diese Neubauten eine wesentliche Voraussetzung dafür gewesen, dass die bis Ende der 1960er-Jahre mit rund 320 gleichbleibende Zahl der Studierenden in den folgenden Jahren ansteigen konnte.[59]

Abb. 22: Prof. Dr. Hans Erhard Bock und Dr. Erich Lindner beim Sport-Dies 1959 (IfSM-Archiv)

Für die Verbesserung der Studienbedingungen zur Steigerung der Studierendenzahlen setzte sich auch die AID ein. Neben der materiellen Ausstattung der Institute ging es ihr um die Angleichung der Studien- und Prüfungsordnungen zwischen den Hochschulen und die Möglichkeit, auch im Fach Leibeserziehung eine wissenschaftliche Abschlussarbeit schreiben zu können. Diese war in Marburg grundsätzlich gegeben, ist

---

[58] UniA MR, 308/19, 88; UniA MR, 308/19, 121.
[59] Vgl. Bernsdorff, 1977c, S. 185.

aber kaum wahrgenommen worden.[60] Ein Grund dafür war vermutlich, dass die wissenschaftliche Ausbildung in den wenigen Vor- und Hauptseminaren weiterhin allein vom IfL-Direktor Erich Lindner und dem Sportmediziner Willi Schmidt bewältigt wurden, die zudem alle wissenschaftlichen Abschlussprüfungen abnehmen mussten und damit weitgehend ausgelastet waren.[61] Die geringe Gewichtung der wissenschaftlichen Ausbildung und deren Stundenzahlen steht dem großen Umfang der praktischen Kurse gegenüber, die selbst nach einer Reduzierung 1958 noch 48 bzw. 50 Stunden für die Studenten[62] und Studentinnen[63] betrugen. Diese Ordnungen anzugleichen, um einheitlich hohe Prüfungsanforderungen und deren gegenseitige Anerkennung zu gewährleisten, war ein beständiges, wenngleich nicht umfassend realisiertes Bemühen der AID. Anschaulich wird dies in einem Schreiben des Göttinger IfL-Direktors Wilhelm Henze an Erich Lindner vom 25. Juni 1951:

> Unter den hiesigen Studierenden geht immer wieder das Gerücht um, dass man die Sportlehrerausbildung und die dazu gehörigen Prüfungen an einigen Universitäten z.B. Marburg, Münster u. Freiburg leichter, vor allem in kürzerer Zeit erledigen köne. Es ist daher ein deutlicher Zug nach diesen Universitäten spürbar, weil der Studierende heutzutage gewohnt ist, zu versuchen, mit dem geringsten Aufwand an Zeit, Kraft und Kosten zum Abschluss zu kommen. Ich glaube nun, dass das Institut in Marburg wenig daran interessiert ist, in dem Ruf zu stehen, dass es dort leichter sei und andererseits würde das ja auch dem Sinn unseres einheitlichen Studienplans und der einheitlichen Prüfungsordnung gänzlich widersprechen.[64]

Offenbar kamen in dieser Kontroverse auch Fragen zur Auslastung und den Studierendenzahlen zum Tragen. Von grundlegender bildungspolitischer Bedeutung ist jedoch das Bestreben der AID einer Angleichung von Studien- und Prüfungsordnungen über die Ländergrenzen hinweg, während es in den Ministerien selbst zu grundlegenderen Fragen wie etwa der

---

[60] Vgl. Schaub, 1977, S. 116.
[61] Vgl. Schmidt, W., 1986; Bernsdorff, 1977b, S. 163; Schaub, 1977, S. 123.
[62] Leichtathletik: 12 Std.; Turnen: 12 Std.; Schwimmen: 6 Std.; Spiele: 18 Std.; dazu Kurse im Skilauf, Rudern und Wandern.
[63] Leichtathletik: 6 Std.; Turnen: 6 Std.; Schwimmen: 6 Std.; Spiele: 12 Std.; Gymnastik, Rhythmik, Tanz: 20 Std.; dazu Kurse im Skilauf, Rudern und Wandern.
[64] IfSM-Archiv, Bestand Walter Bernsdorff.

Ausgestaltung des turnphilologischen Studiums abweichende Haltungen gab. Dass dem Ziel einheitlicher Prüfungsleistungen in den praktischen Prüfungen eine solche Bedeutung beigemessen wurde, lag vielleicht auch daran, dass die Protagonisten im zentralen System der *Hochschulsportordnung* von 1934 sozialisiert waren (Abb. 23).

Abb. 23: *Wilhelm Henze (links) und Erich Lindner auf einer Tagung in Göttingen (1950er-Jahre; IfSM-Archiv)*

In den 1960er-Jahren hatten die Initiativen der AID zur Forschungsförderung zugenommen, da dies eine der Voraussetzungen für die akademische Anerkennung des Faches war.[65] Lindner konnte mit seinen Forschungen an die Arbeiten zu den antiken Sportarten aus den Vorjahren anknüpfen. Anlass war die Eröffnung der *Internationalen Olympischen Akademie* (IOA) in Olympia (Griechenland) 1961, deren Einrichtung der Gründer der *Deutschen Sporthochschule*, Carl Diem, im Auftrag des *Internationalen Olympischen Komitees* vorbereitet hatte. Zur ersten Ses-

---

[65] Vgl. Buss, 1985, S. 45-48.

sion, bei der auch der Schweizer Historiker Professor Carl Jakob Burkhardt vortrug, waren Carl Diem und Erich Lindner die einzigen Referenten aus Deutschland. Lindner stellte seine Arbeiten zum antiken Weitsprung mit Halteren vor, deren Ablauf er in Versuchsreihen mit Marburger Studenten zu rekonstruieren versucht hatte. Er nutzte dabei ein von ihm entwickeltes Lichtspurverfahren und biomechanische Analysen. Für ihn war die Einladung eine große Anerkennung. An Diem schrieb er: „Olympia steht im Jahre 1961 für mich als großes Ereignis, und ich bin dankbar, daß ich es durch Sie und mit Ihnen kennenlernen durfte".[66]

In Folge dieser Anerkennung erhielt er vom *Deutschen Sportbund* einen Forschungsauftrag, auch den antiken Speerwurf mit der Wurfschlinge (*ankyle*) eingehender zu rekonstruieren.[67] 1969 wurde er sogar von Prinz Georg von Hannover, dem Präsidenten der *Internationalen Olympischen Akademie*, zum Ehrenmitglied der IOA ernannt.[68] Im Weiteren befasste er sich mit technischen Fragen zur Leichtathletik, dem Stabhochsprung und besonders den Wurfdisziplinen. Hierzu legte er einige Veröffentlichungen vor und trug bei internationalen Tagungen, auch anlässlich der Olympischen Spiele in Tokio 1964, vor. Innerhalb des *Deutschen Leichtathletik Verbandes* (DLV) fanden seine Arbeiten Resonanz, sodass er in den 1965 gegründeten *DLV-Leistungsrat* berufen wurde. „Die Institute für Leibesübungen der Universitäten" sollten, so die Erwartung des Verbandes, „Kristallisationspunkte im Bereich der Erziehungswissenschaften wie im Bereich der Trainingslehre der verschiedenen Sportarten werden" und „ihren Beitrag zur Förderung des Leistungssports" leisten.[69] Mit dem Band „Sprung und Wurf, Analysen für die Praxis der Leichtathletik, zugleich ein Beitrag zur Bewegungslehre", der 1967 als Band 29 in der Reihe *Beiträge zur Lehre und Forschung der Leibeserziehung* erschien, trug Lindner dazu bei, blieb mit seinen bewegungswissenschaftlichen Arbeiten unter den Sportmedizinern im *DLV-Leistungsrat* jedoch ein Außenseiter.[70] Nach Joch (2020) lag dies auch daran, dass Lindner selbst

---

[66] Erich Lindner an Carl Diem, 19. Oktober 1961 (UniA MR, 309/89, Nachlass Erich Lindner, alte Signatur 130)
[67] Vgl. Lindner, 1964. Siehe zur Rezeption der Arbeiten Lindners, auch in der gegenwärtigen fachdidaktischen Lehre Orliczek & Priebe, 2022 und 2023 sowie besonders Orliczek, 2024.
[68] Vgl. UniA MR, 309/89, Nachlass Erich Lindner, alte Signatur 243.
[69] Vgl. Karger, 1964, S. 1443, zitiert nach Joch, 2020, S. 91.
[70] Vgl. Joch, 2020, S. 91-95.

nicht aus dem leichtathletischen Leistungssport kam und er den Zugang zu diesem Themenfeld vor allem über herausragende Leichtathleten unter den Studenten wie dem Kugelstoßer Josef Klik oder dem Stabhochspringer Eberhard Hildenbrandt erhalten hatte.[71] Da Lindner kein Promotionsrecht hatte, blieb auch die Förderung des wissenschaftlichen Nachwuchses im Marburger Institut weitgehend aus.[72] Absolventen des Marburger Instituts mussten sich über eine Promotion in einem anderen Fach qualifizierten, um später auf eine Professur in einer sportwissenschaftlichen Teildisziplin berufen werden zu können.[73]

Im Zusammenhang mit der späteren Entwicklung einer bewegungsorientierten Sportpädagogik des Marburger Instituts ist bemerkenswert, dass Lindner seine Forschungen zu den Techniken im Hochleistungssport auch auf den Schul- und allgemeinen Leistungssport bezog und die verbreiteten Vorstellungen von Technikleitbildern damit relativierte.[74] In der sich ab den 1970er-Jahren etablierenden Trainings- und Bewegungswissenschaft hat sein, auf einem Lichtspur- und bildgebenden Verfahren beruhender methodischer Zugang, dann jedoch kaum Beachtung gefun-

---

[71] Vgl. Joch, 2020, S. 91. Eine ausführliche Bibliografie zu Lindners Arbeiten siehe in Joch, 2020, S. 108-110.

[72] Vgl. die kritische Bewertung der allein auf Lindner bezogenen Forschungsprojekte und der fehlenden Ausbildung wissenschaftlichen Nachwuchses bei Joch, 2020, S. 100-101.

[73] Beyer, E. (1948). *Studien zur amerikanischen Sportsprache unter besonderer Berücksichtigung des Baseballspiels und seines Wortschatzes*. Dissertation, Marburg. Beyer war von 1962 bis 1976 Direktor des IfL/IfS der TU Karlsruhe und von 1974 bis 1976 Professor für Sport.
Hartmann, H. (1971). *Friedrich Dürrenmatt: Dramaturgie der Realität oder der Phantastik, der Provokation oder der Resignation? Eine Analyse zum Problem des Grotesken im dramatischen Werk Friedrich Dürrenmatts*. Dissertation, Marburg. Hartmann war Direktor des IfL/IfS und Professor für Sportpädagogik der Universität Marburg von 1973 bis 1974 sowie Professor für Sportpädagogik am IfS der TH/TU Darmstadt von 1974 bis 2003.
Hecker, G. (1970). *Die Eigenart aktualisierter Aufgaben als Leistungsfaktor im Sportunterricht*. Dissertation, Marburg. An der PH Aachen war Hecker von 1972 bis 1975 Professor für Leibeserziehung und anschließend von 1975 bis 1991 Professor für Sportdidaktik an der DSHS Köln.
Hildenbrandt, E. (1970). *Versuch einer kritischen Analyse des Cours de linguistique générale von Ferdinand de Saussure*. Dissertation, Marburg. Hildenbrandt war von 1975 bis 1998 Professor für Sportpädagogik am IfS in Marburg. Vgl. Buss, 2018, S. 106-111; Priebe & Hartrumpf, 2023, S. 146, 154-155.

[74] Vgl. Joch, 2020, S. 94-95.

den. Mit seinen weiteren Arbeiten zur Leibeserziehung, der geschlechtsspezifischen Motorik von Jungen und Mädchen oder zu altertumswissenschaftlichen Themen zählte Lindner zur interdisziplinär arbeitenden Sportwissenschaft, die – insbesondere in der folgenden Phase der Ausdifferenzierung sportwissenschaftlicher Teildisziplinen – eine Ausnahme blieb.[75]

Der Forschungsschwerpunkt in der Leichtathletik korrespondierte mit den Erfolgen der Marburger Mannschaft, die in den Jahren 1955 und 1957 Deutscher Hochschulmeister wurden. Auch nachdem Fritz Finkenauer, der ADH-Disziplinchef Leichtathletik, Marburg verließ, um die Leitung des *Instituts für Leibesübungen* an der Bergakademie Clausthal 1959 zu übernehmen, sollte die Leichtathletik ein Schwerpunkt in Marburg bleiben. 1963 gründete Erich Lindner in Abstimmung mit den Gremien der Universität den *Universitätssportclub* (USC), in dem neben der Leichtathletik auch die modernen Sportspiele Volleyball und Basketball organisiert waren. Im *Landessportbund Hessen* ergab sich damit jedoch ein Konflikt, da er die Idee der Einheitssportbewegung mit der Zulassung von akademischen Sportvereinen gefährdet sah und diese 1966 – nach einem Rechtsstreit – endgültig abgelehnt wurde.[76] Die Leichtathletik der Studierenden sollte weiterhin im *Verein für Leibesübungen* (VfL) *1860 Marburg* betrieben werden und besonders im *Postsportverein Blau-Gelb Marburg*, der in enger Anbindung an die Universität und das Universitätsstadion deren leistungssportliches Engagement ab 1967 aufgriff. Die Bedeutung, die die Leichtathletik und deren Erforschung in diesen 1960er-Jahren hatte, zeigte sich auch in der neuen Sporthalle in unmittelbarer Nähe zum Universitätsstadion, die zugleich die Dienst- und Forschungsstätte für Erich Lindner wurde. Bis heute überblickt man aus dem *Direktorenzimmer* die sportlichen Aktivitäten im Stadion (Abb. 24).

---

[75] Vgl. ebd., S. 98.
[76] Vgl. Schaub, 1977, S. 138-140. Auch der renommierte und traditionsreiche *Akademische Sportclub Darmstadt* (asc) hatte sich schon 1952 in *Allgemeiner Sportclub Darmstadt* umbenennen müssen (vgl. Priebe, in Vorbereitung). Dass die Landessportbünde in dieser Frage abweichende Haltungen verfolgten, zeigt sich an den zahlreichen, bis heute bestehenden und erfolgreichen *Universitätssportclubs* (USC) und *Akademischen Sportclubs* (ASC) wie etwa in Freiburg, Heidelberg, Köln, München, Münster etc.

Die Entwicklung des Instituts in den 1960er-Jahren 97

*Abb. 24: Die Sporthalle mit dem Direktorenzimmer
(1969; Bildarchiv Foto Marburg)*

Die Erwartungen bezüglich der Institutsentwicklung und der Studierendenzahlen hatten sich nach der Einweihung der Sporthalle bestätigt: von rund 300 am Ende der 1960er-Jahre war deren Zahl im Sommersemester 1973 auf 436 angestiegen und sollten im Wintersemester 1974/75 sogar 825 erreichen.[77] Damit ist auch die „besondere Leistung"[78] Erich Lindners beschrieben, zuerst „die Sportlehrerausbildung (an der Universität Marburg) als ein wissenschaftliches Fach im Kanon der akademischen Lehrerausbildung etabliert zu haben".[79] Von den in den ersten Nachkriegsjahren begründeten Studiengängen für den außerschulischen Bereich, die nach und nach keine Resonanz mehr gefunden oder aus anderen Gründen eingestellt wurden, hat sich in den 1960er-Jahren der Studiengang für das Lehramt an Gymnasium als zentraler Schwerpunkt des Insti-

---

[77] Vgl. Bernsdorff, 1977b, S. 162 und 1977c, S. 185.
[78] Joch, 2020, S. 105; vgl. auch Buss, 1985, S. 49.
[79] Joch, 2020, S. 105.

tuts herausgebildet, der in den 1970er-Jahren einen großen Zulauf hatte. Bis in die 1980er-Jahre war er der einzige Studiengang, den das Institut angeboten hat. Insofern lag der Schwerpunkt der Institutsentwicklung in den beiden Jahrzehnten der 1960er- und 1970er-Jahre im Lehramtsstudium. Dies hat sich auch in der Argumentation zur Eingliederung in die neuen Fachbereiche der Universität im Kontext der Hochschulreform der 1970er-Jahre gezeigt.

Und auch der leistungssportliche Forschungsschwerpunkt in der Leichtathletik sollte in den ausgehenden 1960er-Jahren eine Fortsetzung erfahren, als die Vorbereitungen auf die Olympischen Spiele in München 1972 in allen Bundesländern eine Gründungsphase von *Instituten für Sportwissenschaft* initiierte. Diese Entwicklung entstand weniger in den Universitäten selbst, sondern wurde vor allem von den Verbänden des Sports und dem *Deutschen Sportbund* forciert.[80] Wie aber diese prägende sportpolitische mit der gleichermaßen grundlegenden bildungspolitischen Entwicklung in den Universitäten der 1960er-Jahre zusammenwirkte und den Prozess der Überführung der *Institute für Leibesübungen* in die *Institute für Sportwissenschaft* gestaltet wurde, lässt sich an der Situation in Hessen – und in Marburg – in seiner Komplexität besonders anschaulich beschreiben.

---

[80] Vgl. Buss, 2018, S. 116-121.

6 Hochschulreform und Institutsentwicklung in den 1960er- und 1970er-Jahren

War das Marburger Institut bis in die Mitte der 1960-Jahre vor allem mit praktischen Fragen des Studiums und dem Wiederaufbau des Instituts in materieller, personeller und finanzieller Hinsicht seit den Nachkriegsjahren befasst, so wendet sich die Situation an den *Instituten für Leibesübungen* bundesweit und mit landestypischen Regelungen durch die Mitte der 1960er-Jahre beginnende Hochschulreform. Bereits seit Ende der 1950er-Jahre hat Hessen – anfangs gemeinsam mit Bayern – damit begonnen, das Verhältnis von Wissenschaft und Staat neu zu regeln und den Universitäten ihre traditionell zugestandene Autonomie mit den entsprechenden akademischen Freiheiten nicht nur zu erhalten, sondern deutlich auszudehnen.[1] Der Abbau staatlicher Autorität galt damals als modern und gehörte zu den Kernstücken der neuen Bundesrepublik.[2]

Wie schwierig sich allerdings dieser Prozess gestaltet, zeigt die Studie von Anne Rohstock zum Thema „Von der Ordinarienuniversität zur Revolutionszentrale".[3] In einer detailreichen Analyse von Dokumenten der bayrischen und hessischen Hochschulentwicklung der 1950er-, 1960erund 1970er-Jahre zeigt sie vergleichend, wie widerständig und letztlich unterschiedlich dieser Prozess verlaufen ist und die Konfliktlinien mal mehr zwischen Studierenden und Professoren, mal mehr zwischen diesen und der Landesregierung oder auch der Hochschulleitung und der Landesregierung verlaufen. Am Beispiel *Hessen vorn* geht es um eine Hochschulreform, initiiert durch den Kultusminister Schütte, die den Studierenden, Assistent/innen und Wissenschaftlichen Mitarbeiter/innen mehr Mitspracherechte einräumt. Die zweijährigen Beratungen mit allen Beteiligten,[4] den zahlreichen Einsprüchen aus den Universitäten, Rücktritts-

---

[1] Bis zu diesem Zeitpunkt gibt es in den Bundesländern kaum eigenständige Hochschulgesetzgebungen. In den Landesverfassungen ist den Universitäten das Selbstverwaltungsrecht zugestanden, aber das Verhältnis von Staat und Universität ist gesetzlich nicht geregelt (vgl. Rohstock, 2010, S. 117f.). Die Hochschulreform in Hessen nimmt Bezug zu den Empfehlungen des Wissenschaftsrats aus der ersten Hälfte der 1960er-Jahre.
[2] Vgl. Rohstock, 2010, S. 118f.
[3] Rohstock, 2010.
[4] Vgl. dazu Rohstock, 2010, S. 122ff.

drohungen der vier Rektoren,[5] konfliktträchtigen Gesprächen zwischen Studierenden, Professor/innen, Mitarbeiter/innen, Hochschulleitungen und Ministerium haben über die Lesungen des Gesetzes hinweg zu zahlreichen Kompromissen und schließlich zur Verabschiedung des *Hessischen Hochschulgesetzes* (HHG) am 11. Mai 1966 geführt.[6] Zu diesem ersten Hochschulreformgesetz gehören die Stärkung der Mitbestimmungsrechte für nichtprofessorale Statusgruppen, eine rechtlich verankerte Studentenschaft, die Bildung satzungsgebender Organe, neue Amtszeiten für Rektoren, neue Gremien für die Nichthabilitierten u.v.m. Mit diesen bundesweit einmaligen Reformen hat die Hessische Landesregierung eine Entwicklung eingeleitet, die sich mit den aufkommenden studentischen Protesten gegen die alte Ordinarienuniversität trifft bzw. ihr vorauseilt.

6.1 Die Hochschulreform in Hessen

Beginnend in den USA, dann vor allem in Frankreich und (West-) Deutschland haben Studierende in den Folgejahren mit den Ideen eines Che Guevara gegen Unterdrückung und gesellschaftliche Missstände (Rassendiskriminierung), aber vor allem gegen überkommene Moralvorstellungen, Ungleichheiten in der Verteilung von Produktionsgütern und Kapital, gegen Krieg (Vietnam) und für einen besseren Bildungsaufstieg demonstriert und für ihre eigene Bildungseinrichtung, der Universität, grundlegende Reformen gefordert. Bezogen auf die Universitäten richten sich ihre Proteste gegen die etablierten Machtstrukturen der Professoren. Sie fordern eine zu den Hochschullehrern sowie Assistent/innen und Mitarbeiter/innen[7] gleichberechtigte Mitbestimmung an allen universitären Entscheidungsabläufen, die als Drittelparität in der Hochschulgesetzgebung verankert werden soll. Diese Proteste gehen mit weiteren bereits

---

[5] Die Rektoren „drohten mit Rücktritt von ihren Ämtern, sollten ihre Forderungen in der Hochschulreformdebatte auch weiterhin kein Gehör finden" (Rohstock, 2010, S. 139).

[6] „Das Reformwerk wurde in der dritten Lesung am 11. Mai 1966 mit nur einer Stimmenthaltung eines Abgeordneten der FDP verabschiedet" (Rohstock, 2010, S. 148).

[7] Assistent/innen und Mitarbeiter/innen haben ebenso ihr Recht auf Mitbestimmung eingefordert.

Die Hochschulreform in Hessen 101

Abb. 25: Kongress Wissenschaft und Demokratie in Marburg am 01.-02. Juli 1972 (Marburger Blätter, 1972)

vorgesehenen Reformen der Hochschulgesetzgebung in den Landesregierungen einher. Die *Studentenbewegung* erhöht durch ihre Proteste maßgeblich den Druck auf die Universitäten und Landesregierungen zu weiteren Reformen.[8]

Hier hat das *Hessische Universitätsgesetz* (HUG) von 1970 einen weitreichen Reformprozess auf den Weg gebracht, mit dem die Bildung von Fachbereichen, weitgehend drittelparitätisch besetzten Gremien, die Einführung eines Präsidialsystems und eine neue Personalstruktur verbunden war. Während die Studierenden und Assistent/innen sowie Mitarbeiter/innen das neue Hochschulgesetz im Prinzip begrüßen (Abb. 25),[9] ist

---

[8] Zur Studentenbewegung siehe Nassehi, 2018; Raulf, 2014.
[9] Zu dem Kongress kommen 1300 Teilnehmer/innen nach Marburg: „Ziel des Kongresses war es, dem bedrohlich anwachsenden Einfluß restaurativer bis reaktionärer Kräfte an den Hochschulen entgegenzuwirken und die dringend erforderliche Reform von Lehrformen und Inhalten im Sinne einer Demokratisierung und Humanisierung der Wissenschaft durchzusetzen" (Marburger Blätter, 1972, S. 15). Auf diesem Kongress hat sich erneut der *Bund demokratischer Wissenschaftler* konstituiert – ein Zusammenschluss kritischer und reformorientierter Wissenschaftler/innen –, der bereits 1968 in Marburg gegründet worden war und bis heute als Verein in Marburg eingetragen ist.

diesmal das Gesetzgebungsverfahren von massiven Protesten der amtierenden Rektoren und Professoren begleitet:[10]

> Die hessische Landesregierung und die Mitglieder des Landtages waren Adressaten warnender Fernschreiben der hessischen Rektoren und Zusammenschlüsse von Professoren, die quasi in letzter Minute die Verabschiedung des Hochschulgesetzes verhindern wollten.[11]

Wie bereits in den Beratungen zum HHG 1966 drohen auch diesmal alle vier hessischen Rektoren mit ihrem Rücktritt, sollte dieses Gesetz verabschiedet werden:

> Wie ernst diese Drohung zu nehmen war, verdeutlichten die Professoren in durchaus ungewöhnlicher Weise: In Anlehnung an ähnliche Demonstrationsformen ihrer Studenten stürmten 60 Ordinarien am 30. April 1970 in einem spektakulären Go-in den hessischen Landtag und konfrontierten die überraschten Abgeordneten mit ihrer massiven Kritik an dem Universitätsgesetz.[12]

Das Gesetz wird in einer dramatischen Nachtsitzung des Landtages – von Rohstock als „Nacht des Universitätsgesetzes" beschrieben – am 05. Mai 1970 verabschiedet.[13] Tatsächlich treten die Rektoren unmittelbar nach Verabschiedung des Gesetzes von ihren Ämtern zurück.[14]

---

[10] Ausdruck des massiven Protestes der Ordinarien gegen die Hochschulreform ist z.B. das *Marburger Manifest*, das am 17. April 1968 beschlossen und anfangs von 35 Marburger Professoren und in der Folge von rund 1500 Hochschullehrer/innen aus Marburg und nahezu allen Universitäten Westdeutschlands unterschrieben wird. Es richtet sich gegen die „Politisierung" und „Demokratisierung" durch eine gesetzlich verankerte studentische Mitbestimmung an hessischen Universitäten nach einem parlamentarischen Proporzsystems (siehe hierzu „Marburger Hochschullehrer beschließen Manifest gegen studentische Mitbestimmung an den hessischen Universitäten, 17. April 1968", *Zeitgeschichte in Hessen*, Abruf unter *https://www.lagis-hessen.de/de/subjects/idrec/sn/edb/id/4382*).

[11] Rohstock, 2010, S. 328.
[12] Rohstock, 2010, S. 329.
[13] Rohstock, 2010, S. 331. Das Gesetz wird gegen die gesamte Opposition mit der absoluten Mehrheit der SPD in der Regierung verabschiedet.
[14] Zwar tritt auch der Darmstädter Rektor zurück, aber seine Begründung ist nicht – wie bei den anderen drei Universitäten – dadurch motiviert, dass das Gesetz eine Gefahr für die Universitäten bedeutet, sondern weil die besondere Situation der TU nicht hinreichend berücksichtigt worden sei (vgl. Rohstock, 2010, S. 331).

Ohne diese Konfliktlinien der Hochschulreform in der gebührenden Differenziertheit in diesem Kapitel vorstellen zu können, zeigt die Analyse von Rohstock, dass es die „langen 60er Jahre" waren, die bereits in den 1950er- begonnen haben, sich in den 1970er-Jahren fortsetzten und schließlich zu einem Rollback führten.[15] Die *Studentenbewegung der 68er* war daher nicht Auslöser, wohl aber Katalysator der Reform, so die Erkenntnis aus der Studie von Rohstock, aber auch aus anderen Untersuchungen.[16] Welchen Anteil die Proteste der Studierenden an der Hochschulreform gehabt haben, ist durchaus umstritten und noch relativ wenig erforscht. Was bleibt, ist eine hoch emotional geführte gesellschaftskritische Debatte um die Reform der Universitäten, die von vielen Protesten, vor allem von Studierenden begleitet war.

Letztlich wird in Hessen, aber auch in den anderen Bundesländern je nach politischer Regierungskonstellation, eine Hochschulreform in Gang gesetzt, die in den 1970er-Jahren die Fakultäten, Fachbereiche und Institute neu strukturiert und sich in der Abkehr von der Humboldtschen Universitätsidee bis heute zu einer auf Zukunft gerichteten und zugleich ökonomisch verwertbaren Studien- und Forschungseinrichtung mit planbaren Studiengängen für den Markt sowie interessensgeleiteten Grundlagen- und Anwendungsforschungen entwickelt hat. Die Ökonomisierung der Universitäten ist seit dieser Hochschulreform unübersehbar.[17] Insofern ist die in den 1960er-Jahren begonnene Hochschulreform ein bis heute entscheidender Einschnitt in der Entwicklung der Universitäten.

Dies gilt auch für die *Institute für Leibesübungen*, die vielfach erst durch die Hochschulreform in die universitäre Struktur mit allen Rechten und Pflichten von Fakultäten und Fachbereichen eingebunden worden sind.[18] Auch das Marburger IfL hat seine bis dahin fakultäts- und fachbereichsfreie Zugehörigkeit zur Universität aufgeben müssen und erst durch die Zuordnung zu einem Fachbereich die vollen Rechte eines Universitätsinstituts erlangt (siehe Kap 7). In dieser *Sonderstellung* hat das Mar-

---

[15] Ebd.
[16] Vgl. Rohstock, 2010; auch Sargk, 2010.
[17] Vgl. Rybnicek, 2014; Borggräfe, 2019, Kaube, 2009.
[18] Die politischen Interessen der 68er haben zunehmend auch den Sport erfasst. Einen Rückblick auf diese Zeit findet sich in Güldenpfennig (2018a; 2018b; 2020) sowie Schulke (2018). Siehe auch die politische Argumentation der 68er in Schulke (1975, 72ff.).

burger Institut 50 Jahre Turnphilologen und Sportlehrer/innen, zeitweise auch Gymnastiklehrerinnen und freiberufliche Sportlehrer/innen, ausgebildet, Wettkämpfe organisiert und den freiwilligen Hochschulsport durchgeführt – und dies unter den unterschiedlichen politischen Bedingungen in der Weimarer Zeit, dem Nationalsozialismus, der Nachkriegszeit und nun in der Zeit der Reformen der 60er- und 70er-Jahre. Daher kann die Hochschulreform als Zäsur in der Institutsentwicklung beschrieben werden: 50 Jahre (1924–1974) Sonderstellung und 50 Jahre (1974–2024) Zugehörigkeit zu einem Fachbereich.[19]

6.2 Die Konfrontation der Institutsdirektoren mit der Hochschulreform

Ungeachtet dieser einsetzenden Reformen durch die Ministerien können die *Institute für Leibesübungen* mit ihren Direktoren und ihrem Zusammenschluss in der AID[20] bis über die Mitte der 1960er-Jahre hinaus zunächst relativ unbeeindruckt von Reformen ihre *Sonderstellung* an den Universitäten beibehalten und fortsetzen. Dabei sind sie keineswegs untätig hinsichtlich der wissenschaftlichen Anerkennung und Eingliederung in die Universitäten sowie der Studien- und Prüfungsgestaltung im Fach Sport oder auch in der Stärkung von Forschungsaktivitäten, wie die Arbeiten von Wolfgang Buss zur Bedeutung der AID für die Entwicklung der Sportwissenschaft zeigen (Abb. 26).[21] Die AID hat – bei aller Problematik der Einbindung namhafter Akteure in das nationalsozialistische Netzwerk – letztlich einen Identitätskern der Sportwissenschaft im Nachkriegsdeutschland begründet und im Einzelnen durch ihre Aktivitäten und Initiativen zur Verbesserung der Ausstattung der Institute beigetragen. Auch hat sie durch die Forcierung von Forschungs- und Publikationsaktivitäten einen Beitrag zur Sicherung der Institute an den Universitäten

---

[19] Vgl. Laging, 2023.
[20] Seit 1948 sind die Institutsdirektoren in der *Arbeitsgemeinschaft der Institutsdirektoren* (AID) organisiert und haben in diesem Rahmen ihre Vorstellungen zu Studien-, Forschungs- und Strukturfragen diskutiert, bis sie sich im Mai 1972 auflöst und in die ASH als Nachfolgeorganisation übergeht (vgl. Buss, 1985; Laging, in Vorbereitung).
[21] Vgl. Buss, 1985.

Abb. 26: Zweite Tagung der AID 1949 in Marburg (Nitsch, 1992)

geleistet, so die Einschätzung von Buss.[22] Dies soll an dieser Stelle nicht weiter bewertet und hinsichtlich des Beitrags der AID für die Anerkennung des Faches in den Universitäten diskutiert werden. Die AID spielt für die Entwicklung des Marburger Instituts ab der zweiten Hälfte der 60er-Jahre zwar indirekt über den Institutsdirektor Dr. Erich Lindner eine Rolle, aber weit bedeutender und direkter scheinen die oben skizzierten Reformanstrengungen der Landesregierung gewesen zu sein. Für die AID ist im Kontext der Hochschulreform und der studentischen Proteste ohnehin das Ende gekommen und ihre Auflösung unumgänglich geworden, zumal Forderungen nach einer Drittelparität in den Gremien für die Direktoren geradezu revolutionär erscheinen mussten, wie dies in den Diskussionen der ASS[23] und im Rahmen der ASH-Gründung[24] als Nachfol-

---

[22] Vgl. Buss, 1985.
[23] Die *Aktionsgemeinschaft der Studierenden der Sensomotorik* (ASS) ist ein Zusammenschluss von engagierten Sportstudierenden aus der studentischen Protestbewegung der 68er, die eine Reform der Sportlehrkräfteausbildung mit einem demokratischen Wissenschaftsverständnis fordern, das sie in der Sensomotorik verankert sehen. Eine Aufarbeitung der kurzen Geschichte der ASS steht noch aus.
[24] Die *Arbeitsgemeinschaft Sportwissenschaftlicher Hochschuleinrichtungen* (ASH) ist als Nachfolgeorganisation der AID zunächst am 26./27. November 1971 in Tübingen mit der Idee einer *Arbeitsgemeinschaft der Institute* (AdI) vorbereitet und dann am 26./27. Mai 1972 in Gießen als ASH gegründet worden. Briefe des Marburger Institutsdirektors Dr. Lindner und des Oberstudienrats Bernsdorff aus den Jahren 1970 und

georganisation der AID sichtbar wird. Das Marburger IfL ist in seiner 100-jährigen Geschichte immer wieder mit den eigenen Strukturen im Kontext politischer wie universitärer Entwicklungen konfrontiert und muss mit Umbrüchen und Neuentwicklungen umgehen.[25] Die gesellschaftspolitischen Ereignisse der Universitätsreform und *Studentenbewegung* zwischen 1965 und 1975 können als Umbruch in der Geschichte der Institute gewertet werden. Letztlich hat die Entwicklung der IfL zu universitären Einrichtungen auch die *Sportwissenschaft* als Wissenschaft maßgeblich mitgestaltet. Die Konflikte zwischen Studierenden und Wissenschaftlichen Mitarbeiter/innen und zwischen der AID und der Nachfolgeorganisation ASH haben diesen Prozess begleitet und nicht unerheblich beeinflusst. Dies lässt sich an den Aktivitäten der Akteure des Marburger Instituts anschaulich nachvollziehen, wie die nachfolgenden Ausführungen zeigen sollen. Daher ist das Marburger IfL ein passendes Fallbeispiel für die Rekonstruktion der 68er-Ereignisse und ihrer Folgen für die Entwicklung der *Institute für Leibesübungen* in Westdeutschland.

Mit dem neuen *Hessischen Hochschulgesetz* von 1966 ist die Aufforderung an die Universitäten mit ihren Instituten, Seminaren und wissenschaftlichen Einrichtungen verbunden, sich Satzungen zu geben. Damit soll die „Stellung der wissenschaftlichen Anstalten innerhalb der Hochschule"[26] geregelt werden. Dieser Paragraph betrifft nun unmittelbar die hessischen *Institute für Leibesübungen*.

Vor diesem Hintergrund schreibt der Marburger Institutsdirektor Dr. Erich Lindner am 27. September 1967 an die Direktoren in der AID und übersendet mit Bezug auf das HHG eine *Denkschrift,* die in Marburg „dem Satzungsausschuss als Arbeitsgrundlage dienen soll".[27] Er emp-

---

1971 (UniA MR, 308/19, 112; UniA MR, 308/19, 25) zeigen, dass die AID in dieser Zeit für die Institutsentwicklung immer noch eine Bedeutung hat, obwohl bereits eine Nachfolgeorganisation in Vorbereitung war. Die ASH bildet zwar bis zur formalen Auflösung im August 1976 die Organisation, die die sportwissenschaftlichen Institute an den Universitäten vertritt, sie ist allerdings nie zu einer anerkannten und durchsetzungsfähigen Organisation geworden. Vielmehr ist sie unter dem Anspruch der Hochschulreform mit ihrer drittelparitätischen Mitbestimmung mit sich selbst befasst und dadurch von Anfang an über weite Strecken arbeitsunfähig gewesen (vgl. Laging, in Vorbereitung). Siehe dazu Kap. 9.

[25] Vgl. Bernsdorff, 1977a; Priebe, 2018, 2019b und 2023a; Joch, 2020. Siehe Kap. 3-5.
[26] HHG, § 6.
[27] UniA MR, 308/19, 27. Diese *Denkschrift* von Lindner aus dem Jahr 1967 folgt möglicherweise der Idee der *Göttinger Denkschrift* des damaligen Institutsleiters Bernhard

fiehlt die Denkschrift zugleich der AID für den in Stuttgart zu bildenden Arbeitskreis *Neustrukturierung der Institute für Leibesübungen*. Dabei erwähnt Lindner, dass die Denkschrift nur von den „spezifischen Aufgaben der IfL" ausgeht und die Studienreform außen vorlässt.[28] Hier wird bereits deutlich, wie stark die Hochschulreform die Aktivitäten der AID überholt hat. Die Länder gehen in ihren neuen Hochschulgesetzen recht unterschiedliche Wege, sodass die Institute viel stärker in ihrer Universität klären müssen, wo sie ihre Anbindung und Etablierung finden können. Die AID verliert allein aufgrund dieser neuen hochschulpolitischen Bedingungen an Einfluss auf die Struktur der Institute in den einzelnen Hochschulen und Ländern.

Interessant an der Denkschrift[29] ist das dargelegte Selbstverständnis des Faches. In einem kurzen Abriss zur Geschichte der Institute bis in die 1960er-Jahre hinein wird die fehlende Anerkennung als universitäres Fach in der Nachkriegszeit beklagt. Dabei wird die vorausgegangene nationalsozialistische Zeit fast anerkennend gewürdigt:

> In den 30er Jahren haben die Leibesübungen eine weitere Entwicklung und biologische Begründung erfahren, sind jedoch durch den Nationalsozialismus z.T. politisch akzentuiert und zu einer Überbewertung geführt worden.[30]

Angesicht der totalen Vereinnahmung des Sports und Schulsports durch den Nationalsozialismus zeigt diese Aussage, wie wenig zu diesem Zeitpunkt der Sport des NS-Regimes reflektiert worden ist.[31] Lindner bemängelt nun angesichts der sich abzeichnenden Hochschulreform die fehlende Eingliederung der Institute in den Lehrkörper der Hochschulen:

> An vielen Universitäten stehen die Lehrkräfte noch außerhalb der Fakultäten; an den Pädagogischen Hochschulen dagegen, die modernen Bestrebungen aufgeschlossener gegenüber zu stehen scheinen, hat sich die Ein-

---

Zimmermann aus dem Jahr 1928, in der es ebenfalls um die Ausbildung von Turn- und Sportlehrern an Universitäten ging (vgl. Buss, 2009, S. 291ff.).
[28] Ebd.
[29] UniA MR, 308/19, 47.
[30] Ebd.
[31] Vgl. Bernett, 2017; Peiffer, 1987 und 2012.

gliederung in den Lehrkörper der Hochschule bereits weitgehend vollzogen [...].[32]

In seiner Denkschrift hebt er darauf ab, dass die Leibesübungen „eine enge Beziehung zu den anthropologischen Grundwissenschaften" aufweisen, insbesondere in die Erziehungswissenschaften eingebunden sein müssen, um das „Wesen der Leibesübungen" erfassen zu können.[33] So heißt es: „Die Leibesübungen bilden einen in sich geschlossenen Erkenntnisbereich, der von den genannten Einzelwissenschaften nicht voll erfasst werden kann".[34]

Damit möchte Lindner die Eigenständigkeit der Leibesübungen als Wissenschaft mit ihren je eigenen Fragestellungen stärken und sie nicht den Einzelwissenschaften wie der Medizin, Bewegungslehre, Geschichte, Soziologie, Psychologie oder Biologie überlassen. Er befürwortet in seiner Denkschrift die Eingliederung in die damals noch existierende *Philosophische Fakultät* der Universität Marburg. Lindner rückt damit die geisteswissenschaftliche Orientierung der Leibesübungen in den Mittelpunkt, obwohl er selbst als Physiker eine rein naturwissenschaftliche Forschung zur menschlichen Bewegung betreibt und dies auch in seiner Denkschrift darlegt. Insofern scheint es ihm aus der begrenzten Perspektive einer analytischen Bewegungslehre notwendig zu sein, in einem Verbund unterschiedlicher Wissenschaften zu arbeiten, der zugleich die Möglichkeit bietet, größere wissenschaftliche Arbeiten zu betreuen.

Hier wird die Begrenzung des Instituts durch die Sonderstellung noch einmal deutlich. Im Institut hat Lindner als Direktor und zugleich habilitierter Wissenschaftler keine Möglichkeit, den wissenschaftlichen Nachwuchs zu fördern. Da eine Eingliederung in die *Philosophische Fakultät* nicht so schnell möglich scheint und sich zu diesem Zeitpunkt schon die nächste Hochschulreform von 1970 mit der Bildung von neuen Fachbereichen abzeichnet, schlägt er einen Senatsausschuss mit Vertretern aus Einzelwissenschaften vor, der das Promotions- und Habilitationsrecht erhält und dem Institutsdirektor das Recht zur Abnahme von Promotionsprüfungen einräumt. Dieser Vorschlag ist beim Satzungsausschuss der Universität offenbar auf keine Resonanz gestoßen, sodass es zunächst bei

---

[32] UniA MR, 308/19, 47.
[33] Ebd.
[34] Ebd.

der *Sonderstellung* des Instituts bleibt. Letztlich wird die Eingliederung in einen Fachbereich mit allen Rechten eines wissenschaftlichen Faches erst im Rahmen des neuen HUG von 1970 auf den Weg gebracht und im IfL erst 1974 umgesetzt (siehe Kap. 7).

6.3 Mitbestimmung und Drittelparität – die Konstituierung des Institutsbeirats

Mit dem HHG von 1966 sollen alle fakultätsfreien Einrichtungen als *Wissenschaftliche Anstalten* mit eigenen Ordnungen rechtlich in der Universität abgesichert werden. In diesem Kontext der Reform beginnt nun auch die Politisierung am Marburger IfL mit der aktiven Rolle der Assistenten, Mitarbeiter/innen und Studierenden zur Frage der zukünftigen Gestaltung des Instituts. Walter Bernsdorff,[35] ein gewerkschaftlich engagierter Mitarbeiter, richtet in dieser Anfangszeit der Hochschulreform seine Aktivitäten auf die so genannten *Wissenschaftlichen Anstalten*, die nach HHG auch das IfL betrafen. Danach soll das IfL zukünftig als *Wissenschaftliche Anstalt* dem Senat und dem Direktorium[36] der Universität unterstehen. Um Mitbestimmungsmöglichkeiten zu schaffen, soll das IfL – wie alle fakultätsfreien Einrichtungen – eine *Anstaltsversammlung* gründen, sich eine *Anstaltsordnung* geben und die Bildung von studentischen Fachschaften für die Vertretung in den Gremien fördern.[37]

Briefe und Arbeitspapiere zeigen, dass nun die Phase der aktiven Mitbestimmung unter den Mitarbeiter/innen begonnen hat. Zwei Jahre nach In-Kraft-Setzung des HHG rühren sich nun die bisher zu „leibeigenen

---

[35] Walter Bernsdorff hat seit dem Wintersemester 1951/52 an der Universität Marburg die Fächer Leibeserziehung, Germanistik, Geschichte und Sozialkunde studiert, anschließend im Studienseminar in Marburg seinen Vorbereitungsdienst für das Lehramt an Gymnasien absolviert und war seit 1959 als Wissenschaftlicher Assistent in der Position eines Oberstudienrats im Hochschuldienst am *Institut für Leibesübungen* bis zu seinem Ausscheiden in den Ruhestand 1991 tätig.
[36] Als Folge des HHG von 1966 besteht die Leitung der Universität von 1969 bis 1971 nicht mehr aus einem jährlich wechselnden Rektor, sondern aus einem gewählten dreiköpfigen Direktorium. Erst mit dem HUG von 1970 übernimmt ab 1971 ein Präsidium die Leitung der Universität.
[37] UniA MR, 308/19, 24.

Knechten"[38] degradierten Assistent/innen souverän und selbstbewusst als Akteure mit eigenen Interessen.

In seiner Rolle als Assistent des Marburger Direktors schreibt Bernsdorff Mitte Juni 1968 an Dr. Peter Röthig in Tübingen, um die Teilnahme von sechs Kolleg/innen an der Versammlung der Assistent/innen in Bonn mitzuteilen und einen Marburger Beitrag anzukündigen, der teilweise mit dem Institutsdirektor abgestimmt sei. Es geht durchweg um Fragen der Beteiligung von Assistent/innen und Mitarbeiter/innen an der Institutsentwicklung. Im ersten Punkt seines Briefes wird die AID angesprochen, die in der bisherigen patriarchalen Form nicht mehr haltbar scheint. Bernsdorff schreibt:

1. „Zusammenarbeit, d.h. auch Beteiligung an den AID-Tagungen, anzustreben als optimale Lösung 1/3 akademische Mitarbeiter";[39]
2. „Kontaktaufnahme der ASS. Vereinigung mit den Fachschaften ‚Sport' oder ‚Leibeserziehung'. Das würde bedeuten, daß u.U. an unseren Sitzungen zu einem späteren Zeitpunkt auch Studenten teilnehmen".[40]

Auch wenn hier noch sehr vorsichtig argumentiert wird, scheint die Richtung doch eindeutig vorgegeben zu sein. Es geht um die Beteiligung und Zusammenarbeit von Assistent/innen und Studierenden mit den Direktoren unter der Voraussetzung tatsächlicher Mitbestimmung. Im Sommersemester 1968 bildet sich daher am Marburger Institut ein Koordinierungsausschuss zwischen *Assistentenkonferenz* und *Studentenschaft*, im November 1968 findet die erste Vollversammlung der Sportstudierenden in Marburg statt, der im Januar 1969 gleich die zweite folgt.[41] Die Kollaboration von Mitarbeiter/innen und Studierenden ist zunächst einmal darauf gerichtet, die bisherigen Strukturen des Instituts im Sinne der Hochschulreform zu verändern und aktiv an der Institutsentwicklung hinsichtlich der materiellen und personellen Ausstattung und der Studiengestaltung mitzuwirken. Auf der Grundlage des Hochschulgesetzes von 1966 sind für wissenschaftliche Einrichtungen und Institute Anstaltsordnungen vorgesehen, die die Institute zu Satzungen veranlassen, in denen

---

[38] Rohstock, 2010, S. 62.
[39] UniA MR, 308/19, 133.
[40] Ebd.
[41] Chronologie der Ereignisse an der Universität Marburg (IfSM-Archiv, Bestand Walter Bernsdorff).

die Organe eines Instituts und die Zusammensetzung von Gremien sowie die Befugnisse und Entscheidungsfindung geregelt werden.

Während der Institutsdirektor Dr. Lindner im März 1969 seine Kollegen in der AID um Rückmeldung bezüglich möglicher Anstaltsordnungen bittet,[42] liegen bereits erste Entwürfe der Assistenten und Mitarbeiter/innen vor. Im Vergleich zu der bis Anfang 1969 praktizierten *Alleinherrschaft* des Institutsdirektors[43] ist das, was nun folgt, eine ziemliche Umwälzung der Entscheidungs- und Mitbestimmungsbefugnisse im Institut. Die neue Satzung sieht neben einem Direktor einen *geschäftsführenden Assistenten*, einen *Institutsbeirat* (IB) und eine *Institutsvollversammlung* (IVV) vor. Im Mittelpunkt der neuen Struktur steht der *Institutsbeirat*, dem neben dem Direktor „alle Mitglieder des Lehrkörpers" angehören.[44] Die „Studierenden des Faches Leibeserziehung" erhalten laut Satzung drei Sitze als Mitglieder im IB. Ihre Forderungen gehen jedoch darüber hinaus, allerdings werden die Anträge auf Satzungsänderung mit der Festlegung auf vier oder fünf stimmberechtigte Mitglieder mehrheitlich von den Mitarbeiter/innen und dem Direktor abgelehnt. Hinzu kommen ein nichtwissenschaftlicher Angestellter und eine Vertretung des Sportreferats.[45] Später nehmen jedoch regelmäßig vier studentische Vertreter/innen an den Sitzungen teil. Das Sportreferat hat Stimmrecht bei allen Fragen des Studierenden- und des Leistungssports. Der *Institutsbeirat* entscheidet über nahezu alle inhaltlichen Belange des Instituts (Lehre, Prüfungen, Forschungen, Haushalt, Fortbildungen, Personalfragen, Geschäfts- und Hausordnungen, Studierenden- und Leistungssport).[46] Der Vorsitz wird aus der Mitte der IB-Mitglieder gewählt. Ein wichtiges In-

---

[42] UniA MR, 308/19, 47.
[43] Offiziell gibt es bis dahin keine Gremien, in denen Angelegenheiten des Instituts diskutiert, protokolliert und Entscheidungen getroffen werden. Lindner trifft sich immer freitags mit seinen Mitarbeiter/innen und Assistenten zu internen Gesprächen, um Themen und Fragen zum Studium oder zur Forschung von Lindner zu besprechen. Oft ist dies mit einem gemeinsamen Kaffeetrinken oder auch gemeinsamen Sporttreiben verbunden (so die Beschreibung im Interview mit Walter Bernsdorff am 16. November 2021)
[44] UniA MR, 308/19, 25; UniA MR, 308/19, 121. In den Jahren von 1969 bis 1974 gehören zwischen acht und zehn Mitarbeiter/innen und Assistent/innen zum *Lehrkörper*.
[45] Ebd.; UniA MR, 308/19, 47.
[46] Die Entscheidungen des IB haben nach dem HHG zwar nur einen beratenden Charakter, aber faktisch haben sich alle Verantwortlichen im IfL an die Beschlüsse gehalten.

strument der Mitbestimmung sind die *Ständigen Ausschüsse* (wie Personal- und Haushaltsausschuss) und die Ausschüsse auf Zeit zur Klärung institutsspezifischer Fragen.

Diese für die bisherige Institutsverwaltung und -leitung völlig neue Situation hat sich zwar seit dem HHG von 1966 angedeutet, hat aber erst seit Anfang 1969 mit der Verabschiedung der Satzung und der Gründung des *Institutsbeirats* Bedeutung erlangt. Als Folge der neuen Satzung mit weitreichenden Mitbestimmungsmöglichkeiten für die Mitarbeiter/innen und Studierenden sind regelmäßig kontroverse, hitzige und häufig lang andauernde Sitzungen entstanden. Immer wieder wird der erste Satzungsentwurf von 1968 diskutiert, in Teilen abgelehnt bzw. angenommen und mehrfach in den Folgejahren modifiziert und revidiert.[47]

Zum Selbstverständnis des IB gehört es in den ersten Jahren, dass ein studentisches Mitglied den Vorsitz übernimmt, für die Stellvertretung wird in aller Regel einer der Lehrenden gewählt.[48] Überhaupt gibt es in den ersten drei Jahren des Beirats kaum eine Sitzung, in der es nicht um die Wahl des/der Vorsitzenden geht, weil durch Rücktritt oder Auslandsemester der Studierenden ständig der Vorsitz wieder vakant wird. Oft müssen auch Wahlen deswegen neu angesetzt werden, weil sich unter den Mitarbeiter/innen niemand zur Übernahme dieser Aufgabe bereit erklärt.

Ab Oktober 1969 zeigen die Sitzungsprotokolle, wie ausführlich und konflikträchtig alle anstehenden Themen diskutiert werden. Ein exponiertes Beispiel aus der Anfangszeit ist der Haushaltsstreit um den freiwilligen Hochschulsport. Institutsdirektor Lindner möchte die Gelder aus dem Studierendensport in die Kompetenz des Instituts eingeordnet sehen, Sportreferent Franz Nitsch[49] droht daraufhin mit einem Rechtsstreit, was

---

[47] Ebd.
[48] Bei der studentischen Vertretung handelt es sich bis auf eine Studentin durchweg um Studenten. Auch bei der Stellvertretung sind es durchweg Mitarbeiter des Instituts, die sich zur Wahl stellten. Ohnehin sind zu dieser Zeit am Institut bis auf zwei Frauen nur männliche Kollegen als Lehrende tätig.
[49] Franz Nitsch hat von 1966 bis 1970 in Marburg Sport und Geschichte für das Lehramt an Gymnasien studiert. Hochschulpolitisch hat er sich im *Arbeitskreis für Fragen der Hochschulpolitik* (AfFH) engagiert und war von 1968 bis 1970 Mitglied des fünften und sechsten Studierendenparlaments und stellvertretender Vorsitzender des Ältestenrates. Während und nach seinem Studium hat er sich im Marburger IfL und später im ADH für den Studentensport eingesetzt und ist dort sportpolitisch tätig gewesen.

schließlich zur Bildung eines Ausschusses führt, der die Zuständigkeiten für die Gelder klären soll.[50] Dieser Haushaltsstreit wird in der Dezembersitzung 1969 fortgesetzt und zugunsten des Studierendensports vor allem durch das Votum der Studierendenvertreter und einiger Mitarbeiter/innen entschieden. Überhaupt ist die Dezembersitzung von 1969 ein Beispiel für das Ringen um die Verteilung von Mitteln für Sportgeräte, Tutorien, Hilfskraftstellen, Verbrauchsmaterialien, Telefon, Bücherbeschaffung, Fahrtkostenerstattung, Exkursionen, Forschungsgeräte u.v.m.[51] Dieses Sitzungsprotokoll dokumentiert – wie viele andere aus den Jahren 1969 bis 1972 – einen typisch zirkulären Sitzungsverlauf aus Bericht, Diskussion, Antrag, Abstimmung oder Verweis in einen Ausschuss, der sich in nahezu allen Tagesordnungspunkten wiederholte. Dabei gehen die Diskussionsbeiträge, Antragstellungen, Ausschussbeantragungen mehrheitlich auf Aktivitäten der studentischen Vertretungen zurück.

Auf Seiten der Studierenden steht von Anfang an die Frage der Mitbestimmung und die Durchsetzung ihrer Interessen im Mittelpunkt der Diskussion. Im Kern geht es um die *Demokratisierung* von Entscheidungsprozessen in der Universität und ihren Fakultäten, Fachbereichen und Instituten. Wie hart diese Auseinandersetzungen geführt werden, zeigen die kontroversen Debatten in den Beiratssitzungen, im *SPORT INFO*[52] und den Institutsvollversammlungen. Deutlich wird dies besonders an Konflikten zwischen dem Institutsdirektor und den Studierenden. Im Dezember 1970 stellt ein studentischer Vertreter im IB den Antrag auf Rücktritt des Institutsdirektors. Dieser Antrag wird am Brett der *Fachgruppe*[53] öffentlich gemacht. In der Aprilsitzung 1971 bittet der Institutsdirektor den IB um Abstimmung darüber, ob er eine Veranlassung gehabt hätte, zwischen dem Anschlag am Brett und dem Antrag auf Rücktritt einen Zusammenhang zu sehen, was der Beirat mehrheitlich bejaht. In einer zweiten Frage will der Direktor schließlich geklärt wissen, ob der Antrag auf Rücktritt und der Anschlag am Brett im Sinne einer guten Zusammenarbeit zu sehen sei, was von der Mehrheit des IB verneint wird.[54] Einen Monat später, im Mai 1971, möchte der Institutsdirektor

---

50 UniA MR, 308/19, 121.
51 Ebd.
52 Dies ist das Mitteilungsblatt der organisierten Studierendenschaft.
53 Die Bezeichnung *Fachgruppe* steht für die studentische Fachschaft.
54 UniA MR, 308/19, 121.

eine Erklärung von den studentischen Vertretern zu den Ausführungen in Heft 1/71 des *SPORT INFO* (Abb. 27).[55] Es geht um die ersten Fachbereichswahlen im Jahr 1971 an der Universität Marburg nach dem neuen HUG von 1970. Die Studierenden problematisieren in dem Text, dass sie an den Gremienwahlen nicht teilnehmen können, weil das Institut keinem Fachbereich angehört. In diesem Zusammenhang wird auf die nicht ausreichende Vertretung von Studierenden im *Institutsbeirat* verwiesen, denn den drei studentischen Vertretern stehen der Institutsdirektor, zehn Assistenten und Mitarbeiter/innen sowie ein Angestellter der Verwaltung gegenüber. Hierauf bezogen heißt es im *SPORT INFO Nr. 1/71* der Fach- und Basisgruppe:

> […] von dieser unmöglichen Zusammensetzung einmal abgesehen, stellt der IB nur ein scheindemokratisches Deckmäntelchen dar, denn die Entscheidungen werden weiterhin von dem allmächtigen Instituts-Direktor ganz allein getroffen, was auch ständig von der Institutsleitung praktiziert wird.[56]

Im weiteren Text des Info-Heftes geht es um die Frage der Mitbestimmung:

> Von der Arbeitsunfähigkeit des IB, der zu einer Stätte persönlicher Be- und Entschuldigungen degradiert worden ist, ganz zu schweigen! Welche Möglichkeiten haben wir, diesen unmöglichen Zustand zu ändern? Uns kann es nur darum gehen, an einen Fachbereich angeschlossen zu werden oder einen eigenen Fachbereich zu bilden, um die vom HUG garantierte Mitbestimmung […] wahrzunehmen […]. Brecht die Macht des allmächtigen Institutsdirektors!!! Kämpft gegen die unhaltbaren Zustände und für eine demokratische Mitbestimmung der Studierenden!!![57]

Die Forderung einer Drittelparität hat die Hochschulreform Ende der 1960er-Jahre maßgeblich bestimmt. Auch wenn im HUG von 1970 letztlich keine durchgängige Drittelparität für alle Gremien verankert worden ist, so haben die Studierenden – und auch die Wissenschaftlichen Mitar-

---

[55] Ebd.
[56] Ebd.
[57] UniA MR, 308/19, 25.

Mitbestimmung und Drittelparität – die Konstituierung des Institutsbeirats

*Abb. 27: Das SPORT INFO Nr. 1, Wintersemester 1971/72
als Beispiel des studentischen Mitteilungsblatts*

beiter/innen – im Vergleich zum bisherigen Status weitreichende Mitbestimmungsmöglichkeiten erhalten; in vielen Gremien hat es Anfang der 1970er-Jahre bis zum Urteil des Bundesverfassungsgerichts im Mai 1973[58] eine Drittelparität gegeben. Da diese Forderung der Studierenden nicht vollständig berücksichtigt worden ist, haben sie aus Protest ihre Mitwirkung an dem Gesetzgebungsverfahren zurückgezogen.

6.4 Reform der Lehre – die Kritik der Studierenden

Neben der Forderung nach Mitbestimmung in den Institutsgremien richtet sich der Protest gegen die bis dahin als selbstverständlich angesehenen Inhalte und Formen der Lehrveranstaltungen. Studiert wird vor allem in der Sportpraxis mit einer Fachmethodik bei einschlägigen Sportlehrkräften und mit entsprechenden Leistungs- und Fertigkeitsanforderungen.[59] Hinzu kommen Vorlesungen und Seminare des Institutsdirektors und von Assistenten. Ein wesentlicher Hebel zur Veränderung der Lehre als Teil der Hochschulreform sind die Tutorien. Bereits im Februar 1970 berichtet ein studentischer Vertreter aus der Fachgruppenvollversammlung über Forderungen der Studierenden zur Einrichtung von Tutorien. Im Protokoll heißt es: „Inhalt eines Tutoriums wird nach Vorschlägen des Tutors von den Teilnehmern bestimmt. Unabhängigkeit des Tutoriums von der Institutsleitung soll gewahrt bleiben."[60]

Hieraus entsteht in dieser und in vielen Folgesitzungen des IB eine Grundsatzdiskussion über die Anerkennung von schriftlichen Arbeiten im Rahmen der Zulassung zum Staatsexamen. Im November 1970 wird im IB einem Antrag aus der Institutsvollversammlung stattgegeben, der eine halbparitätische Besetzung des *Tutorenausschusses* verlangt, also eine Besetzung mit zwei Studierenden, einem Assistenten und dem Direktor des Instituts. Zugleich wird in dieser Sitzung über eine studentische Vertretung der Antrag aus der Institutsvollversammlung zu *autonomen Seminaren* eingebracht und durch den *Institutsbeirat* genehmigt:

---

[58] In diesem Urteil sind die Mehrheitsverhältnisse zugunsten der Hochschullehrenden für die unterschiedlichen Gremien festgelegt worden.
[59] Diese Beschreibung der Studieninhalte findet sich auch in den Interviews mit ehemaligen Marburger Sportstudierenden in der Zeit der Hochschulreform. Zu den Interviewten gehören Erich Heine, Franz Nitsch und Kurt Faust.
[60] UniA MR, 308/19, 121.

> Wir fordern autonome Arbeitsgruppen, um den Studenten die Möglichkeit zu geben, außerhalb der ausgeschriebenen Lehrveranstaltungen selbständig und wissenschaftlich zu arbeiten. Damit soll das Bedürfnis der Studierenden nach selbständiger Behandlung spezifischer Problemkreise nachgekommen werden.[61]

Mit einem weiteren Antrag eines studentischen Vertreters wird festgelegt, dass die autonomen Seminare als planmäßige Lehrveranstaltung die Aufgabe haben, die „Selbstorganisation des Studiums zu vermitteln".[62] Im Wintersemester 1970/71 werden die ersten autonomen Seminare angeboten. Im studentischen Protokoll der 3. Sitzung des autonomen Seminars *Beiträge zur Soziologie der Leibesübungen* heißt es:

> Wir einigten uns darauf, einen Versuch zu machen, den Ideologiecharakter der herkömmlichen LE aufzuzeigen
> a) An Hand der Theorien der LE, wie sie sich in den in der Literaturliste […] angegebenen Schriften darstellen […]. Dies solle in zwei Schritten vor sich gehen: 1. durch immanente Kritik, 2. durch soziologische Kritik.[63]

Das autonome Seminar legt am Ende des Wintersemesters einen gut 100-seitigen Projektbericht mit den Einzelarbeiten der Arbeitsgruppen vor.

Neben der Initiative zur Durchführung eigener Seminare und Tutorien gibt es besonders heftige Kritik an Vorlesungen und Seminaren des Institutsdirektors, z.B. an Themen zur *Soziologie des Sports*, zur *Entwicklung und Strukturformen der Kampfspiele* sowie zum Seminar *Moderne Spieltheorien*. An dieser Kritik wird die Position der Studierenden besonders deutlich. Dies soll an der Vorlesung *Die modernen Spieltheorien* des Institutsdirektors kurz nachgezeichnet werden.

Die schriftlich vorgelegte Kritik beginnt mit dem Satz: „Diese Vorlesung ist eine merkwürdige!"[64] In der Kritik heißt es:

---

[61] Ebd.
[62] Ebd.
[63] Ebd.
[64] Bestand Erich Heine. Unterzeichnet ist das Papier von der *Fach- und Basisgruppe* am IfL, geschrieben hat es Erich Heine, der damals in Marburg Sport, Geschichte und Politikwissenschaft studierte und zum Zeitpunkt der formulierten Kritik sein fünftes Semester absolvierte.

Dr. Lindner genügt dem Thema, indem er die Spieltheoretiker referiert. Aber um diese Genügsamkeit zu verdecken, spart der Referierende nicht mit pathetischen Bekenntnissen zu eben jenen Ansichten des Autors, oder er distanziert sich vage von ihnen. [...] So mischt sich sachlich Vorgetragenes munter mit Subjektivem, da hält der Referent inbrünstig Zwiesprache mit dem zu Referierenden, und so kommt es, dass der verwirrte Hörer nicht weiß, was von wem und bei wem wo einzuordnen ist.[65]

Mit Bezug auf die Spieltheorie von Groos, die in der Kritik in den Kontext des Sozialdarwinismus gestellt wird, heißt es:

Die Aufgabe der Schulung eben jener Stärke wird von Groos dem Spiel zugeschrieben. Da aber die Autonomie der Individuen in der kapitalistischen Gesellschaft – und das ist die unsere doch wohl – nicht abhängig ist von ihrer so erworbenen Lebenstüchtigkeit, sondern von ihrem Verhältnis zu den Produktionsmitteln, erscheint die Groos'sche Spieltheorie im Lichte der Ideologie. Erst die historische Ableitung solcher Spieltheorien und deren kritische Erörterung und Einordnung hätte die Vorlesung vom Niveau reiner Faktendarstellung und subjektiver Ergüsse wegbringen können.[66]

Aus dieser Kritik und der fortgesetzten Diskussion um andere Inhalte und Formen in den Lehrveranstaltungen entstehen ab dem Wintersemester 1971/72 die so genannten *Grundarbeitskreise* (GAK), die sowohl von Studierenden als auch von Assistenten gehalten wurden. Im *Erstsemester-Info* zum Wintersemester 1971/72 wird gesondert auf die Funktion dieser GAK hingewiesen:

[Sie sind eingeführt worden, d. Verf.] um auch eine personelle Absicherung der Auseinandersetzung mit der bürgerlichen Wissenschaft in unserem Fach durchzusetzen, d.h. gesellschaftsbezogene Studienelemente in den Studiengang aufzunehmen.[67]

Damit wird die politische Stoßrichtung der Fachgruppenvertreter/innen noch einmal deutlich: Es geht um einen Demokratisierungsprozess, der allen Statusgruppen einer Universität die gleichberechtigte Beteiligung an

---

[65] Ebd.
[66] Ebd.
[67] UniA MR, 308/19, 25.

Entscheidungen in Gremien und die inhaltliche Mitwirkung an der Lehre zugesteht. Im Marburger *Institut für Leibesübungen* lassen sich diese Entwicklungen gut rekonstruieren; sie geben somit einen Einblick in den Studienalltag in der Zeit der Hochschulreform.

6.5 Sportlehrer/in werden – für welchen Sport und welche schulische Praxis?

Im *SPORT INFO Nr. 1/71* heißt es unter der Überschrift „Sportlehrer??":

> Solange Seilchenhüpfen, Tanzbeinschwingen, eine hübsche Radwende, ein exakter Schwimmstil oder ein ordentlicher ‚Bums' die Schwerpunkte unserer Ausbildung sind, solange nur in dieser Beziehung ausgebildete Übungsleiter uns zu ‚Leibeserziehern machen', solange kann niemand Schülern ehrlich gegenübertreten. Das bedeutet nur Althergebrachtes unreflektiert übernehmen, ohne sich über die Berechtigung und die Funktion des Sports in der Gesellschaft im klaren zu sein. Das heißt, willige, unkritische Bürger für die Interessen der bestehenden Gesellschaftsordnung – bereit und willig für und zur Ausbeutung – zu drillen.[68]

Interessant ist nun, dass die Position der Studierenden mit dem damals entstehenden Theoriegebäude der Sensomotorik begründet wird. Die *Fach- und Basisgruppe Sport* des Marburger Instituts zieht die theoretischen Grundlagen und Argumentationen der *Aktionsgemeinschaft der Studierenden der Sensomotorik* (ASS) heran, die vor allem in Berlin, Hamburg und Bremen zu dieser Zeit entstehen und einen alternativen wissenschaftlichen Zugang zum Sport in der Gesellschaft ermöglichen sollen (Abb. 29). Es geht – um es ganz knapp zu sagen – um die sensomotorische Funktion und Steuerung der sportiven Bewegung im Kontext gesellschaftlicher Interessen.[69]

Die Heftigkeit der Auseinandersetzung um die Reform zeigt sich in einem Beitrag von Sportstudierenden in einer Sonderausgabe der Oberhes-

---

[68] Fachgruppen-Info, Nr. 1/71 (IfSM-Archiv, Bestand Walter Bernsdorff).
[69] Die ASS bezieht sich von Anfang an auf Dieter Ungerer und Felix von Cube. Die Grundlagen zur Sensomotorik finden sich in Ungerer (1977) sowie v. Cube (1971); auch in Daugs (1972).

Abb. 28: *Studentische Kritik am IfL in einer Sonderausgabe der Oberhessischen Presse zum Hessentag 1972 (Ausschnitt; IfSM-Archiv, Bestand Walter Bernsdorff)*

sischen Presse zur 750-Jahrfeier Marburgs und dem damit verbundenen Hessentag vor gut 50 Jahren. In der Ausgabe vom 16. Juni 1972 schreibt ein Autorenkollektiv von fünf Sportstudierenden des Marburger Instituts einen Beitrag zu „Sportlehrerausbildung und Emanzipation" (Abb. 28). In der Einleitung des Beitrags wird die vorherrschende Praxis angeprangert:

> Die sozialen, historischen und politökonomischen Bedingungen, unter denen Sport stattfindet und gelehrt wird, sind fast nie Gegenstand wissenschaftlicher Betrachtungen gewesen.[70]

Die alte Leibeserziehung wird als ideologisch überformt und unkritisch gegenüber gesellschaftlichen Verhältnissen dargestellt. Mit Bezug auf den hessischen Kultusminister von Friedeburg rückt das Autorenkollektiv das Lernziel *Emanzipation* in den Vordergrund der Sportlehrkräfteausbildung. Dabei wird mit Bezug auf das *Institut für Leibesübungen* festgestellt, „daß der größte Teil des Lehrkörpers am IfL Marburg nie die Fähigkeit erworben hat, Praxis kritisch anhand der Theorie zu reflektieren",

---

[70] „Sportlehrerausbildung und Emanzipation", Oberhessische Presse, 16. Juni 1972, Hessentag (IfSM-Archiv, Bestand Walter Bernsdorff).

da man „aufgrund des ideologischen Selbstverständnisses Sportpraktiker als ausreichend für die Ausbildung erachtete".[71]

Dieser Vorwurf geht zurück auf vielfache Anschuldigungen im *Institutsbeirat* oder in den *Fachgruppen-Infos* gegen den Institutsdirektor Dr. Lindner, der über Jahre hinweg eine falsche Personalpolitik betrieben und nur im Sinne der Studienstruktur der AID die Stellen mit Praktiker/innen besetzt habe. Dieser Vorwurf kann in gewisser Weise mit Aussagen aus den Interviews mit Walter Bernsdorff und Franz Nitsch zur Geschichte des Instituts in den 1960er- und 70er-Jahren bestätigt werden.[72]

Abb. 29: Die Zeitschrift der ASS (UniA MR, 308/19, 128)

Bis Ende 1972 gehen die Diskussionen in den Beiratssitzungen des Instituts sowie in der Presse, in einzelnen Stellungnahmen und den Fachgruppen-Mitteilungen im *SPORT INFO* über das Selbstverständnis des Sportlehrerberufs mit z.T. scharfer Kritik der Studierendenvertretung weiter. Die Lehrenden der Sportpraxis und besonders der Institutsdirektor müssen sich immer wieder der massiven Kritik der Studierenden stellen.[73] Es geht um ein kritisches Wissenschaftsverständnis, das die Sportpraxis und die mit ihr verbundene Wissenschaft im Kontext kapitalistischer Produktionsprozesse kritisch reflektiert und mit einer umfassenden Gesellschaftskritik verbindet. Vor diesem Hintergrund lässt sich resümieren, dass sowohl die Lehrenden als auch die Inhalte des Sportstudiums Anfang der 1970er-Jahre z.T. grundlegend in Frage gestellt und damit dem Institut Selbstklärungen abverlangt wurden. Dies lässt sich an den ständigen Änderungen der Prüfungs- und Studieninhalte in den Sitzungen

---

[71] Ebd.
[72] Auch im Beitrag von Joch über Lindners Wirken im Marburger Institut finden sich entsprechende Hinweise zu seiner Personalpolitik (vgl. 2020, S. 106).
[73] Im Juni 1971 verschickt Lindner aufgrund massiver Kritik an seiner Lehr- und Forschungstätigkeit einen Bericht über seine wissenschaftlichen Arbeiten an Mitarbeiter/innen, Studierende und AAfL (IfSM-Archiv, Bestand Walter Bernsdorff).

des *Institutsbeirats* gut belegen. Diese Zeit und das Studium in dieser Zeit waren von Unruhe im Institut gekennzeichnet.

6.6 Hochschulreform – war da was?

Die eingangs erwähnte Problematik der Anerkennung des Faches Leibesübungen im Kontext wissenschaftlicher Studiengänge, wie sie 1929 durch den Preußischen Erlass, in den Wiedergründungen der Institute nach 1945 oder in den Arbeiten der AID zum Vorschein kommt, zeigt sich auch in der Zeit der Hochschulreform zwischen 1965 und 1975. Auch wenn wir es hier mit einer völlig anders gelagerten gesellschaftspolitischen Situation und sehr unterschiedlichen politischen Interessengruppen zu tun haben, ist durch die *Sonderstellung* der Leibesübungen als fakultätsfreies Fach eine vergleichbare Situation entstanden.

Der seit den 1920er-Jahren durch Erlass geregelten Integration in das wissenschaftliche Studium an den preußischen Universitäten[74] und der dann folgenden nationalsozialistischen Vereinnahmung folgt nach 1945 eine Rückführung auf die Eigenständigkeit der Institute aus den 1920er-Jahren. Der Zusammenschluss in der AID stärkt die Institute in ihrer Eigenständigkeit und *Sonderstellung* gegenüber der Universität. Zwar hat die AID einerseits den bis dahin geltenden Studiengängen eine einheitliche Struktur verschafft und auch in den Verhandlungen mit den jeweiligen Universitätsleitungen den Leibesübungen in Bezug auf die personelle und materielle Ausstattung sowie Forschungsaktivitäten ein Gesicht gegeben,[75] andererseits hat sie auch dazu beigetragen, dass die Leibesübungen bzw. Sportwissenschaft außerhalb der Fakultäten mit weniger Rechten und Möglichkeiten verblieben ist. Die Ereignisse zwischen 1966 und 1972 zeigen, dass die Strukturen, wie sie sich seit 1945 über die AID in den einzelnen Instituten entwickelt haben, wenig bis gar nicht auf die Ereignisse der 68er vorbereiten konnten. Dabei sind die Entwicklungen zu gesellschaftlichen Reformen und einer damit einhergehenden Hochschulreform bereits seit längerer Zeit absehbar gewesen. Auch in Marburg hat in der *Philosophischen Fakultät* in den 1960er-Jahre eine gesell-

---

[74] Vgl. Buss, 2009; s. auch Kap. 3.2.2.
[75] Vgl. Buss, 1985.

schaftskritische Debatte stattgefunden, die mit Wolfgang Abendroth um 1967/68 zu vielen politischen Aktivitäten geführt hat.[76]

Wie hinderlich die *Sonderstellung* des Marburger Instituts für den Prozess der Hochschulreform war, sollten die ausgewählten Ereignisse zur Institutsentwicklung, Mitbestimmung und zu den Inhalten und Strukturen in der Lehre bis Anfang der 1970er-Jahre zeigen. Dabei ist deutlich die Protesthaltung dieser Zeit bei den studentischen Akteuren in ihrer Funktion als Fachgruppenvertretung zu spüren. Sie haben ihre Kritik an der fachpraktischen Ausbildung und an den Inhalten von Seminaren und Vorlesungen sowie an der Funktion und Person des Direktors immer wieder formuliert und in eigene Aktionen wie die autonomen Seminare überführt. Auch die Mitarbeiter/innen und Assistenten haben sich ihre Mitbestimmungsrechte erkämpft und gegenüber dem Direktor ihre eigenständige Vertretung durchgesetzt. Diese durchaus kritische Zeit im Institut hat sich im Wesentlichen unter den Studierenden, Mitarbeiter/innen und dem Direktor im Institut abgespielt. Das Institut hat insofern Anfang der 1970er-Jahre eine unruhige Zeit mit vielen kritischen Debatten, inhaltlichen Neuansätzen und durchaus strittigen Orientierungen für das Studium erlebt. Dies ist auch der seit der Gründung im Jahr 1924 immer wieder betonten und herausgehobenen *Sonderstellung* geschuldet.

---

[76] Vgl. Deppe, 2006. In diesem Beitrag zum 100. Geburtstag von Wolfgang Abendroth wird auch das Wirken von Abendroth in der Universität Marburg deutlich, das auch am IfL hätte wahrgenommen werden können.

7 Die Fachbereichszuordnung – das Institut zwischen Gesellschafts- und Erziehungswissenschaften

Mit dem neuen Hessischen Universitätsgesetz (HUG) von 1970 (siehe Kap. 6) setzt nun eine Phase der Institutionalisierung der IfL in Hessen ein.[1] Erstmals im September 1969 wendet sich der damalige Institutsdirektor Dr. Erich Lindner an den Vorsitzenden des Direktoriums der Universität[2] mit der Ankündigung, sich der Frage der Eingliederung in einen Fachbereich anzunehmen:

> Im Rahmen der durch das Hochschulgesetz vorgesehenen Neugliederung und Neuordnung der Universitäts-Institute, plant auch das Hochschulinstitut für Leibesübungen, das bisher keiner Fakultät angehört, seinen Status neu zu bestimmen und die Eingliederung in einen Fachbereich in die Wege zu leiten.[3]

Das Schreiben[4] ist insofern von Interesse, da Lindner offenbar den Anschluss an einen der neu zu gründenden Fachbereiche in Erwägung zieht.[5] Ob diese Formulierung der Aufforderung durch das neue HUG und dem Universitätsdirektorium geschuldet ist oder tatsächlich seinen Vorstellun-

---

[1] Auch in anderen Bundesländern erfolgt im Rahmen der Hochschulreform eine Neustrukturierung der IfL mit dem Ziel der Eingliederung in die neue Hochschulstruktur mit einer entsprechenden materiellen und personellen Ausstattung. Für Bayern hat Bäumler (2020) den Prozess der Errichtung der Sportwissenschaft an der *Technischen Universität München* für die Zeit von 1954 bis 1973 sehr detailreich nachgezeichnet.

[2] Als Folge des HHG von 1966 besteht die Leitung der Universität von 1969 bis 1971 nicht mehr aus dem jährlich wechselnden Rektor, sondern aus einem gewählten dreiköpfigen Direktorium. Mit der Umsetzung des neuen HUG von 1970 hat in Hessen ab September 1971 ein gewähltes Präsidium mit einem/r Präsident/in und mehreren Vizepräsident/innen an der Spitze die Leitung der Universität übernommen.

[3] UniA MR, 308/19, 24.

[4] Bemerkenswert ist hier, dass Lindner 1969 noch in der Terminologie der NS-Zeit vom *Hochschulinstitut* spricht, die sich offenbar bis in die Zeit der Hochschulreform halten konnte und zugleich die immer wieder betonte *Sonderstellung* der IfL markiert.

[5] In Marburg werden 20 Fachbereiche gebildet, deren Konstituierung 1971 erfolgt. Das Schreiben von Lindner geht einer Sitzung des *Institutsbeirats* vom 23. Oktober 1969 voraus, in der unter „Verschiedenes" ein Ausschuss für die Fachbereichsbildung gegründet wird, dem Lindner, Hildenbrandt, Severdija, Nitsch und Lierse angehören.

gen zur Institutsentwicklung entsprach, lässt sich nicht feststellen. Jedenfalls steht diese Intention im Widerspruch zu allen folgenden Schreiben des IfL zur Eingliederung in die neue Fachbereichsstruktur, in denen beständig die Einrichtung eines *eigenen Fachbereichs* gefordert wird. Dieser Wandel geht offenbar auf die Arbeit des Strukturausschusses der AID[6] im Dezember 1969 – also drei Monate nach seinem Schreiben an das Direktorium – sowie auf die Sitzungen der AID in der ersten Hälfte des Jahres 1970 zurück. Wie sich dieser Wandel vollzogen hat und zu welchem Ergebnis die Fachbereichszuordnung geführt hat, wird im Folgenden beschrieben.

7.1 Die Hessische Reform von 1970 und ihre Folgen für die Institutsstruktur

Als Mitglied des Strukturausschusses der AID erhält Lindner Ende Januar 1970 eine Antwort des Kieler Institutsdirektors Karl Feige auf seine Nachfrage zum Fortgang der Diskussion um die Strukturentwicklung zur Integration der *Institute für Leibesübungen* in die Universitäten. Feige schreibt, dass ein weiterer Termin für den Strukturausschuss noch nicht vorliegt und schlägt vor, sich einen Tag vor der nächsten AID-Sitzung im April 1970 zu treffen.[7] Auf der AID-Tagung im Dezember 1969 in Riezlern ist ein Strukturmodell entwickelt worden, das Anfang der 1970er-Jahre auch die Grundlage für die Marburger Diskussion um die organisatorische Eingliederung des Instituts in die neue Fachbereichsstruktur bil-

---

[6] Die *Arbeitsgemeinschaft der Institutsdirektoren* (AID) ist ein Zusammenschluss aller Direktoren der Institute. Sie wird 1948 gegründet und bietet den Institutsdirektoren die Möglichkeit zum internen Austausch über Studien- und Strukturfragen (vgl. Buss, 1985; 2018). Sie löst sich im Mai 1972 auf, ihr folgt die *Arbeitsgemeinschaft sportwissenschaftlicher Hochschuleinrichtungen* (ASH). Siehe hierzu Kap. 9.

[7] Dieser Briefwechsel von Lindner und Feige ist zugleich ein Beleg dafür, dass die AID trotz der sich seit Ende der 1960er-Jahre andeutenden Auflösung immer noch in den alten Strukturen zum Austausch über die Entwicklung der Institute an den Universitäten aktiv ist, obwohl seit Anfang der 1970er-Jahre eine Nachfolgeorganisation zunächst mit dem Arbeitsbegriff *Arbeitsgemeinschaft der Institute* (AdI) vorbereitet und dann als *Arbeitsgemeinschaft sportwissenschaftlicher Hochschuleinrichtungen* (ASH) gegründet wird (vgl. Laging, in Vorbereitung).

det (Abb. 30).[8] Der Strukturausschuss tagt erstmals unter Beteiligung von Studierenden, wobei ihnen nur ein Beobachtungsstatus zuerkannt wird. Dies führt zu Beginn der Sitzung zu einer Grundsatzdebatte, in der es um die Frage geht, ob der Strukturausschuss überhaupt tagen soll, da die Studierenden nur Beobachter/innen sein dürften. Während sich die AID-Vertreter für die Durchführung der Tagung aussprechen, votiert die *Mitarbeitervertretung* (MV)[9] dafür, nur informell zu tagen.[10]

Das Modell des Strukturausschusses sieht acht Lehrstühle für die Disziplinen der Sportwissenschaft mit Verbindung zu den Studiengängen, einschließlich der fachpraktischen und schulmethodischen Ausbildung, sowie zum Universitätssport[11] und zur sportwissenschaftlichen Forschung vor. Interessant ist, dass dieses Strukturmodell auch von den Marburger Sportstudierenden für die institutsinterne Diskussion übernommen wird. Im studentischen *SPORT INFO* von Juni 1970[12] heißt es, dass für die

---

[8] Der Strukturausschuss der AID hat am 07. April und 29. Mai 1970 getagt. Der Aufforderung des Kieler Institutsdirektors Feige zur Abgabe von Stellungnahmen aus den einzelnen Instituten ist kaum eines nachgekommen. Auch Lindner nimmt an dieser Sitzung nicht teil, da seine Anwesenheit vor Ort notwendig ist, um an der laufenden Diskussion zur Eingliederung des Instituts mitzuwirken (UniA MR, 308/19, 24).

[9] Die *Mitarbeitervertretung* (MV) trifft als Organisation aller Mitarbeiter/innen an den *Instituten für Leibesübungen* mit der AID 1969 eine Vereinbarung zur regelmäßigen Teilnahme an den AID-Sitzungen. Laut Protokoll der zweiten Vollversammlung der Mitarbeiter/innen vom 31. Januar 1969 in Gießen ist für den Sommer ein Gespräch zwischen MV und AID zur Klärung der Zusammenarbeit geplant. Dabei soll auch eine gemeinsame Jahrestagung im Oktober 1969 in Berlin vorbereitet werden. Zur Finanzierung der MV wird analog zur AID eine Erhebung von 40 DM Jahresbeitrag pro Institut vorgeschlagen (UniA MR, 308/19, 25). Aufgrund der 1970 einsetzenden hessischen Hochschulreform und der Gründung einer Nachfolgeorganisation hat diese Institutionalisierung nicht mehr stattgefunden.

[10] Protokoll der AID-Sitzung im Dezember 1969 in Riezlern/Kleinwalsertal (UniA MR, 308/19, 24).

[11] An dieser Stelle soll darauf hingewiesen werden, dass in Marburg im Kontext der Eingliederung des Instituts in die neue Fachbereichsstruktur die Frage des Hochschulsports eher zweitrangig behandelt worden ist. Insbesondere hat Franz Nitsch für den *Allgemeinen Deutschen Hochschulsportverband* (ADH) ein Strukturmodell entworfen, das Hochschulsport und Sportwissenschaft an den Universitäten miteinander verknüpft (vgl. Nitsch, 1970). Der ADH ist in diesem Sinne auch Motor der Integration des Sports in die Universitäten und daher auf der Suche nach Bündnispartnern für die universitäre Etablierung des Sports.

[12] UniA MR, 308/19, 25.

Die Fachbereichszuordnung

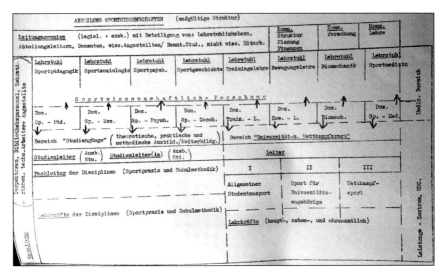

Abb. 30: Von der AID im Dezember 1969 vorgelegtes Strukturmodell der Institute für Sportwissenschaft (UniA MR, 308/19, 24)

nach dem HUG vorgesehene Eingliederung in die neue Fachbereichsgliederung der Universität Marburg ein Strukturmodell vorliegt,[13] auf dessen Grundlage eine Umstrukturierung möglich erscheint. Mit der weiteren Klärung der Fachbereichszugehörigkeit des Instituts befasst sich auch eine *Planungsgruppe* (PG) des AAfL,[14] die ein Konzept für einen *eigenen*

---

[13] Über die Strukturmodelle ist im Mitteilungsblatt der Philipps-Universität, Nr. 5/1969, berichtet worden.

[14] Der *Akademische Ausschuss für Leibesübungen* (AAfL) bildet nach Wiedereröffnung der *Institute für Leibesübungen* das zentrale Beratungsorgan für die Entwicklung von Sport und Leibesübungen an den Universitäten. Dieser Ausschuss besteht in Marburg bereits seit 1912 und wird 1948 wieder eingesetzt (UniA MR, 307 d, 3856). Er arbeitet im Auftrag der Universitätsleitung und des Senats. In Marburg ist er besetzt mit sportengagierten Professoren aus der *Medizinischen, Juristischen* und *Philosophischen Fakultät* sowie aus dem studentischen *Sportreferat* und Vertretern des *Allgemeinen Studierendenausschuss* (AStA) sowie dem Institutsdirektor Lindner. Seit Anfang der 1970er-Jahre nehmen auch Sportstudierende aus dem *Institut für Leibesübungen* an den Sitzungen des AAfL teil, gelegentlich werden auch Mitarbeiter/innen des Instituts als Gäste hinzugezogen. Während der Ausschuss in der Zeit bis Ende 1969 in der Regel nur einmal im Jahr getagt hat, nehmen Sitzungsfrequenz und Stellungnahmen bzw. Beschlüsse für den Senat und die Senatsausschüsse im Kontext der Hochschulreform, insbesondere zu Fragen der Ausstattung des Instituts mit Professu-

Fachbereich auf der Grundlage des AID-Konzepts entwickeln soll. Die Studierenden unterstützen im *SPORT INFO* die *Planungsgruppe*: „Die PG-Vertretung möchte ein unterstützendes Modell vorstellen, das auf der Sitzung des Strukturausschusses der AID und der MV im Dezember 1969 in Riezlern entwickelt wurde".[15]

Die Diskussion im Strukturausschuss der AID thematisiert die Frage, ob ein eigener Fachbereich, die Integration in einen bestehenden Fachbereich, die Gründung von Abteilungen in Fachbereichen oder die Unterstellung unter die Universitätsleitung angestrebt werden soll. Bezüglich einer Fachbereichsstruktur werden vor allem zwei Problembereiche benannt, zum einen – für den Fall eines *eigenen Fachbereichs* – die Zubilligung einer ausreichenden Anzahl an Professuren (genannt werden drei bis sechs Professuren) und zum anderen – für den Fall der Integration in einen anderen Fachbereich – die Akzeptanz der Sportwissenschaft durch den aufnehmenden Fachbereich.[16] Damit ist eine Grundlage für die Diskussion in den universitären Gremien sowie im Institut geschaffen.

7.2 Zwischen Eigenständigkeit und Schwebezustand – das Problem der Sonderstellung

In einer Sondersitzung des Marburger *Institutsbeirats* im Juli 1970 zur Frage der Fachbereichszugehörigkeit geht es um personelle und strukturelle Vorstellungen sowie um die Erarbeitung eines Positionspapiers über die Zukunft des Instituts, das dem zuständigen Universitätsausschuss für die Fachbereichsbildung drei Tage später vorgelegt werden soll.[17] Das Institut folgt der Aufforderung des Direktoriums der Universität mit Bezug auf den Erlass des Kulturministers im Juni 1970 zur Einreichung einer Vorlage für die geplante Personalausstattung und zur Eingliederung in die neue Fachbereichsstruktur. Das Institut legt zu diesem Zeitpunkt einen Plan mit Fern-, Übergangs- und Nahzielen vor (Abb. 31).

---

ren und der Integration des Instituts in die neue Universitätsstruktur deutlich zu. Der AAfL wird in Marburg im Zuge der Eingliederung des IfL in den Fachbereich *Erziehungswissenschaften* (FB 21) 1974 aufgelöst.

[15] UniA MR, 308/19, 25.
[16] UniA MR, 308/19, 24.
[17] UniA MR, 308/19, 121.

I. Fernziel:

    Lehrstühle   Sportpädagogik

                         Sportsoziologie

                         Sportpsychologie

                         Sportgeschichte

                         Trainingslehre

                         Bewegungslehre/Biomechanik

                         und

                         Lehrstühle für Sportmedizin

    Dozenturen   entsprechend

II. Übergangsziel:

    (bis 1973/74)

          1. Einrichtung der unter I. genannten Lehrstühle als Dozenturen

          2. Strukturierung der Abteilung Freizeitsport/ Leistungssport durch Einrichtung von drei Abteilungen

              a) allgemeiner Studentensport

              b) Sport aller Arbeiter, Angestellten und Beamten sowie deren Angehörigen

              c) Leistungssport

III. Nahziel:

    (bis 1971)

          1. Einrichtung von zwei Lehrstühlen

              a) Sportmedizin

              b) Theorie des Sports
                 (würde in einen Lehrstuhl wie unter I. vorgesehen überführt)

          2. Einrichtung mehrerer A 15 - bzw. H -Stellen für Dozenturen in der Abteilung Lehre für

              a) Leichtathletik

              b) Turnen/Gymnastik

              c) Wassersport/Wintersport

              d) Sportspiele

              e) Freizeitsport

          3. Ernennung eines Abteilungsleiters für Allgemeinen Hochschulsport (A 15); daraus könnte die unter II.2. genannte Strukturierung erwachsen.

Abb. 31: Strukturpapier des Institutsbeirats vom 03. Juli 1970 (UniA MR, 308/19, 24)

Als *Nahziel* werden zwei Lehrstühle für die Fachgebiete *Sportmedizin* und *Theorie des Sports* (H-Stellen)[18] sowie fünf Dozenturen[19] (H-Stellen) für weitere Fachbereiche und sportpraktische Bereiche vorgeschlagen. Darüber hinaus ist eine Leitungsstelle für den Hochschulsport vorgesehen. Die *Übergangs- und Fernziele* umfassen die Ausweitung auf acht Lehrstühle (zwei für die Sportmedizin) mit jeweils zugeordneten Dozenturen und den Aufbau des Freizeit- und Leistungssports mit unterschiedlichen Abteilungen: „a) allgemeiner Studentensport, b) Sport aller Arbeiter, Angestellten und Beamten sowie deren Angehörigen, c) Leistungssport".[20] Lindner beruft sich in seinem Anschreiben an das Direktorium der Universität auf den Strukturausschuss der AID:

> Dem Institut für Leibesübungen liegen die Vorschläge eines Strukturausschusses der Arbeitsgemeinschaft der Instituts-Direktoren und Assistenten – mithin eine für das gesamte Bundesgebiet verbindliche Stellungnahme – vor, in denen als Zielvorstellung der eigene Fachbereich festgelegt ist.[21]

Zugleich kann sich Lindner auf einen Beschluss des AAfL vom Juni 1970 beziehen, der die zukünftige Struktur beraten hat und zu der Auffassung gelangt ist, „dass der notwendige Umfang der Sportwissenschaft an der Philipps-Universität die Einrichtung eines eigenen Fachbereichs erforderlich macht".[22] Da die Neugründung eines Fachbereichs einige Zeit in Anspruch nehmen wird, schlägt Lindner – anders als noch im September 1969 – vor,

> für die nächsten Jahre dem Institut eine Sonderstellung innerhalb der Universität einzuräumen, zumal jede willkürliche Zuordnung zu einem anderen Fachbereich die vielseitigen Interessen in Lehre und Forschung einengen würde.[23]

---

[18] Die besoldungsrechtliche Eingruppierung erfolgt für die Professuren und Dozenturen nach den Besoldungsgruppen H2 bis H4.
[19] Dozenturen sind im HUG eine eigenständige Statusgruppe zwischen Professuren und Wissenschaftlichen Mitarbeiter/innen.
[20] UniA MR, 308/19, 24.
[21] Ebd.
[22] Ebd.
[23] UniA MR, 308/19, 24.

Die von Lindner gewollte *Sonderstellung* übernimmt der Senat in seinem Beschluss im Juli 1970 fast wörtlich:

> Das Institut für Leibesübungen hat bereits früher dem Senat den Vorschlag gemacht, seinen Ausbau zu einem eigenen Fachbereich zu befürworten. Bis dahin betont das Institut seine Sonderstellung innerhalb der Universität, die keine Einordnung in einen bestimmten Fachbereich erlaubt. Es ist daher die Frage zu stellen, ob das Institut zweckmäßigerweise den Status eines wissenschaftlichen Zentrums erhalten sollte. Als beteiligte Fachbereiche kommen in Frage: Medizin, Gesellschaftswissenschaften, Physik, Psychologie.[24]

Da ein *Wissenschaftliches Zentrum* nicht unbedingt und auch nicht als Übergang und wenn ja, dann nur notgedrungen, angestrebt wird, bedeutet die gewollte *Sonderstellung* mit der Forderung nach mehr und höherqualifiziertem Personal zunächst einmal ein Moratorium hinsichtlich der universitären Einbindung in die neue Fachbereichsstruktur. Vor diesem Hintergrund beantragt der Institutsdirektor Ende 1970 im Namen des IB und des AAfL die Einrichtung eines *eigenen Fachbereichs* beim Hessischen Kultusminister. Die Begründung bezieht sich darauf, dass die Fragestellungen einer Sportwissenschaft so vielfältig seien, dass sie eines *eigenen Fachbereichs* bedürften. Die Aufgaben für die Forschung erwachsen aus der Leistungsförderung im Schulsport ebenso wie aus dem Hochschulsport, der gesundheitlichen Prävention und dem Freizeitsport. Der hohe Bedarf an qualifizierten Sportlehrern, Trainern, Sportärzten, Bewegungstherapeuten u.a. könne nur über einen *eigenen Fachbereich* sichergestellt werden.[25]

Mit Bezug auf einen Bericht der Senatskommission zur Bildung der Fachbereiche bittet der Universitätspräsident Rudolf Zingel Anfang 1971 im Senat die verbliebenen fakultätsfreien Einrichtungen,

> die nach der Eigenart ihrer rechtlichen Stellung oder ihrer Funktion oder wegen vorgetragener Bedenken nicht ohne weiteres in einen Fachbereich einzuordnen sind, [...] eigene Vorstellungen über ihre Zuordnung nach

---

[24] UniA MR, 308/19, 24.
[25] Ebd. Lindner geht in seinem Brief an das Ministerium über die Schule hinaus und nimmt die außerschulischen Berufsfelder in den Blick.

den Organisationsformen des Hessischen Universitätsgesetzes zu entwickeln.[26]

Die Einrichtungen sollen ihre Stellungnahmen dem Präsidenten zur Behandlung im *Ständigen Ausschuss für Organisationsfragen* zuleiten. In gleicher Weise wie die Fachbereiche müssen nun auch diese Einrichtungen ihre personellen Bedarfspläne aufstellen und vorlegen. Zugleich folgt der Senat dem Vorschlag der Senatskommission, die noch fachbereichsfreien Einrichtungen, wie das *Institut für Leibesübungen*, aber auch die *Zentrale Rechenanlage*, das *Institut für Malerei und Grafik* oder das *Seminar für Ostkirchengeschichte* in *Wissenschaftliche Zentren* umzuwandeln. Der entsprechende Beschluss zur Umwandlung des IfL in ein *Wissenschaftliches Zentrum* wird vom Vizepräsidenten, Prof. Dr. Theodor Mahlmann (Fachbereich *Theologie*), im Juli 1971 dem Institutsdirektor mitgeeilt:

> Der Senat schlägt vor, das Institut für Leibesübungen übergangsweise in den Status eines Wissenschaftlichen Zentrums beim Präsidenten zu überführen, mit der Perspektive eines Ausbaues zu einem Fachbereich Sportwissenschaft, evtl. zusammen mit benachbarten Fachrichtungen. Begründung: Der Senat verweist auf seinen früheren Beschluß, mit dem er den vom Akademischen Ausschuß für Leibesübungen vorgelegten Ausbauplan des Institutes begrüßt hat.[27]

Damit ist für das IfL zunächst einmal ein Status in Aussicht, der als Übergang zu einem *eigenen Fachbereich* dienen soll und vorerst keine Zuordnung zu einem der neu gebildeten Fachbereiche vorsieht. Der AAfL berät aufgrund eines fortgesetzten Klärungsbedarfs im Juli 1971 über die zukünftige Struktur des Instituts. Der studentische Vertreter Erich Heine[28] begründet in dieser Sitzung den Vorschlag für ein *Wissen-*

---

[26] Ebd.
[27] Ebd.
[28] Erich Heine gehörte der hochschulpolitischen Liste *Arbeitskreis für Fragen der Hochschulpolitik* (AfFH) an, einer liberalen Hochschulgruppe, die 1969 und 1970 die stärkste Fraktion im Studentenparlament bildete und für die er ein Jahr zum Präsidenten des Studentenparlaments gewählt wurde. Er studierte in Marburg Sport, Geschichte und Politikwissenschaft und engagierte sich im *Institutsbeirat* als studentischer

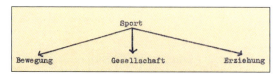

Abb. 32: *Gesellschaftskritisches Sportverständnis (UniA MR, 308/19, 24)*

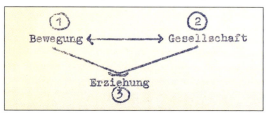

Abb. 33: *Wechselseitige Bezüge des Schulsports (UniA MR, 308/19, 24)*

schaftliches Zentrum Sportwissenschaft mit Bezug auf eine vorausgegangene Beratung des AAfL. Hintergrund ist das Diskussionspapier einer Studierendengruppe mit der Überschrift „Begründung für eine Neustrukturierung des Instituts für Leibesübungen in ein sportwissenschaftliches Zentrum". [29] Kern des Diskussionspapiers ist ein Bezugssystem von *Bewegung, Gesellschaft* und *Erziehung*, das von einem gesellschaftskritischen Blick auf den Sport ausgeht und Erziehung sozialisationstheoretisch reflektiert (Abb. 32). Die wechselseitigen Bezüge (Abb. 33) zeigen für die Neustrukturierung des Instituts die „Prioritäten wissenschaftlicher Erkenntnissuche" für Bewegung als sensomotorische Aktivität.[30]

Die in dieser Sitzung vom AAfL beschlossene Struktur mit neun *Arbeitsrichtungen* (Abb. 34) umfasst sowohl die sportwissenschaftlichen Disziplinen als auch die verschiedenen Felder der Sportpraxis und des Hochschulsports. Das weite Spektrum an Arbeitsrichtungen soll sicherstellen, dass das Konstrukt *Sport* aus unterschiedlichen wissenschaftlichen Disziplinen im Horizont von *Gesellschaft und Erziehung* und in Bezug auf die sportliche Praxis zum Gegenstand von Lehre und Forschung wird. Das Strukturpapier enthält Personalzuordnungen, die in der Folgezeit eine wichtige Rolle zur Konsolidierung des angestrebten *eigenen Fachbereichs* bzw. des *Wissenschaftlichen Zentrums* als Über-

---

Vertreter bis zum Wintersemester 1972. Bis Anfang 1975 war er als Wissenschaftlicher Mitarbeiter im Institut tätig.

[29] Das Papier ist von den Marburger Studierenden Jürgen Gossmann, Erich Heine, Karlheinz Meier und Franz Nitsch erarbeitet und dem Institutsdirektor als Diskussionsgrundlage vorgelegt worden (UniA MR, 308/19, 24).

[30] UniA MR, 308/19, 24.

```
Der AAfL schlägt zur Strukturierung des zukünftigen Wissenschaftlichen
Zentrums "Sportwissenschaft" neun Arbeitsrichtungen vor:

 1. Bewegungslehre und Biomechanik
 2. Sportpädagogik und Sportpsychologie
 3. Sportmedizin
 4. Sportsoziologie und Sportgeschichte
 5. Athletik
 6. Spiele
 7. Gerätturnen und Gymnastik
 8. Wassersport
 9. Hochschulsport

Diese Arbeitsrichtungen sollen zunächst wie folgt besetzt werden:

1. H 4   (durch Umtausch einer A 16)
2. H 4   (neu)
3. H 4   (aus dem Fachbereich Medizin)
4. H 3   (neu)
5. H 2   (aus Umwandlung einer A 13)
6. H 2   (neu)
7. H 2   (aus Umwandlung einer A 13)
8. H 2   (aus Umwandlung einer A 13)
9. A 15  (Höhergruppierung einer A 14)
```

Abb. 34: Vom AAfL beschlossene Struktur des geplanten Wissenschaftlichen Zentrums vom 15. Juli 1971 (UniA MR, 308/19, 90)

gangslösung spielen. Der AAfL als zentrales Gremium zur Vertretung der Interessen des Instituts leitet diesen Plan an die *Ständigen Ausschüsse* weiter, in denen über die Personalausstattung und die zukünftige Organisationsform entschieden wird.[31] Im September 1971 bestätigt der Vorsitzende, Prof. Dr. Gerhard Exner (Medizin),[32] in einer AAfL-Sitzung nochmals die Absicht der Universität, übergangsweise ein *Wissenschaftliches Zentrum* für das IfL einzurichten, aus dem später bei hinreichender

---

[31] Interessant ist, dass bereits im Rahmen einer „kleinen Anfrage" der CDU im Hessischen Landtag, die von Walter Bernsdorff über den Marburger CDU-Abgeordneten Friedrich Bohl angeregt worden ist, das Kultusministerium mitteilt, dass „ein besonderer Fachbereich Sportwissenschaft nicht den Vorstellungen entsprechen [dürfte, d. Verf.], wie sie aus § 20 Abs. 1 Satz 2 UG zu folgern sind" (UniA MR, 308/19, 27).

[32] Gerhard Exner ist bereits seit 1965 Vorsitzender des *Akademischen Ausschusses für Leibesübungen* (UniA MR, 307 c, 5691).

Ausstattung mit Professuren der Fachbereich *Sportwissenschaften* hervorgehen soll.[33]

Letztlich ist das IfL nie als *Wissenschaftliches Zentrum* gegründet worden, auch hat es weder zu diesem noch zu einem späteren Zeitpunkt trotz Unterstützung durch den AAfL und das Präsidium hochschulpolitisch eine Chance, einen *eigenen Fachbereich* zu bilden, zumal sich die hinreichende Ausstattung mit Professuren immer wieder durch gescheiterte Berufungsverfahren verzögert und die personelle Entwicklung durch unvorhersehbare Umstände stagniert.[34] Für die Universität sind durch die mittlerweile einsetzende Finanzknappheit bei gleichzeitig steigenden Studierendenzahlen in allen Studiengängen andere Notwendigkeiten entstanden. Insofern kann man sich fragen, ob die für das Marburger IfL überzogenen Fernziele und die gleichzeitige Zurückhaltung hinsichtlich einer offensiven Integration in einen bestehenden Fachbereich letztlich kontraproduktiv waren und eher zu einer Schwächung statt zu einer Stärkung der Sportwissenschaft an der Universität Marburg geführt haben.

7.3 Angliederung des IfL an den FB 03 – ein erster Versuch

Die Bemühungen um eine Konsolidierung der Personalsituation (siehe Kap. 8) als Voraussetzung für einen *eigenen Fachbereich* haben die Organisationsfragen des IfL zunächst in den Hintergrund treten lassen. Erst die nach und nach auftretenden Unstimmigkeiten über Zuständigkeiten zwischen IfL und FB 03 lassen ab Anfang 1973 die Frage der Angliederung an diesen Fachbereich zunehmend in den Mittelpunkt rücken.[35]

---

[33] UniA MR, 308/19, 390.

[34] So erkrankt Erich Lindner und verstirbt im März 1973, Herbert Hartmann wechselt eineinhalb Jahre nach Überleitung auf eine H3-Professur an die Universität Darmstadt, Walter Bernsdorff findet keine Zeit, seine Promotion abzuschließen und kann somit keine Überleitung auf eine Professur realisieren, die Überleitung von Volker Rittner auf eine H2-Professur verzögert sich ebenfalls und läuft zunächst auf eine Dozentur hinaus, bis am 04. August 1978 die Berufung doch noch erfolgt, allerdings folgt Rittner einem Ruf an die DSHS Köln und schließlich verlässt Ende 1971 Ulrich Joeres mit seiner zusätzlichen Zuständigkeit für den Bereich Schwimmen das Institut (s. zur Personalentwicklung Kap. 8).

[35] Im Herbst 1971 haben die beiden StA II und III entschieden, dass für alle personellen Entscheidungen der FB 03 zuständig ist (UniA MR, 308/19, 24). Die Zuständigkeit hat sich zunehmend auch auf die Frage der Fachbereichszuordnung ausgedehnt.

Darüber wird in mehreren Sitzungen sowohl im Präsidium und den *Ständigen Ausschüssen* (StA) als auch im IfL und der *Fachbereichskonferenz* (FBK) des FB 03 diskutiert. Überformt wird diese Debatte von der parallel im Präsidium laufenden Diskussion um die Teilung des FB 03, die zunehmend auch in den Ausschüssen und im Fachbereich selbst geführt wird. In dieser Gemengelage entstehen zwischen IfL und FB 03 Reibungsflächen, die auf Seiten des Fachbereichs zu einer offensiven Diskussion über eine Angliederung des IfL an den FB 03 führen. Dabei unterscheidet sich die Position der Sportstudierenden noch einmal von denen der Mitarbeiter/innen des Instituts. Während letztere nach wie vor auf einen *eigenen Fachbereich* hoffen und der Angliederung an den FB 03 eher skeptisch gegenüberstehen, favorisieren die Studierenden zwar auch eine Eigenständigkeit als *Wissenschaftliches Zentrum*, würden aber im Falle einer Teilung des Fachbereichs für eine *Angliederung an den FB 03* eintreten.

Im IfL verdichten sich bald die Hinweise darauf, dass ein *eigener Fachbereich* in naher Zukunft aufgrund der unzureichenden Ausstattung mit Professuren unrealistisch ist. Das passt zu der bereits im Oktober 1972 getroffenen Entscheidung des *Ständigen Ausschusses II* (StA II), dass die „beabsichtigte übergangsweise Einrichtung des IfL als wissenschaftliches Zentrum […] sinnvollerweise erst dann beraten werden [kann, d. Verf.], wenn mindestens 1 Hochschullehrer dieses Faches vorhanden ist".[36] Insofern befindet sich das Institut nach wie vor in einer *Sonderstellung*, die nun zunehmend zu einer rechtlichen Grauzone wird.

Diese Gesamtsituation zeigt das Dilemma des Instituts in der Zeit der Neustrukturierung der Fachbereiche an der Universität Marburg. Einerseits möchte das Institut seine Eigenständigkeit in einem *eigenen Fachbereich* oder übergangsweise in Form eines *Wissenschaftlichen Zentrums* erhalten, andererseits ist es aufgrund der Gesetzeslage auf einen kooperierenden Fachbereich verwiesen. Erst in einem Fachbereich erlangt das Institut die Rechte und Pflichten, die nach Hochschulgesetz eine wissenschaftliche Einrichtung in Lehre und Forschung auszeichnet: „Der Fachbereich ist die organisatorische Grundeinheit für Forschung und Lehre".[37] Zu den Aufgaben gehören „die Pflege der Wissenschaften in Forschung

---

[36] UniA MR, 305 f, 1887.
[37] HUG, § 20, 1.

und Lehre sowie [...] die Heranbildung des wissenschaftlichen Nachwuchses". Weiterhin geht es um das Recht, über Promotionen und Habilitationen zu entscheiden, Studienordnungen zu erlassen, den Lehrkörper durch Berufungsverfahren zu ergänzen[38] sowie um die Selbstverwaltung. Daher muss es dem IfL um eine Organisationsform gehen, die ihm diese Rechte und Pflichten zugesteht. Davon ist es zu diesem Zeitpunkt noch weit entfernt.

Im Februar 1973 beginnt in der *Fachbereichskonferenz* die intensive Phase der Diskussion um die Angliederung des IfL.[39] Einer der Tagesordnungspunkt lautet: „Verhältnis FB 03 – Institut für Leibesübungen". Die Reibungen durch die ungeklärten Zuständigkeiten in Personal-, Status- und Ausstattungsangelegenheiten hält der Fachbereich für nicht besonders vorteilhaft. So gehören zwar die Professuren bzw. die auszuschreibenden H-Stellen zum Fachbereich, auch ist er hinsichtlich personeller Fragen ständig mit dem Institut befasst, gleichzeitig gehört aber das Institut als Einrichtung mit seinen Sportstätten, einschließlich der materiellen Situation, sowie der studienbezogenen Aufgaben, Forschungen und Haushaltsangelegenheiten nicht zum Fachbereich. Nach intensiver Diskussion fasst die *Fachbereichskonferenz* den folgenden Beschluss:

> Die FBK bittet den Dekan mit den Mitgliedern des IfL zur Vorklärung einer evtl. Eingliederung in den FB 03, die von der FBK prinzipiell bejaht wird, ein Gespräch zu führen und darüber in der nächsten Sitzung der FBK zu berichten. Von dem Ausgang dieser Vorverhandlungen und der nächsten Beratung in der FBK ist die Beantragung der Eingliederung beim Ständigen Ausschuß II abhängig zu machen.[40]

In der folgenden FBK im März 1973 wird dieser Beschluss noch einmal verlesen und mit dem Ziel diskutiert, eine Kommission zur Klärung der Modalitäten einer Angliederung einzusetzen.[41] Herbert Hartmann als professorales Mitglied des IfL in der FBK weist in dieser Sitzung auf die Differenzen zwischen dem Lehrkörper des IfL und der Studentenschaft hin. Während die Studierenden die Angliederung an den FB 03 vor allem

---

[38] HUG, § 21.
[39] Vgl. hierzu auch Bernsdorff, 1977b, S. 161.
[40] UniA MR, 307/3, 6065.
[41] Diese Kommission hat unter Leitung des Dekans Kamper nach zwei Vorgesprächen im Februar und März 1973 bis Juni 1973 allein fünfmal getagt.

hinsichtlich eines gesellschaftswissenschaftlichen Grundstudiums begrüßen, sehen die Mitarbeiter/innen des Instituts eher organisatorische Probleme aufgrund der komplexen Aufgaben, die mit der sportpraktischen Ausbildung in unterschiedlichen Sportstätten verbunden sind. Der Dekan, Prof. Dr. Dietmar Kamper, berichtet in dieser Sitzung über die beiden Gespräche mit der Vertretung des IfL sowie über das dazwischenliegende Gespräch mit dem Präsidenten.

Das Vorgespräch im Februar 1973 hat die angespannte Situation bezüglich der zukünftigen Organisationsform deutlich werden lassen. Im Protokoll werden die Rahmenbedingungen für die offiziellen Gespräche über den zukünftigen Status festgehalten:[42]

- Das IfL bildet eine halbparitätisch zusammengesetzte Verhandlungsdelegation.
- Die Entscheidung über den zukünftigen organisatorischen Status kann nur der *Ständige Ausschuss II* treffen.
- Die derzeitige Festlegung der Zugehörigkeit zum FB 03 dient im Moment der Klärung der Wahlberechtigungen für den Konvent und die *Fachbereichskonferenzen*.
- Es werden die Möglichkeiten für den organisatorischen Status des IfL noch einmal genannt: *Wissenschaftliches Zentrum* beim Präsidenten, *Interdisziplinäres Wissenschaftliches Zentrum* mit Beteiligung anderer Fachbereiche, Eingliederung in einen bestehenden Fachbereich und die Bildung eines eigenen Fachbereichs.
- Angestrebt wird ein eigener Fachbereich.
- Denkbar ist auch die Anbindung an einen anderen FB.
- Zu klären sind Statusfragen in der neuen Personalstruktur mit der Einrichtung von Dozenturen auf Lebenszeit.
- Für die Studierenden sind die vorgenannten Punkte rein formaler Natur. Sie wünschen eine Anbindung an den FB 03, weil es um Sportlehrkräfteausbildung mit einem sportpädagogischen Schwerpunkt geht, was ein gesellschaftswissenschaftliches Grundstudium notwendig macht.

Beim zweiten Gespräch im März 1973 wird zunächst das Ergebnis aus dem Gespräch mit dem Präsidenten diskutiert. Demzufolge soll erst über die zukünftige Organisationsstruktur entschieden werden, wenn geklärt

---

[42] UniA MR, 307/3, 6065.

ist, ob es zu einer Aufteilung des Fachbereichs *Gesellschaftswissenschaften* (FB 03) kommt. Als Übergangslösung schlägt der Präsident vor, dass die „akademische Lehre vom FB 03 zu betreuen, die fachpraktische Ausbildung vom IfL in eigener Zuständigkeit durchzuführen sei". Weiterhin ist er der Auffassung, dass bei „Bildung eines FB Erziehungswissenschaften [...] die Eingliederung des IfL in den neuen Fachbereich wünschenswert" wäre. Auch in dieser ersten Sitzung zur möglichen Angliederung des IfL bleiben die Vorbehalte der Mitarbeiter/innen bestehen, auch die Aufteilung der Zuständigkeiten für die akademische und die sportpraktische Lehre wird für nicht praktikabel gehalten. Die Studierenden votieren nochmals mit den bekannten Argumenten für eine Angliederung an den FB 03.[43] Diese Position hat die *Fach- und Basisgruppe Sport* bereits im Januar 1973 für die Gespräche mit dem FB 03 in einem eigenen Papier festgehalten. Ihr bisheriges Votum für einen *eigenen Fachbereich* haben sie darin aus zwei Gründen aufgegeben: Erstens ist dies in absehbarer Zeit nicht erreichbar und zweitens bietet der FB 03 mit Pädagogik, Soziologie und Politik Fächer an, mit denen die gesellschaftliche Relevanz von Sport reflektiert werden kann. Weiterhin sind im FB 03 die paritätischen Mitbestimmungsmöglichkeiten im Gegensatz zum *Institutsbeirat* gegeben.[44] In der Diskussion wird deutlich, dass die Mitarbeiter/innen des IfL einer Zuordnung zu einem Fachbereich *Erziehungswissenschaften* eher zustimmen können als zu den Gesellschaftswissenschaften. Der Dekan befürwortet hingegen eine Angliederung an den FB 03 oder – falls es so kommt – an einen neuen Fachbereich *Erziehungswissenschaften*. Übergangslösungen sollten „in aller Breite diskutiert werden, da aus verschiedenen Gründen eine baldige vorläufige Klärung erforderlich sei".[45]

Allen Beteiligten dieser Gesprächsrunden zur Angliederung des IfL an den FB 03 ist mittlerweile klar, dass ein *eigener Fachbereich* unrealistisch geworden ist und bleiben wird. Daher spielen Übergangslösungen mit vereinbarten Regelungen und klaren Entscheidungsstrukturen eine wichtige Rolle. Dazu zählt auch die Frage der Leitung des Instituts. Das Institut ist seit dem Tod von Lindner weitgehend „führungslos". Viele

---

[43] Ebd.
[44] UniA MR, 308/19, 24.
[45] UniA MR, 307/3, 6065.

Verwaltungsaufgaben und Gespräche werden in dieser Zeit von dem einzigen promovierten und nach Überleitung im Dezember 1972 zum Professor ernannten Assistenten, Herbert Hartmann, übernommen.

Die mit der fehlenden Leitung einhergehende Unzufriedenheit im Institut geht auf die weiteren ungeklärten Überleitungen zurück, die Verärgerung und Kränkung durch nicht vollzogene Stellenzuweisungen hervorgerufen haben. Bemängelt werden fehlende Alternativen in den Stellenkategorien für die Aufgaben der vorwiegend in der Sportpraxis tätigen Kolleg/innen. Bezogen auf die Leitungsfrage vertritt Hartmann die Auffassung, dass er die alten Leitungsstrukturen auflösen möchte. Ihm schwebt eine kollektive Institutsleitung vor, die allerdings im derzeitigen Zustand des Instituts nicht realisierbar ist. In der IB-Sitzung im Mai 1973 wird berichtet, dass der Präsident in einem Schreiben verfügt habe, dass Hartmann die Aufgabe des Geschäftsführenden Direktors übernehmen müsse.[46] Hartmann selbst hält die „Wiedereinsetzung eines Direktors für die denkbar schlechteste Lösung, obgleich wohl dies die einzige Möglichkeit zunächst ist".[47] Er stellt klar, dass zwar rein rechtlich der IB ein ausschließlich beratendes Gremium sei, er aber die Beschlüsse des IB als bindend ansehen würde. Mit der Entscheidung des Präsidenten hat das Institut wieder eine Leitungsstruktur für Gespräche und Verhandlungen in den universitären Gremien.[48]

Im Nachgang zu der Verfügung des Präsidenten wendet sich Hartmann mit einem Schreiben an den Vorsitzenden des StA II „gegen die Wiedereinsetzung eines Direktors im Institut".[49] Damit würden die bisherigen Strukturen beibehalten und gefördert sowie die Einbindung in einen Fachbereich weiterhin verzögert. Hartmann fordert, die Eingliederung in die neue Universitätsstruktur mit Vorrang zu betreiben. Um eine auf Kol-

---

[46] In der Verfügung des Präsidenten heißt es: „Für die Leitung des IfL ist nach dem Tod von Prof. Lindner der Erlaß des Hess. Kultusministers vom 3.8.1970 mit Ergänzungserlaß vom 28.10.1970 […] anzuwenden mit der Maßgabe, daß eine Wahl des geschäftsführenden Direktors nicht in Betracht kommt, da Prof. Hartmann der einzige Hochschullehrer ist. Geschäftsführender Direktor ist infolgedessen Prof. Hartmann" (IfSM-Archiv, Bestand Walter Bernsdorff).
[47] UniA MR, 308/19, 121.
[48] Bernsdorff begrüßt diese Regelung ausdrücklich in einer persönlichen Erklärung (UniA MR, 308/19, 121).
[49] UniA MR, 308/19, 24.

legialverfassung beruhende Übergangslösung zu erreichen, wäre eine wissenschaftliche Betriebseinheit eine mögliche Lösung. Aber auch dieser Vorschlag kann nicht umgesetzt werden. Vielmehr ist die Übergangszeit weiterhin von Zuständigkeitsfragen zwischen IfL und FB 03 gekennzeichnet. Dies zeigt sich beispielweise an der Frage, ob das Institut eigenständig über die Besetzung von freien Stellen entscheiden darf. Hier stoßen die unterschiedlichen Auffassungen des geschäftsführenden Assistenten, Rudi Albusberger,[50] und dem neu ernannten Geschäftsführenden Direktor, Herbert Hartmann, aufeinander. Während der erste der Auffassung ist, dass die Zuständigkeit allein im Institut liegt, vertritt der zweite – unterstützt von den studentischen Vertretern – die Auffassung, dass diese Stellenbesetzungen auch dem FB 03 obliegen.[51] Da dies auch der FB 03 so sieht, wird entsprechend verfahren. An dieser Kompetenzdiskussion wird deutlich, wie sehr das Institut um seine Eigenständigkeit ringt, die ihm aber wegen der fehlenden Klärung der Organisationsform nicht gegeben werden kann. Dies trägt ebenfalls zu einer weiteren Skepsis gegenüber einer Angliederung an den FB 03 bei.[52]

Im Juni 1973 legt der Dekan einen Bericht der „Kommission für Fragen der Angliederung des IfL" vor.[53] Interessant an diesem knappen Dokument ist die Tatsache, dass die Kommission insgesamt fünfmal, davon einmal mit der Universitätsleitung, über die Angliederung beraten hat. Der zu bearbeitende Fragenkatalog reicht von einzurichtenden Hochschullehrerstellen und verbindlichen Studiengängen über Funktionspläne für das Personal bis zu Überleitungen in die neue Personalstruktur, Forschungsverbünden, Tutorenprogrammen und Hochschulsport. Ohne dass alle Punkte geklärt werden konnten, ist „die Kommission sich darin einig

---

[50] Die Satzung des *Institutsbeirats* sieht die Position eines *geschäftsführenden Assistenten* vor, der im Auftrag des IB und des Institutsdirektors die Geschäfte führt. Diese Position ist seit Bestehen des IB immer mit einem gewählten Mitarbeiter des Instituts besetzt worden.
[51] UniA MR, 308/19, 121.
[52] Dies wirkt auch nach dem Teilungsbeschluss im März 1974 noch nach. Im Oktober 1974 heißt es im Protokoll: „Das IfL hat die Kompetenz der FBK des FB 03 infrage gestellt, bei Einstellung wissenschaftlicher Bedensteter der Sportwissenschaften mitzuwirken. Der Präsident habe bestätigt, daß der FB 03 zu befragen sei, wenn eine Hochschullehrerplanstelle durch Unterbesetzung in Anspruch genommen werden soll, über die Einstellung selbst habe zunächst das IfL allein zu befinden" (UniA MR, 307/3, 6075).
[53] UniA MR, 307/3, 6067.

[geworden, d. Verf.], daß eine sinnvolle Weiterarbeit nur im Rahmen der Neustrukturierung des Fachbereichs 03 möglich ist". Daraus folgt die ernüchternde Einschätzung des Dekans, dass die Angliederung an den FB 03 als einzige realistische Lösung für die zukünftige Organisationsstruktur des IfL in Betracht kommt: „Alle anderen Möglichkeiten (wissenschaftliches Zentrum, eigener Fachbereich, Fortbestand als Institut) sind entweder nicht realisierbar oder für den Aufbau der Sportwissenschaften in Marburg unzulänglich". Entsprechend folgt die FBK der Empfehlung der Kommission: „[…] das IfL möge spätestens bei der Entscheidung über die endgültige Fachbereichsstruktur dem FB 03 als eine Untereinheit angegliedert werden".[54] Damit ist die Diskussion um die Angliederung des IfL an den FB 03 vorerst beendet.

7.4 Die Teilung des FB 03 und die Zuordnung des IfL zum neuen FB 21

Im Wintersemester 1973/74 werden die Weichen für eine Teilung des FB 03 gestellt und die Klärung der Angliederung des IfL an einen Fachbereich vorangetrieben. Die Teilungsdiskussion entpuppt sich allerdings nicht als Selbstläufer, sondern führt vielmehr zu einer Grundsatzdebatte über die Bedeutung gesellschaftswissenschaftlicher Grundlagen für Studiengänge und Forschungsfragen in allen sozial- und geisteswissenschaftlichen Fachrichtungen der Universität. Die Angliederung des IfL wird unter diesem Einfluss zur Nebensache.

Die fachbereichsinterne Strukturdebatte zur Organisationsfrage, in der es darum geht, einen großen, alle gesellschafts- und sozialwissenschaftlichen Fachgebiete umfassenden Fachbereich zu erhalten oder sich in zwei Fachbereiche unter Ausgliederung der Erziehungswissenschaften aufzuteilen, bestimmt die Diskussion in den *Fachbereichskonferenzen* zwischen März 1973 und März 1974. Diese Entwicklung wird dadurch forciert, dass sich der Präsident der Universität längst für eine Teilung des FB 03 ausgesprochen hat.

Die Gründe für eine Teilung liegen im viel zu großen Fachbereich, der nach den Vorgaben für die Größe von *Fachbereichskonferenzen* bei Besetzung aller Professuren und der Einhaltung der paritätischen Beteili-

---

[54] Ebd.

gung aller Statusgruppen über 100 stimmberechtigte Mitglieder gehabt hätte.[55] In der *Fachbereichskonferenz* wird nach Einsetzen einer Kommission zur Klärung der zukünftigen Organisation intensiv und kontrovers über vorgelegte Berichte, Anträge und Stellungnahmen diskutiert. Im März 1973 begründet Frank Deppe[56] die unaufschiebbare Notwendigkeit, eine Kommission zur Erarbeitung der zukünftigen Struktur einzusetzen. Dazu entsendet – so der Vorschlag – jede der fünf Fachgruppen drei Vertreter/innen in die Kommission.[57] Ergänzt wird dieser Beschluss mit der Empfehlung, die Vertretung des IfL zu kooptieren.[58]

Auch der *Ständige Ausschuss II* befasst sich im April 1973 erneut mit der Zuordnung der verbliebenen fachbereichsfreien Einrichtungen. In Bezug auf das IfL stellt er zwar fest, dass mit Herbert Hartmann mittlerweile ein Hochschullehrer im Institut vorhanden sei und insofern die Diskussion um einen *eigenen Fachbereich* aufgenommen werden könne, aber der Fachbereich 03 zur Zeit eine Neugliederung berate und dabei „auch die zukünftige Organisationsform des IfL" in seine Entscheidung miteinbeziehen würde.[59] Dies wird in der FBK im Juni 1973 noch einmal bestätigt, wobei der FB 03 davon ausgeht, dass das IfL „spätestens bei der Entscheidung über die endgültige Fachbereichsstruktur dem FB 03 angegliedert" wird.[60] Damit wird sowohl im StA II als auch im FB 03 davon ausgegangen, dass die zukünftige Organisationsform des IfL von der Entscheidung über die Teilung des Fachbereichs abhängt.

---

[55] Im Dezember 1972 teilt der Dekan Kamper in der FBK mit, dass nach Abschluss der Überleitungen in die neue Personalstruktur Ende Dezember 1972 die FBK 71 stimmberechtige Mitglieder nach dem im HUG festgelegten Proporz haben wird (UniA MR, 307/3, 6065), dessen Anzahl bei Besetzung aller ausgeschriebenen Stellen weiterwachsen wird. Der Proporz ist im HUG von 1970 mit 5:1:3:1 angegeben (Professor/innen : Dozierende : Studierende : wissenschaftliche Bedienstete). Ausgangspunkt ist die Anzahl der Professor/innen, die immer Mitglied in der FBK sind. Zusätzlich nimmt ein/e Vertreter/in der weiteren Bediensteten an den Sitzungen teil (HUG, § 24). Insofern haben Professuren und andere Statusgruppen (Dozierende, wissenschaftliche Bedienstete und Studierende) einen jeweils gleichgroßen Stimmenanteil. Hinzu kommen die nichtwissenschaftlichen Bediensteten.
[56] Frank Deppe war Professor für Politikwissenschaft am FB 03.
[57] Seit dem 19. April 1972 bestehen die Erziehungswissenschaft, Sonder- und Heilpädagogik, Philosophie, Soziologie/Politik, Europäische Ethnologie und Völkerkunde als *Studiengangseinheiten.*
[58] UniA MR, 307/3, 6065.
[59] UniA MR, 305 f, 1887.
[60] UniA MR, 307/3, 6067.

Im Juni 1973 beginnt die intensive Phase der Teilungsdebatte. In dieser Sitzung berichtet der Dekan darüber, dass der Präsident zum Ausdruck gebracht habe, „daß er beabsichtige, den *Ständigen Ausschuss II* mit der Frage einer Aufteilung des FB 03 zu befassen. Es sei daran gedacht, einen Fachbereich Erziehungswissenschaften neu zu bilden". An dieser vom Präsidium und dem *Ständigen Ausschuss II* bereits getroffenen Entscheidung über die Teilung wird in mehreren Wortbeiträgen Kritik geübt. Der Dekan weist mit Bezug auf den Präsidenten darauf hin, dass der StA nicht gegen die Interessen des Fachbereichs entscheiden werde, wohl aber könnte das Kultusministerium eine eigenständige Entscheidung treffen. In der FBK wird von Hans Heinz Holz[61] und Frank Deppe betont, dass zwar die Integration der verschiedenen Arbeitsgruppen bisher schwierig gewesen sei und insofern die gesellschaftswissenschaftliche Grundlegung der Einzelwissenschaften ein offenes Problem darstelle, dass aber eine Teilung eher zu einer Desintegration führen könnte. Dem steht das Argument von Wolfgang Klafki[62] entgegen, der für einen eigenen Fachbereich *Erziehungswissenschaften* plädiert:

> [Klafki, d. Verf.] hält die Teilung des FB für absolut notwendig. Es könne auch keine Rede davon sein, daß dieser Gedanke erst neu entstanden sei. Die Frage der Bildung eines besonderen FB Erziehungswissenschaften bestehe seit Auflösung der Fakultät.[63] Damals sei lediglich die Zahl der Hochschullehrer in diesem Bereich nicht als ausreichend angesehen worden. Dies habe sich inzwischen geändert. Es könne auch seiner Meinung nach keine Rede davon sein, daß die Teilung unangenehme, politische Konsequenzen haben müsse. Im Hinblick auf übergeordnete Gremien, z.B. den Senat, sei es eher als vorteilhaft anzusehen, wenn zwei progressive Fachbereiche statt bisher einer darin vertreten seien.[64]

Schließlich wird die Strukturkommission damit beauftragt, zwei

---

[61] Hans Heinz Holz war Professor für Philosophie im FB 03.
[62] Wolfgang Klafki war Professor für Erziehungswissenschaft im FB 03 und Befürworter einer Ausgliederung der Erziehungswissenschaft in einen eigenen Fachbereich.
[63] Im Rahmen der Diskussion um die Fachbereichsbildung im Sommer 1970 hat die Erziehungswissenschaft bereits einen Antrag auf einen eigenen Fachbereich gestellt, der vom Senat zurückgestellt, aber mit dem Hinweis versehen worden war, dass „einer Verselbständigung der Erziehungswissenschaft in Zukunft keine Hindernisse in den Weg gelegt werden" (UniA MR, 308/19, 24).
[64] UniA MR, 307/3, 6067.

Alternativmodelle auszuarbeiten, dessen eines die strukturellen Aspekte der Teilung des FB 03 und die künftige Zusammenarbeit der Nachfolgebereiche, dessen anderes die Struktur eines nicht geteilten Fachbereichs 03 entwerfen soll.

In einem Zusatzantrag von Walter Bernsdorff[65] wird beschlossen, das „IfL [...] in die Diskussion einzubeziehen".[66] Wie präsent Fragen zur Fachbereichsstruktur in der Universität insgesamt sind, zeigt der Tagesordnungspunkt „Probleme der Fachbereichsgliederung" im *Ständigen Ausschusses II* im Juli 1973. Es wird darauf verwiesen, dass es Aufgabe des StA II sei, die 1970 getroffene Entscheidung über die neuen Fachbereiche zu überprüfen. Der Dekan des Fachbereichs 03, Kamper, berichtet in dieser Sitzung über den Stand der Diskussion in seinem Fachbereich. Aufgrund der noch uneinheitlichen Positionen im Fachbereich votieren die Mitglieder des *Ständigen Ausschusses* dafür, nicht eigenständig tätig zu werden, sondern erst dann, wenn von Fachbereichen entsprechende Anliegen vorgetragen werden.[67] Damit sind die in der FBK des FB 03 geäußerten Bedenken zunächst geklärt – auch wenn der Präsident und der Ausschuss später doch die Initiative übernehmen.

Wie unterschiedlich die Positionen hinsichtlich einer Teilung sind, zeigen die Stellungnahmen der bisherigen *Studiengangseinheiten*, die im Juli 1973 kontrovers diskutiert werden.[68] Votieren die der Pädagogik angehörenden Gruppen wie Erziehungswissenschaft, Forschungsstelle für Vergleichende Erziehungswissenschaft sowie in einer skeptischen und differenzierteren Variante[69] die Heil- und Sonderpädagogik für eine Teilung des Fachbereichs, so sprechen sich die Philosophie, Europäische Ethnologie und Völkerkunde sowie die Gruppe der Soziologie und Politik dezidiert gegen eine Teilung aus.[70] Als Hauptargument gegen eine

---

[65] Walter Bernsdorff war als Assistent am IfL Mittelbauvertreter im FB 03.
[66] UniA MR, 307/3, 6067.
[67] Ebd.
[68] Ebd.
[69] Vorgeschlagen wird eine Teilung in zwei Fachbereiche *Gesellschaftswissenschaften I und II*, wobei einem der beiden Fachbereiche die Erziehungswissenschaft, Sonderpädagogik, IfL und die Philosophie angehören sollten. Die Soziologie sollte in beiden Fachbereichen vertreten sein.
[70] Auch die Dekanatsverwaltung hat sich gegen eine Teilung ausgesprochen und die oft angeführten Verwaltungsprobleme als nicht so gravierend und behebbar eingeschätzt.

Teilung wird das alle Fachrichtungen verbindende *gesellschaftswissenschaftliche Grundstudium* genannt, das gerade auch im Hinblick auf das neu in Hessen eingeführte schulische Unterrichtsfach *Gesellschaftslehre* zu zerfallen drohe. Sie werben unter dieser Perspektive für eine Kooperation und Integration der Einzelwissenschaften innerhalb eines gemeinsamen Fachbereichs. In der Debatte wird der Erziehungswissenschaft von Wolfgang Hecker[71] vorgeworfen, eine „unstatthafte Vorentscheidung getroffen" zu haben und dies – so Deppe – die Frage aufwerfe „inwiefern der Auftrag der Strukturkommission, Alternativmodelle zu entwickeln, jetzt noch sinnvoll sei".[72]

Im November 1973 befasst sich die FBK erneut mit der Frage der Teilung.[73] Einzelne Untereinheiten des Fachbereichs haben Stellungnahmen verfasst, die sich nach Aufforderung des neuen Dekans, Prof. Dr. Wilfried v. Bredow,[74] auf die beklagten Strukturmängel und Lösungsmöglichkeiten beziehen sollten. Die Schwächen des Fachbereichs werden vor allem auf seine Größe und der fehlenden Überschaubarkeit sowie der damit verbundenen mangelnden Kompetenzen im Hinblick auf inhaltliche Entscheidungen zurückgeführt. Zudem seien Sitzungen in der zweiten Hälfte wegen schwacher Besetzung oft nicht mehr beschlussfähig, auch die Teilnahme an Ausschüssen und Kommissionen sei dürftig, wie Hans Heinz Holz anmerkt. Insgesamt wird die fehlende Zusammenarbeit über die Einzelwissenschaften hinweg in Lehre und Forschung als Schwachpunkt angesehen. Letztlich bleiben die Positionen eines Für und Wider einer Teilung unverändert, in der Tendenz sogar eher in Richtung Beibehaltung des großen Fachbereichs. Dies wird an der von Wolfgang Jantzen[75] dargestellten Position der Heil- und Sonderpädagogik deutlich, die „aus der Feststellung der Mängel nicht die Konsequenz gezogen [habe, d. Verf.], daß diese durch eine Teilung des FB zu beseitigen wären".[76]

Interessant an dieser Sitzung der FBK ist ein Schreiben des Präsidenten, das der Dekan angefordert hat und von ihm in der FBK verlesen wird.

---

[71] Wolfgang Hecker war wissenschaftlicher Bediensteter für Politikwissenschaft im FB 03.
[72] UniA MR, 307/3, 6067.
[73] UniA MR, 307/3, 6069.
[74] Wilfried v. Bredow war Professor für Politikwissenschaft im FB 03.
[75] Wolfgang Jantzen war Professor für Sonderpädagogik im FB 03.
[76] UniA MR, 307/3, 6069.

Der Präsident bezieht sich auf einen Beschluss der FBK vom Juli 1973, wonach das IfL nach Klärung der endgültigen Fachbereichsstruktur dem FB 03 angegliedert werden soll. Insofern konstatiert der Präsident mit Bezug auf eine Diskussion im *Ständigen Ausschuss II*, „daß die Frage, was aus dem IfL werden soll, nicht unabhängig von der Frage diskutiert werden kann, wie die endgültige Struktur des Fachbereichs 03 aussehen wird". In dem Schreiben betont der Präsident, dass diese Entscheidung „nicht mehr lange hinausgeschoben werden" könne und „deswegen [...] jetzt Klarheit über die Zukunft des Fachbereichs geschaffen werden" müsse. Für ihn sei „eine Teilung des Fachbereiches 03 unerläßlich".[77] Eine solche Äußerung des Präsidenten wird von einigen Mitgliedern der FBK als Einmischung von außen abgelehnt, zugleich wird aber der Druck auf eine baldige Entscheidung immer größer. Der Präsident hebt in seinem Schreiben hervor, dass seit der Fachbereichsbildung auf allen Ebenen bis zum Kultusministerium die „Bildung eines Fachbereichs Erziehungswissenschaften/Leibeserziehung im allseitigen Einvernehmen in Aussicht genommen worden ist". Hinderungsgrund ist für beide Fachgebiete die unzureichende Anzahl an Hochschullehrern, was inzwischen in „den Gebieten Erziehungswissenschaften/Sonderpädagogik/Leibeserziehung" aber gegeben sei. Es ist unverkennbar, dass der Präsident auf eine Teilung drängt, dabei die Erziehungswissenschaft und Sonderpädagogik unter Hinzuziehung des IfL im Blick hat und eine Entscheidung „möglichst noch vor Weihnachten" anmahnt.[78]

Die Diskussion um die Teilung gewinnt in der folgenden Dezembersitzung des Fachbereichs nochmals an Dynamik. Die FBK hat von 14 Tagesordnungspunkten in der Zeit von 15:25 Uhr bis 0:20 Uhr nur über die „Struktur des Fachbereichs" diskutiert. Ausgedehnte Sitzungen bis in die Abend- und Nachtstunden sind im FB 03 keine Seltenheit, diese sticht aber in besonderer Weise hervor, da sie von der Erziehungswissenschaft mit dem Ziel einer Entscheidung über die Teilung forciert worden ist.

---

[77] Ebd.
[78] UniA MR, 307/3, 6069. Ein weiteres Argument des Präsidenten in diesem Schreiben bezieht sich darauf, dass im FB 03 mehr als ein Drittel aller Studierenden der Universität eingeschrieben sei, was der Idee der Fachbereichsbildung nach dem HUG widerspräche. Der FB habe eine Größe, wie sie der früheren *Philosophischen Fakultät* entspräche.

Aufgrund des großen öffentlichen Interesses wird die Sitzung in den Hörsaal verlegt und das Rederecht an die Öffentlichkeit erteilt.
Anhand eines von der Erziehungswissenschaft vorgelegten Modells geht es in einer kontrovers geführten Debatte um das Wissenschaftsverständnis der Einzelwissenschaften und die damit einhergehende Interdisziplinarität. Die Fachbereichsgröße und Verwaltungsschwierigkeiten werden als Probleme gesehen, aber nicht als zentral für die Schwächen des Fachbereichs gehalten. Die Erziehungswissenschaft hegt Zweifel an der Machbarkeit einer Interdisziplinarität, sieht eine Teilung bereits in der Entwicklung von *Studiengangseinheiten* vorweggenommen und hält die Befürchtung einer Entpolitisierung durch eine staatliche forcierte Teilung für unbegründet. Die Kernfrage, die sich durch die Diskussionsbeiträge zieht, fokussiert das gemeinsame *gesellschaftswissenschaftliche Grundstudium*, das von allen befürwortet, aber zugleich von der Sorge begleitet wird, dass ein geteilter Fachbereich ein solches Grundstudium nicht mehr gewährleisten könne. Hintergrund ist ein uneinheitliches Wissenschaftsverständnis, das einer Klärung unter Berücksichtigung unterschiedliche Positionen bedarf. Die folgenden Aussagen geben einen Einblick in den damaligen Diskurs:[79]

- „Als Kern der Auseinandersetzung sei die angestrebte Interdisziplinarität zu bezeichnen. Wenn in dieser Hinsicht Mängel festgestellt werden, sollte eine fundierte Analyse dieser Mängel vorausgehen, bevor der Schluß gezogen werde, daß nur eine Teilung die Lösungsmöglichkeit bringe" (Frank Deppe).
- „Als zentrales inhaltliches Problem sei die Frage des Verhältnisses von marxistischer Wissenschaft zur Einzelwissenschaft genannt worden. Diese Frage müsse tatsächlich zentral stehen, die Größe des FB sei demgegenüber zweitrangig. Man müsse feststellen, daß der bestehende Fachbereich kein ausschließlich marxistischer Fachbereich sei. Zu bezweifeln sei, ob es nach einer Teilung zwei gesellschaftswissenschaftliche Fachbereiche geben werde. Wahrscheinlicher sei, daß es einen gesellschaftswissenschaftlichen FB und einen FB Erziehungswissenschaft geben wird" (Georg Fülberth[80]).

---

[79] UniA MR, 307/3, 6069.
[80] Georg Fülberth war Professor für Politikwissenschaft im Fachbereich 03.

- „Die heterogene Fächerkombination dieses Fachbereichs könne nur dann sinnvoll integriert werden, wenn die wissenschaftstheoretischen Voraussetzungen erarbeitet worden wären" (Hans Heinz Holz).
- „Die Erziehungswissenschaftler lägen Wert darauf, mehrere Lehrmeinungen im Grundstudium einzuführen. Diese Auffassung werde aber gar nicht bestritten. Auch Grundarbeitskreis-Programm und Praktika schlössen sich nicht prinzipiell aus" (Helga Deppe[81]).
- „[...] alle Erfahrungen [deuten, d. Verf.] darauf hin [...], daß die Teilung intern bereits ein Faktum sei. Stets sei eine eigenartige Diskussionsverweigerung festzustellen gewesen, wenn inhaltliche Probleme besprochen werden sollten" (Dietmar Kamper).

An den Positionen zur Teilung hat sich in dieser Sitzung kaum etwas geändert. Deutlich haben die Studierenden erneut allen Teilungsabsichten eine Absage erteilt. Ihnen geht es zentral um den Erhalt des *gesellschaftswissenschaftlichen Grundstudiums*.[82] Am Ende der Debatte folgt die FBK einem Antrag von Reinhard Kühnl,[83] in dem anerkannt wird, dass sich alle Mitglieder der FBK hinsichtlich der Mängel nahezu einig sind, aber über die Ursachen noch intensiver diskutiert und bis zum Ende des Wintersemesters 1973/74 eine Entscheidung getroffen werden muss. Ergänzt wird der Beschluss durch einen Antrag von Wolfgang Hecker, der besagt, dass vor der Entscheidung über die zukünftige Organisation Entwürfe und Konzeptionen über Studiengänge und das *gesellschaftswissenschaftliche Grundstudium* vorgelegt werden sollen, was aber bis zur Entscheidung über die Teilung nicht erfolgt ist.

Die Teilungsdiskussion erstreckt sich noch über zwei Sitzungen im Februar 1974. Die erste der beiden Sitzungen ist aus mehreren Gründen von besonderer Bedeutung, da *erstens* die *Studiengangseinheit* Soziologie/Politik noch einmal mit einem umfangreichen Grundlagenpapier den Versuch unternimmt, den Erhalt des bisherigen Fachbereichs inhaltlich

---

[81] Helga Deppe war wissenschaftliche Bedienstete im Fachbereich 03.
[82] Diese Debatte findet sich auch unter den Sportstudierenden, die ebenfalls für die Beibehaltung des derzeitigen Fachbereichs *Gesellschaftswissenschaften* mit einer Angliederung des IfL votieren und dabei auf das *gesellschaftswissenschaftliche Grundstudium* und auf die problematische wissenschaftstheoretische Position einer bürgerlichen (Sport-)Wissenschaft verweisen (siehe zur Hochschulreform Kap. 6).
[83] Reinhard Kühnl war Professor für Politikwissenschaft im Fachbereich 03.

zu begründen, *zweitens* diese Diskussion zu keiner Veränderung der Positionen führt, *drittens* der StA II über den Dekan in einem Brief des Vizepräsidenten mitteilen lässt, dass er sich in den Semesterferien „mit der zukünftigen Struktur des FB 03 und mit der Zukunft des IfL befassen werde" sowie mit einer Entscheidung zu rechnen sei und *viertens* der Dekan mitteilt, dass das IfL vom Kanzler aufgefordert worden sei, „eine programmatische Bestandsaufnahme über seine Aufgaben und über die künftige Entwicklung von Forschungsschwerpunkten vorzulegen, aus der die personellen und materiellen Bedürfnisse des IfL hervorgehen".[84] Dieser Sitzung kann man den finalen Charakter anmerken, der nun unausweichlich auf eine Teilung hinausläuft.

Die 17-seitige Stellungnahme[85] aus der Gruppe *Politik/Soziologie* stellt das Zusammenwirken von Gesellschaftswissenschaft und Erziehungswissenschaft in einen komplexen Bezugsrahmen der damaligen gesellschaftspolitischen Situation, die sowohl durch die ökonomischen Verhältnisse als auch durch die Demokratisierungsprozesse an den Hochschulen, einschließlich der Studien- und Forschungsbedingungen, gekennzeichnet ist. Insbesondere geht es in der Stellungnahme um die gemeinsame Betrachtung dieser gesellschaftlichen Verhältnisse:

> Der besonders enge Zusammenhang zwischen den anderen Gesellschaftswissenschaften und der Erziehungswissenschaft konstituieren sich gegenständlich im Verhältnis von Gesellschaft und Sozialisation. Dabei geht es nicht etwa um Sozialisation als Integrations- und Konditionierungsprozesse neuer Generationen in eine statisch verstandene gesellschaftliche Struktur, sondern in hervorragender Weise um die Entfaltung der Sozialisationsprobleme in einer Gesellschaft, die sich in widersprüchlichen Entwicklungsprozessen befindet und gerade in den Formen und

---

[84] Für ein Gespräch mit der Universitätsleitung hat Hartmann ein Papier zur Strukturplanung (UniA MR, 308/19, 121) entworfen, das zuvor in der IB-Sitzung im November 1973 vorgestellt worden ist (UniA MR, 308/19, 121). Die Argumentation läuft auf eine Anbindung des IfL an einen erziehungswissenschaftlichen Fachbereich hinaus. Es geht um eine „erziehungswissenschaftliche Schwerpunktsetzung", die die „gesellschaftlichen Determinanten des Erziehungsprozesses", verstanden als „Teil des Sozialisationsprozesses", untersucht. Entsprechend wird ein Schwerpunkt mit sport*pädagogischen* Professuren gefordert.
[85] UniA MR, 307/3, 6071.

Formverschiebungen der Sozialisationsstrukturen und Sozialisationsinhalte zugleich Entwicklungsschübe sichtbar werden läßt und vollstreckt.[86]

Das engagierte Bemühen um den Erhalt des Fachbereichs wird gleich in der ersten Wortmeldung von Leonhard Froese[87] zunichte gemacht:

> Bei den Erziehungswissenschaftlern habe sich keine Umstimmung ergeben. Man sollte weder Zeit noch Emotionen verschwenden, um Situationen ändern zu wollen, die sich nicht mehr ändern ließen. Man sollte zu rationalen Ergebnissen kommen.[88]

Da sich die Positionen nicht geändert haben und der Druck seitens des *Ständigen Ausschusses II* groß ist, schlägt Fülberth in einem umfassenden Antrag vor, eine Kommission einzusetzen, die sich mit der Gründung eines Fachbereichs *Erziehungswissenschaften* befasst und dabei die Interessen anderer *Studiengangseinheiten* und auch des nichtwissenschaftlichen Personals wahrt sowie die curricularen Gemeinsamkeiten für das Grundstudium erhält, Kooperationen in der Lehre anstrebt und die Beteiligung an interdisziplinären Forschungsgruppen berücksichtigt. Gegen diesen umfangreichen Antrag erhebt Kamper Einspruch. Letztlich wird der Antrag nicht verabschiedet, sondern die Entscheidung auf die nächste Sitzung verschoben.

Zur zweiten entscheidenden Sitzung am 20. Februar 1974 liegen zwei Anträge vor, die Gegenstand der Diskussion und Entscheidung sind. Der erste Antrag wird von Fülberth und Kamper vorgelegt, der eine Teilung zum Ziel hat, der zweite Antrag geht auf die gemeinsame Kommission der nichtwissenschaftlichen Bediensteten zurück, der aber in den ersten Antrag im Laufe der Diskussion eingearbeitet wird. Im Kern besagt der Antrag, dass es zwei gesellschaftswissenschaftlich orientierte Fachbereiche geben soll, einen Fachbereich *Erziehungswissenschaften* und einen Fachbereich *Gesellschaftswissenschaften*. Dem ersten gehören mindestens die Fachrichtung „Erziehungswissenschaft" und dem zweiten mindestens die Fachrichtung „Wissenschaftliche Politik und Soziologie" an.

---

[86] Ebd.
[87] Leonard Froese war Professor für Erziehungswissenschaft im Fachbereich 03.
[88] UniA MR, 307/3, 6071.

Die übrigen Fachrichtungen, die in Studiengangseinheiten organisiert sind, sowie das Institut für Leibesübungen werden aufgefordert, ein Votum über ihre Zuordnung zu einem der beiden Fachbereiche herbeizuführen und dieses bis zum 8.4.1974 im Dekanat schriftlich einzureichen.[89]

Die weiteren Punkte des Antrags halten nach längerer Diskussion fest, dass in einer paritätisch besetzten Kommission ein „für alle Hauptfachstudiengänge der neuen Fachbereiche [...] ein gemeinsames gesellschaftswissenschaftliches Grundstudium erarbeitet", dass eine Kooperation in Forschung und Lehre von beiden Fachbereichen organisiert und dass eine Fachbereichsverwaltung aufgebaut werden soll. Ausführlich tragen die Studierenden nochmals ihre ablehnende Haltung zur Teilung vor und werfen einer „pädagogischen Minderheit"[90] vor, hier eine Teilung erzwungen zu haben, die – so die Befürchtung – die fortschrittlichen Kräfte in einer Zeit des Reformrückbaus durch die HUG-Novellierung und existierende Berufsverbote schwächt und zu ihrer Diffamierung beiträgt. In namentlicher Abstimmung wird der Antrag mit 34 zu 9 Stimmen bei einer Enthaltung angenommen. Damit hat der FB 03 am 20. Februar 1974 seine Teilung mit der Ausgliederung der Erziehungswissenschaft beschlossen.

Der *Ständige Ausschuss II* beschließt nun in seiner Sitzung im März 1974 die Gründung des neuen Fachbereichs *Erziehungswissenschaften*. Interessant ist die Einleitung der Beschlussfassung durch den Vorsitzenden Prof. Dr. Bernd-Ulrich Kettner. Er berichtet, „daß die FBK des Fachbereichs 03 mit dem Beschluss am 20.2.1974 die Teilung des FB 03 akzeptiert habe". Dies kann man so lesen, dass Präsident und StA längst von einer Teilung ausgegangen sind, nur der Beschluss des FB 03 dazu noch gefehlt hat. Insofern trifft es zu, dass die FBK sich dem Druck der Universitätsleitung beugen musste und dies vor allem deswegen, weil die Erziehungswissenschaft mit einem klaren Votum für einen eigenen Fachbereich in die Diskussion gegangen ist. Hinzu kommt, dass auch das IfL im Falle einer Teilung dem Fachbereich *Erziehungswissenschaften* zugeordnet werden sollte und wollte. Im Rückblick ließe sich resümieren, dass zwar eine umfangreiche Debatte über die Bedeutung *gesellschaftswissen-*

---

[89] Ebd.
[90] Ebd.

schaftlicher Grundlagen stattgefunden hat, die aber den gemeinsamen Fachbereich nicht erhalten konnte.

Der *Ständige Ausschuss II* hat zudem im März auch die Zuordnung der weiteren Fachrichtungen zu den beiden neuen Fachbereichen beschlossen, ohne die vom FB 03 gesetzte Frist bis zum April 1974 und das Recht auf Selbstbestimmung der Zuordnung abzuwarten.

Bezogen auf die Zuordnung des IfL hat den Mitgliedern des *Ständigen Ausschusses* ein „Grundsatzpapier Sportwissenschaft am Institut für Leibesübungen Marburg" als Unterlage Nr. 150 vorgelegen, das zwar nicht ausführlich diskutiert worden ist, aber hinsichtlich seiner inhaltlichen Substanz bemerkenswert ist.[91] Es ist wahrscheinlich in Teilen von Herbert Hartmann, zu diesem Zeitpunkt geschäftsführender Direktor des IfL, und von Volker Rittner verfasst worden.[92] In diesem Grundsatzpapier wird erstmals ein völlig neuer, sozialwissenschaftlich und kritisch orientierter Blick auf den gesellschaftlichen Sport und die sich entwickelnde Sportwissenschaft geworfen. Dies ist insofern bemerkenswert, weil es in der Diktion und im Wissenschaftsverständnis mit der bisherigen klassisch pädagogisch-anthropologisch argumentierenden Position bricht. Aus der kritischen Reflexion des „einen Sports", wie er in der Tradition der Olympischen Spiele insbesondere über Carl Diem an den Universitäten etabliert worden ist, zum einen zur Kompensation des studentischen Alltags als Hochschulsport für alle und zum anderen in der Ausbildung von Sportlehrkräften als Einführung in den traditionellen Sport, wird nun ein grundsätzlich neuer Forschungsschwerpunkt für das Institut vorgeschlagen: „Das Verhältnis von Körper und Geist in komplexen Gesellschaften". Damit soll dem gerade erst begonnenen Verwissenschaftlichungsprozess Rechnung getragen werden, dem „ein tiefgreifender Verständniswandel auf der Ebene der wissenschaftlichen Reflexion" folgt und der als Paradigmenwechsel angesehen werden kann. Dahinter steht ein ge-

---

[91] Wahrscheinlich geht dieses Papier auf eine Mitteilung des Dekans in der ersten Februarsitzung 1974 des FB 03 zurück, die das IfL zu einer „programmatischen Bestandsaufnahme über seine Aufgaben und über die künftige Entwicklung von Forschungsschwerpunkten" auffordert (UniA MR, 307/3, 6071).

[92] Das Grundsatzpapier hat keine namentliche Kennzeichnung des Verfassers. In der IB-Sitzung am 14. Februar 1974 wird von einem „Rittnerentwurf" gesprochen und von einigen kritisiert, dass es zu soziologisch sei. In der vorausgegangenen IB-Sitzung am 04. Februar 1974 wird Hartmann als Geschäftsführender Direktor aufgefordert, an der Endfassung mitzuwirken (UniA MR, 308/19, 121).

sellschaftlicher Wandel, der einer „Erosion der traditionellen Auffassung" von Sport und universitärem Studium gleichkommt. Das gewandelte Verständnis von Sport und das neue Selbstverständnis einzelner wissenschaftlicher Disziplinen müssen zu einem veränderten Lehrangebot und einem reformierten Studium der Sportwissenschaft führen. In der Forschung wäre als naheliegendes Grobziel der „Sport als Sozialisationsmedium im Erziehungssystem der BRD" im Kontext des oben genannten Forschungsschwerpunktes für das Institut zu formulieren. Entsprechend werden in dem Papier zukünftige Stellenbesetzungen und Ausstattungen der Professuren in diesem Sinne begründet. Damit liegt erstmals ein fundiertes Papier[93] zur Neuausrichtung des IfL in Marburg vor, auf dessen Grundlage die Institutsentwicklung in einem neuen Fachbereich vorangetrieben und in den Gremien der Universität begründet werden kann.[94] An dieser Stelle soll nicht weiter evaluiert werden, was aus diesem Grundsatzpapier geworden ist und wie es die Institutsentwicklung in Forschung und Lehre beeinflusst hat. Dies muss in weiteren Rekonstruktionen zur Institutsgeschichte untersucht werden. Es lässt sich aber vermuten, dass sich mit der Eingliederung in den Fachbereich *Erziehungswissenschaften* und der Besetzung entsprechender Professuren das Institut neu aufgestellt hat. Für den *Ständigen Ausschuss II* ist vor diesem Hintergrund offenbar das Sportstudium das wesentliche Kriterium für die Zuordnung, wenn er fragt, „ob es angemessen wäre, das IfL, soweit seine Aufgabe in der Ausbildung von Sportlehrern besteht, einem neuen Fachbereich Erziehungswissenschaften zuzuordnen", was genau genommen schon entschieden ist.[95]

Auch in Bezug auf die Sonderpädagogik diskutiert der *Ständige Ausschuss* das besondere Problem der Sonderpädagogik „wegen seiner engen Beziehung zu den Gesellschaftswissenschaften". Die Lösung des Problems wird sogleich an den neuen Fachbereich *Erziehungswissenschaften*

---

[93] An dieser Stelle kann das theoretisch sehr fundierte und wissenschaftlich argumentierende Papier nicht weiter dargestellt werden. Dieses Grundsatzpapier ist für die Konzeption und Weiterentwicklung des Instituts ein Novum in der bisherigen Institutsgeschichte, da es durch seine sozialwissenschaftliche Fundierung und Orientierung grundlegend von allen bisherigen Positionspapieren und Denkschriften abweicht (UniA MR, 305 f, 1887).
[94] UniA MR, 305 f, 1887.
[95] Ebd.

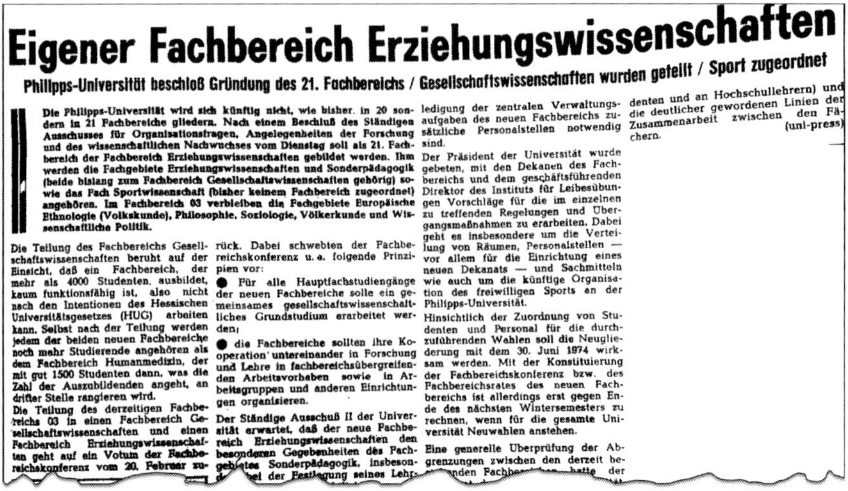

Eigener Fachbereich Erziehungswissenschaften

Philipps-Universität beschloß Gründung des 21. Fachbereichs / Gesellschaftswissenschaften wurden geteilt / Sport zugeordnet

Die Philipps-Universität wird sich künftig nicht, wie bisher, in 20 sondern in 21 Fachbereiche gliedern. Nach einem Beschluß des Ständigen Ausschusses für Organisationsfragen, Angelegenheiten der Forschung und des wissenschaftlichen Nachwuchses vom Dienstag soll als 21. Fachbereich der Fachbereich Erziehungswissenschaften gebildet werden. Ihm werden die Fachgebiete Erziehungswissenschaften und Sonderpädagogik (beide bislang zum Fachbereich Gesellschaftswissenschaften gehörig) sowie das Fach Sportwissenschaft (bisher keinem Fachbereich zugeordnet) angehören. Im Fachbereich 03 verbleiben die Fachgebiete Europäische Ethnologie (Volkskunde), Philosophie, Soziologie, Völkerkunde und Wissenschaftliche Politik.

Die Teilung des Fachbereichs Gesellschaftswissenschaften beruht auf der Einsicht, daß ein Fachbereich, der mehr als 4000 Studenten ausbildet, kaum funktionsfähig ist, also nicht nach den Intentionen des Hessischen Universitätsgesetzes (HUG) arbeiten kann. Selbst nach der Teilung werden jedem der beiden neuen Fachbereiche noch mehr Studierende angehören als dem Fachbereich Humanmedizin, der mit gut 1500 Studenten dann, was die Zahl der Auszubildenden angeht, an dritter Stelle rangieren wird.

Die Teilung des derzeitigen Fachbereichs 03 in einen Fachbereich Gesellschaftswissenschaften und einen Fachbereich Erziehungswissenschaften geht auf ein Votum der Fachbereichskonferenz vom 20. Februar zurück. Dabei schwebten der Fachbereichskonferenz u. a. folgende Prinzipien vor:

- Für alle Hauptfachstudiengänge der neuen Fachbereiche solle ein gemeinsames gesellschaftswissenschaftliches Grundstudium erarbeitet werden;
- die Fachbereiche sollten ihre Kooperation untereinander in Forschung und Lehre in fachbereichsübergreifenden Arbeitsvorhaben sowie in Arbeitsgruppen und anderen Einrichtungen organisieren.

Der Ständige Ausschuß II der Universität erwartet, daß der neue Fachbereich Erziehungswissenschaften den besonderen Gegebenheiten des Fachgebietes Sonderpädagogik, insbesondere bei der Festlegung seines Lehr- … ledigung der zentralen Verwaltungsaufgaben des neuen Fachbereichs zusätzliche Personalstellen notwendig sind.

Der Präsident der Universität wurde gebeten, mit den Dekanen des Fachbereichs und dem geschäftsführenden Direktor des Instituts für Leibesübungen Vorschläge für die im einzelnen zu treffenden Regelungen und Übergangsmaßnahmen zu erarbeiten. Dabei geht es insbesondere um die Verteilung von Räumen, Personalstellen — vor allem für die Einrichtung eines neuen Dekanats — und Sachmitteln wie auch um die künftige Organisation des freiwilligen Sports an der Philipps-Universität.

Hinsichtlich der Zuordnung von Studenten und Personal für die durchzuführenden Wahlen soll die Neugliederung mit dem 30. Juni 1974 wirksam werden. Mit der Konstituierung der Fachbereichskonferenz bzw. des Fachbereichsrates des neuen Fachbereichs ist allerdings erst gegen Ende des nächsten Wintersemesters zu rechnen, wenn für die gesamte Universität Neuwahlen anstehen.

Eine generelle Überprüfung der Abgrenzungen zwischen den derzeit be- … denten und an Hochschullehrern) und die deutlicher gewordenen Linien der Zusammenarbeit zwischen den Fächern. (uni-press)

Abb. 35: Zeitungsausriss aus der Oberhessischen Presse von März 1974 (Ausschnitt; IfSM-Archiv, Bestand Walter Bernsdorff)

übergeben. Der Vorschlag von Holger Probst[96] aus der Sonderpädagogik, „ob nicht die Möglichkeit bestehe, einen eigenen Fachbereich Sonderpädagogik zu errichten", wird in der Stellungnahme des Präsidenten mit der Ankündigung beantwortet, dass ohnehin in „absehbarer Zeit die gesamte Fachbereichsstruktur der Philipps-Universität auf ihre Nützlichkeit überprüft werden müßte" und derzeit kein weiterer neuer Fachbereich gebildet werden könne.[97]

Mit nochmaligem Verlesen der Briefe des Präsidenten zur Dringlichkeit der Teilung fasst der *Ständige Ausschuss II* den Beschluss, einen neuen Fachbereich 21 zu bilden, dem angehören,

> das Fachgebiet Erziehungswissenschaften und das Fachgebiet Sonderpädagogik – unter Ausgliederung aus dem Fachbereich Gesellschaftswissenschaften – und das Fach Sportwissenschaft. Diese neue Gliederung wird wirksam
>
> a) hinsichtlich der Zuordnung von Studenten und Personal für die durchzuführenden Wahlen mit dem 30.6.1974,

96 Holger Probst war Professor für Sonderpädagogik im FB 03.

97 UniA MR, 305 f, 1887.

b) im Übrigen mit der Konstituierung der Fachbereichskonferenz bzw. des Fachbereichsrates des neuen Fachbereichs.[98]

Zur Beschleunigung der Umsetzung werden noch in dieser Sitzung Beschlüsse zur Klärung der Personalzuordnung und der Haushaltsmittel getroffen, die grundsätzlich das umfassen sollen, was vorher den Fachgebieten zur Verfügung stand. Mit diesem Beschluss ist auch „die zukünftige Organisation des freiwilligen Sports in der Philipps-Universität" zu klären und die Frage verbunden, „ob auch die Aufgabe, die das IfL bisher auf dem Gebiet des freiwilligen Hochschulsports zu erfüllen hatte, innerhalb des neuen Fachbereichs oder besser auf zentraler Ebene institutionalisiert werden sollte". Diese Frage wird in Folgesitzungen des Ausschusses zugunsten einer zentralen Einrichtung in Form einer Betriebseinheit entschieden. Damit geht von dieser Sitzung auch der Startschuss für die Neuorganisation des Hochschulsports aus.[99]

Insofern ist das Jahr 1974 für das IfL *und* die Erziehungswissenschaft ein einschneidendes Datum, da sowohl das IfL – jetzt als Sportwissenschaft – als auch die Erziehungswissenschaft einschließlich der Sonderpädagogik erstmals in einem eigenständigen Fachbereich organisiert sind. Für das IfL bedeutet die Entscheidung das Ende einer 50-jährigen Geschichte als eigenständiges Institut an der Universität Marburg und für die Erziehungswissenschaft ist es die Nullstunde eines eigenen Fachbereichs (Abb. 35).

Im Fachbereich 03 berichtet der Dekan in der Aprilsitzung über den Teilungsbeschluss des *Ständigen Ausschusses II* mit der bereits vollzogenen Zuordnung der einzelnen Fachrichtungen, was nochmals auf Kritik stößt, die darin zugespitzt wird, dass sich hier das Interesse von außen an einer

---

[98] Mit dem Beschluss wird die Erwartung verbunden, dass der neue Fachbereich „den besonderen Gegebenheiten des Fachgebietes Sonderpädagogik, insbesondere […] hinsichtlich seiner interdisziplinären Verflechtungen, Rechnung trägt" (UniA MR, 305 f, 1887).

[99] Bereits in seiner Sitzung im Juni 1974 beschließt der *Ständige Ausschuss II* nach Beratung mit dem IfL die Einrichtung einer Technischen Betriebseinheit „Zentrum für allgemeinen Hochschulsport" mit eigener Satzung (UniA MR, 305 f, 1887). Insofern ist auch der Beschluss zur Gründung eines *Zentrums für Hochschulsport* vor genau 50 Jahren, also im Jahr 1974, gefällt worden. Siehe auch die Stellenanmeldung in der Junisitzung des StA III (UniA MR, 305 f, 1887).

Teilung des FB 03 dokumentiert.[100] Diese Einschätzung kann man durchaus teilen, wenn man bedenkt, dass das Ministerium bereits am 29. März 1974 diesen Beschluss mit allen vorgenommenen Zuordnungen der Fachrichtungen genehmigt hat.[101]
Noch im März 1974 hat es mit den Vertretungen der beiden Fachbereiche und dem IfL eine Besprechung über die Fixierung der Stellenpläne und des Haushaltsansatzes im Präsidium gegeben. Eine gebildete Strukturkommission für den FB 21 kündigt in der FBK des Fachbereichs 03 im Oktober 1974 einen Vorschlag zur Binnenstrukturierung des neuen Fachbereichs an. All dies lässt auf eine schnelle Realisierung des neuen Fachbereichs schließen. Die Berufungsangelegenheiten für die Sportwissenschaft, Sonderpädagogik und die Erziehungswissenschaft laufen zwar in der gewohnten Weise im FB 03 weiter, da sich der neue Fachbereich noch nicht konstituiert hat, aber Stellen- und Haushaltsanmeldungen für die Jahre ab 1975 werden im FB 03 ab sofort getrennt nach den neuen Fachbereichen 03 und 21 beschlossen. Die vom FB 03 und Präsidium gewünschte schnelle Umsetzung der Teilung wird allerdings durch die Novellierung des HUG im September 1974 zunächst einmal zunichte gemacht:

> Für den FB 03 wirke sich die Novellierung auch auf den Zeitpunkt der Teilung aus; die Konstituierung des FB 21 könne erst im Zusammenhang mit den Wahlen zu den neuen Gremien erfolgen, dies werde voraussichtlich nicht vor Ende des Sommersemesters 1975 möglich sein. Bis dahin bleibe die derzeitige FBK in Tätigkeit.[102]

Die Novellierung schafft auch die *Fachbereichskonferenz* ab, der qua Amt alle Professuren sowie die weiteren Statusgruppen nach festgelegtem Proporz angehörten, und ersetzt diese durch den *Fachbereichsrat* (FBR) mit gewählten Mitgliedern aller Statusgruppen mit je unterschiedlichem Anteil. Zudem bilden die Dozent/innen keine eigenständige kooperationsrechtliche Gruppe mehr. Sie gehören entweder durch Überlei-

---

[100] Gemeint ist das Kultusministerium, das dem FB 03 kritisch gegenübersteht, was sich in zahlreichen Stellenbesetzungen, insbesondere im Rahmen der Überleitungen auf Professuren gezeigt hat.
[101] UniA MR, 307/3, 6072.
[102] UniA MR, 307/3, 6074.

tung zur Gruppe der Hochschullehrer/innen oder werden den Wissenschaftlichen Mitarbeiter/innen zugeordnet.

Vor dem Hintergrund der Novellierung des HUG gestaltet sich die Strukturentwicklung des neuen Fachbereichs recht schwierig, da die Folgen einzelner Regelungen noch nicht vollständig überblickt werden können. Die eingesetzte Strukturkommission legt im Januar 1975 einen Bericht vor, in dem zwei Modelle (zentral und dezentral) beschrieben werden,[103] deren Konkretisierung und Diskussion erst in der Zeit nach der konstituierenden Sitzung am 25. Juni 1975 beginnt.[104] Mit Blick auf das novellierte HUG wird in Erweiterung dieser Modelle dem FB 21 im Oktober 1975 der Strukturvorschlag eines *Integrierten Fachbereichs* vorgelegt,[105] der allerdings erst in der Folgezeit die Bedarfe und hochschulpolitischen Vorstellungen der drei Fachrichtungen konkretisieren kann.

An dieser Strukturentwicklung ist das IfL nur bedingt beteiligt, da es zu dieser Zeit nur in begrenztem Umfang handlungsfähig ist. Auch sind die Folgen der Teilung für das IfL im neuen Fachbereich *Erziehungswissenschaften* im *Institutsbeirat* bisher nicht diskutiert worden. In der Sitzung des IB im Mai 1974 moniert der studentische Vertreter Karl-Heinz Becher, dass bisher weder über eine politische Beurteilung noch über die Konsequenzen der Zuordnung zum neuen Fachbereich diskutiert worden ist. Vor allem geht es ihm für die Studierenden um das *gesellschaftswissenschaftliche Grundstudium*, das verabredungsgemäß über die Teilung hinaus weitergeführt werden soll. Becher ordnet diesen Beschluss zur Teilung in den Kontext verschärfter Angriffe auf die demokratischen Rechte der Universität ein.[106] Die Position von Becher wird auch von einigen Mitarbeiter/innen geteilt, aber darauf verwiesen, dass die Frage des Grundstudiums im Lehr- und Studienausschuss behandelt werden soll. Um sich mit den Folgen der Zuordnung zum FB 21 auseinanderzusetzen, wird ein Ausschuss gebildet, der sowohl die politischen als auch

---

[103] UniA MR, 308/19, 121
[104] Zum ersten Dekan des Fachbereichs 21 wird Prof. Dr. Dietmar Kamper (Erziehungswissenschaft) – bis zum Wintersemester 1973/74 Dekan des FB 03 – gewählt. Ihm stehen als Prodekan Prof. Dr. Leonhard Froese (Erziehungswissenschaft) und als Prädekan Prof. Dr. Karl Heinz Bönner (Heil- und Sonderpädagogik) zur Seite.
[105] UniA MR, 308/19, 19.
[106] Seine politische Einordnung macht er an gezielten Diffamierungen und Falschmeldungen zum FB 03 fest, die z.B. darin bestehen, dass alle Professoren Mitglieder der DKP seien und der FB von der DKP gesteuert würde (UniA MR, 308/19, 121).

die organisatorischen Konsequenzen zu bewerten hat. Unabhängig von einem solchen Ausschuss geht es im Institut mehr um die Bewältigung der geforderten Lehre bei wachsender Studierendenzahl[107] und um die erfolgreiche Besetzung von Professuren, was erst zum Wintersemester 1975/76 gelingt.

An der konstituierenden Sitzung des FB 21 am 25. Juni 1975 hat kein/e Hochschullehrer/in aus dem IfL teilnehmen können, da noch keine der ausgeschriebenen Professuren besetzt werden konnte.[108] Nur mit Walter Bernsdorff ist ein Wissenschaftlicher Mitarbeiter des Instituts im FBR vertreten. Diese Situation ändert sich erst mit der Berufung von Dr. Eberhard Hildenbrandt auf die Professur für *Sportpädagogik* zum Wintersemester 1975/76. Ab diesem Zeitpunkt konsolidiert sich die Stellensituation und die Entwicklung von Forschungsschwerpunkten mit den Arbeiten von Volker Rittner[109] (*Anthropologie und Soziologie des Sports*) und ab 1976 mit Hans Gerhard Sack (*Sportpsychologie*), Friedhelm Schilling (*Sozialpsychologie des Sports und Bewegungstherapie*) und Ferdinand Klimt (*Sportmedizin*).

7.5 Der Weg des IfL in den FB 21 – ein Resümee

Wie hinderlich die *Sonderstellung* des IfL für den Prozess der Hochschulreform gewesen ist, zeigen die ausgewählten Ereignisse und Entscheidungsverläufe, die das Marburger Institut auf dem Weg zur Eingliederung in einen Fachbereich durchlaufen musste. Es war allem Anschein

---

[107] Die Zahl der Sportstudierenden ist in der Zeit der Hochschulreform zwischen 1970 und 1975 von 301 auf 742 gestiegen (vgl. Bernsdorff, 1977c, S. 185). Diese Steigerung musste ohne nennenswerten Personalzuwachs bewältigt werden – und dies weitgehend ohne Hochschullehrer/innen (mit Ausnahme von Hartmann von 1973 bis 1974 und Rittner als Dozent ab 1973).

[108] Erst ab der Sitzung des FBR am 22. Oktober 1975 gehört Prof. Dr. Eberhard Hildenbrandt als erster berufener Professor für Sportpädagogik auch dem *Fachbereichsrat* an. Die Festlegung der Anzahl der Hochschullehrer/innen scheint nach Novellierung des HUG noch nicht geklärt zu sein. Der FBR legt nach den erfolgten Neuberufungen zum Wintersemester 1975/76 einen Proporz von 13 : 5 : 2 : 2 fest (Professuren : Studierende : Wissenschaftliche Mitarbeiter/innen : sonstige Bedienstete; UniA MR, 308/19, 19).

[109] Ich danke Volker Rittner für die aufschlussreichen Informationen vom 21. April 2024 über seine biographische Station in Marburg sowie zur hiesigen Institutsentwicklung in den 1970er-Jahren.

nach nicht in erster Linie die fehlende Anerkennung von Leibeserziehung, Körpererziehung oder Sport als Gegenstand von Wissenschaft, die den Weg haben schwerlich werden lassen, wohl aber die starke Fokussierung auf die Sportpraxis als wesentlichem Studieninhalt und damit verbunden die personelle Ausstattung des Instituts mit Diplom-Sportlehrer/innen, die kaum oder gar nicht mit Forschungsfragen befasst waren, was mit ihrer spezialisierten Qualifikation für eine Sportart, aber auch mit dem hohen Lehrdeputat zu tun hatte. Die zum Zeitpunkt der Neustrukturierung der Universitäten im Rahmen der hessischen Hochschulreform geforderten Qualifikationen konnten die Assistenten und Mitarbeiter/innen mehrheitlich nicht vorweisen. Insofern fehlte dem Marburger IfL die breite Anerkennung als wissenschaftliches Fach, um sich in den Diskurs des gesellschaftswissenschaftlichen Fachbereichs einbringen zu können. Aufgrund der von Lindner forcierten *Sonderstellung* war im Institut keine Personalstruktur geschaffen worden, die einen eigenen Fachbereich hätte rechtfertigen können. Daher kann man festhalten, dass das Marburger Institut eine schwache Ausgangsposition für die anstehende Hochschulreform gehabt hat und insofern mit den Vorstellungen eines *eigenen Fachbereichs* scheitern musste, ja quasi mangels eigener Reformfreudigkeit letztlich in einen Fachbereich gedrängt worden ist.

Die Teilung des Fachbereichs *Gesellschaftswissenschaften* war in gewisser Weise bereits im Gründungsprozess angelegt, da die Größe des entstehenden Fachbereichs absehbar war und sich vor allem schon damals abzeichnete, dass die Erziehungswissenschaft einen eigenen Fachbereich bilden wollte. Zu diesem Zeitpunkt war das IfL weder für die Gesellschaftswissenschaften noch für die Erziehungswissenschaften von Interesse, da es von Anfang an einen *eigenen Fachbereich* favorisiert hat. Die Verflechtung mit dem FB 03 ist erst mit der Frage nach der Zuständigkeit für Berufungsverfahren entstanden. Die zwischen Sommer 1973 und Frühjahr 1974 entstandene Debatte um die Teilung des Fachbereichs betont das so genannte *gesellschaftswissenschaftliche Grundstudium* als gemeinsames Studienangebot aller Fachrichtungen. Letztlich standen sich zwei Diskurse gegenüber, die auf der einen Seite als gesellschaftswissenschaftliche Debatte zum Erhalt von Interdisziplinarität und auf der anderen Seite als Defizitanalyse zur Teilung aufgrund mangelnder Kooperation geführt wurden. Getrieben war die Diskussion stets von der Intention der Erziehungswissenschaft zur Bildung eines eigenen Fachbereichs.

Unter dem Druck des Präsidenten, der eine baldige Entscheidung zugunsten einer Teilung gefordert hat, wird schließlich im Februar 1974 die Teilung in der *Fachbereichskonferenz* und im März im *Ständigen Ausschuss II* beschlossen und noch im selben Monat vom Kultusministerium genehmigt. Dem IfL als bis dahin fakultäts- und fachbereichsfreie Einrichtung bleibt keine andere Wahl, als sich diesem Teilungsvorgang zu fügen und sich aufgrund des Mehrheitsvotums der Institutsmitarbeiter/innen und der Mehrheit der FBK dem neuen Fachbereich *Erziehungswissenschaften* anzugliedern.

Damit ist die Eingliederung vier Jahre nach Beginn der Diskussion um die neue Fachbereichsstruktur der Universität Marburg aufgrund des neuen Hochschulgesetzes von 1970 (HUG) vollzogen. Das *Institut für Leibesübungen* gehört seitdem mit der Zuordnung des Personals und der Vorbereitung der Wahlen zum *Fachbereichsrat* im Jahr 1975 sowie der konstituierenden Sitzung des FBR im Juni 1975 als *Institut für Sportwissenschaft* und später (1983) als *Institut für Sportwissenschaft und Motologie* dem Fachbereich 21 (Erziehungswissenschaften) neben den beiden anderen *Instituten für Erziehungswissenschaft* und *Sonderpädagogik* an.

8 Die personelle Situation im Institut während der Hochschulreform

Die anhaltende *Sonderstellung* und das damit verbundene Moratorium haben die hochschulrechtliche Zuständigkeit für das IfL unübersichtlich gemacht. Das Institut möchte im Rahmen der Bildung neuer Fachbereiche einen *eigenen Fachbereich* gründen, was zwar grundsätzlich von der Universitätsleitung und dem Senat akzeptiert wird, aber in der Übergangsphase mit der noch unzureichenden personellen Ausstattung vorerst nur als *Wissenschaftliches Zentrum* möglich ist. Daher rücken parallel zur Fachbereichszuordnung – wie im siebten Kapitel dargestellt – die Personalentscheidungen zur Besetzung von Professuren und zur Überleitung in die neue Personalstruktur zunehmend in den Mittelpunkt der Institutsentwicklung.[1]

8.1 Professuren und Überleitungen

Für die mit Beschluss des Senats vom 13. Juli 1970 neu gebildeten 20 Fachbereiche sind bis Mitte 1971 die Zuständigkeiten für Berufungen und Überleitungsfragen nach Konstituierung ihrer Gremien weitgehend geklärt. Die fachbereichsfreien Einrichtungen wie das IfL müssen aufgrund der fehlenden Zuordnung zu einem Fachbereich ihre Zuständigkeiten für Personalentscheidungen, Berufungskommissionen und Überleitungen erst in anderen universitären Gremien klären.

Der *Akademische Ausschuss für Leibesübungen* (AAfL) ist für das IfL das zentrale Gremium zur Vertretung seiner Interessen gegenüber dem Präsidium, dem Senat und den potenziellen korporationsrechtlichen Fachbereichen. In seiner Sitzung am 15. Juli 1971 berät der AAfL über den Bedarf notwendiger Professuren.[2] Auf Antrag des studentischen Vertreters Erich Heine[3] beschließt der AAfL, die beiden bereits zugesagten

---

[1] Vgl. Bernsdorff, 1977b, S. 156ff.
[2] Die bisher einzigen Professoren am Institut waren Prof. Dr. Peter Jaeck in den 1920er- und 1930er-Jahren und sein Nachfolger Prof. Dr. Hans Möckelmann von 1937 bis 1945.
[3] Erich Heine studierte in Marburg Sport, Geschichte und Politikwissenschaft und engagierte sich im *Institutsbeirat* als studentischer Vertreter bis zum Wintersemester 1972/73. Bis Anfang 1975 war er als Wissenschaftlicher Mitarbeiter im Institut tätig.

geistes- und sozialwissenschaftlichen Professuren in die Zuständigkeit des Fachbereichs *Gesellschaftswissenschaften* zu geben und für die Professur *Bewegungslehre und Biomechanik* die Zuständigkeit an den Fachbereich *Physik* zu übertragen. Heine stellt darüber hinaus den Antrag, dass die Berufungskommission für die Professuren der geistes- und sozialwissenschaftlichen Arbeitsrichtungen drittelparitätisch besetzt werden soll. Der AAfL befürwortet diesen Antrag und leitet den Beschluss an den zuständigen StA II weiter.

Bereits im Juli 1971 befasst sich der *Ständige Ausschuss für Organisationsfragen* (StA II) im Rahmen der Zuordnung von fachbereichsfreien Einrichtungen sowie der übergangsweisen Zuständigkeit für Professuren mit dem Status des IfL. Der Ausschuss beschließt auf Empfehlung des AAfL, die beiden im Haushalt verankerten H2- und H4-Professuren auszuschreiben und „dem Fachbereich Gesellschaftswissenschaften zuzuweisen, da dort die Erziehungswissenschaftler angesiedelt seien".[4] Über die Zuständigkeit für die Besetzung der Berufungskommission wird zu einem späteren Zeitpunkt im Senat entschieden. Eine Aufteilung der beiden Professuren auf unterschiedliche Fachbereiche erfolgt nicht.

Auf einer gemeinsamen Sitzung der *Ständigen Ausschüsse für Organisationsfragen* (StA II) sowie *Haushaltsfragen* (StA III) im Herbst 1971 wird in Bezug auf das Überleitungsgesetz für die Fachbereiche und fachbereichsfreien Einrichtungen ein Beschluss zum Verhältnis von Professuren zu Dozenturen gefasst.[5] Die Mitglieder der beiden Ausschüsse sprechen sich für ein „Zahlenverhältnis von 6 Professoren- und 3 Dozentenstellen" im *Institut für Leibesübungen* aus.[6] Weiterhin beschließen die beiden Ausschüsse die Regelung, dass im Ganzen „unbeschadet zukünftiger Zuordnungen […] für das IfL der Fachbereich 3" zuständig ist, „der sich zuvor mit dem *Akademischen Ausschuß für Leibesübungen* ins Benehmen setzen soll".[7] Damit wird für die kommenden Jahre festgelegt, dass der FB 03 für alle Belange und insbesondere für die Berufungsverfahren aller am IfL zu besetzenden Professuren zuständig ist.

---

[4] UniA MR, 305 f, 1887.
[5] Die neue Stellenstruktur sieht neben der Ausstattung mit Professuren auch Dozenturen für promovierte Wissenschaftler/innen vor. Dozenturen bildeten eine eigenständige Statusgruppe.
[6] UniA MR, 308/19, 24.
[7] Ebd.

Die Ausstattung des Instituts mit wissenschaftlichen Stellen durch die Überleitung des vorhandenen Personals und die Besetzung zugewiesener H-Stellen ist eng miteinander verwoben.[8] Unterschieden werden kann zwischen der Berufung neuer Professuren und dem Verfahren nach dem Überleitungsgesetz. Zwischen diesen beiden Verfahren ist die Überleitung und Ernennung des Institutsdirektors Lindner auf eine H4-Professur einzuordnen.

8.2 Die Causa Lindner

Die Überleitung des Institutsdirektors Dr. habil. Erich Lindner auf eine H4-Professur hat sich hochschulrechtlich als äußerst schwierig erwiesen, ohne dass die Gründe hierfür immer nachvollziehbar gewesen wären. Im Grunde ist bis heute unaufgeklärt, ob es tatsächlich *nur* um eine verwaltungsrechtliche Problematik ging oder ob die Berufung an Lindners beruflichem Werdegang in der NS-Zeit und fehlenden Fürsprechern in der Nachkriegszeit scheiterte. Die Forderung nach einer Umwandlung seiner bisherigen Stelle reicht weit hinter die Zeit des neuen Hochschulgesetzes (HUG) zurück.

Bemerkenswert ist zunächst einmal, dass der Institutsdirektor, der promoviert und habilitiert ist, für die neuen zugewiesenen H-Stellen nicht vorgesehen war. Daher ist in mehreren Briefen die Überleitung auf eine H4-Stelle angefragt, empfohlen und in verschiedenen Gremien beschlossen worden. Der AAfL hat in seinen Sitzungen im Herbst 1971 wiederholt beschlossen, die A-16-Stelle von Lindner in eine H4-Stelle durch Überleitung umzuwandeln.[9] Warum dies dennoch scheitert, soll im Folgenden entlang ausgewählter biographischer Daten dargestellt werden.[10]

Lindner hat sein Studium für das Lehramt an höheren Schulen am 11. Februar 1933 in Breslau mit den Hauptfächern Mathematik und Physik sowie einer Turnlehrerprüfung abgeschlossen. Nach seiner Zeit als Studienreferendar wird er am 01. April 1935 zum Studienassessor ernannt und nimmt in dieser Funktion am *Hochschulinstitut für Leibesübungen* in

---

[8] Ähnliche Zuordnungsfragen und problematische Situationen haben sich auch an anderen *Instituten für Leibesübungen* in der BRD gestellt. Vgl. Buss, 2009 und 2018.
[9] UniA MR, 308/19, 390.
[10] Vgl. hierzu Joch, 2020, S. 72ff.

Bonn eine Assistentenstelle wahr. Zum 01. November 1937 wird er mit der „kommissarischen Wahrnehmung der Dienstgeschäfte des Direktors des Hochschulinstituts für Leibesübungen in Kiel" beauftragt.[11] Bereits zwei Jahre später, am 14. Oktober 1939, wird Lindner „mit sofortiger Wirkung mit der stellvertretenden Führung der Direktorialgeschäfte des Instituts für Leibesübungen" in Marburg abgeordnet.[12] Da der amtierende Direktor des Instituts, Prof. Dr. Hans Möckelmann,[13] im Rahmen seiner Wehrpflicht an der Front für längere Zeit nicht als Institutsdirektor zur Verfügung steht, ersucht der Marburger Universitätskurator den Reichsminister in Berlin um Versetzung von Dr. Lindner an das Marburger Institut. Mit Erlass vom 04. April 1940 wird der mittlerweile am 20. März 1940 promovierte Erich Lindner[14] rückwirkend zum 01. April 1940 an das Marburger Institut versetzt.[15] Er wird mit der Leitung des Instituts beauftragt, dabei wird zugleich darauf hingewirkt, dass es für ihn in absehbarer Zeit keine Einberufung zum Wehrdienst geben dürfe. Hierfür werden in einem Schreiben gesundheitliche Gründe mit Verweis auf ärztliche Gutachten angeführt. Noch während der Kriegsjahre ist Lindner am 30. August 1944 an der *Philosophischen Fakultät* der Universität Marburg habilitiert worden.[16] Nach Kriegsende und einem Entnazifizierungsverfahren holt die Marburger Universitätsleitung im Jahr 1947 von verschiedenen Instituten Stellungnahmen zur Eignung von Lindner als Direktor des *Instituts für Leibesübungen* ein.[17] Am 29. Juni 1949 wird er als „Kommissarischer Direktor des Hochschulinstituts für Leibesübungen" in

---

[11] UniA MR, 310, 6303b.
[12] Ebd.
[13] Siehe Priebe, 2022.
[14] Joch (2020, S. 74) nennt für das Promotionsverfahren von Lindner das Jahr 1937. Dies entspricht auch den Eintragungen in seiner Personalakte (UniA MR, 310, 6303b). Veröffentlichung und Promotionsurkunde sind allerdings auf März 1940 datiert (UniA MR, 310, 6303b).
[15] UniA MR, 310, 6303b.
[16] Ebd. Das Datum geht aus der Personalakte der Universität Marburg und seinem Lebenslauf (o.J.) hervor; Thema der Habilitationsschrift: „Der Persönlichkeitsaufbau der Turn- und Sportlehrerin im Spiegel der Motorik" (UniA MR, 310, 6303b).
[17] Die Stellungnahmen fallen unterschiedlich aus. Sie reichen von Unkenntnis der Person bis zur verhaltenen Befürwortung als Institutsdirektor.

Marburg vereidigt[18] und zum 01. Mai 1950 durch den Hessischen Ministerpräsidenten zum „Direktor des Instituts für Leibesübungen" ernannt.[19] Auch wenn Universitätsleitung und Senat in den 1960er-Jahren[20] Anstrengungen unternommen haben, den Institutsdirektor mit einem *Lehrstuhl für Sport* auszustatten, bleibt dieses Anliegen bis zur Hochschulreform von 1970 ohne Erfolg. Lindner wird in dieser Zeit in zwei Schritten lediglich zum (Ober-)Studienrat im Hochschuldienst befördert.[21] Erst in der zweiten Hälfte des Jahres 1971 haben erneut der *Akademische Ausschuss für Leibesübungen* und kurze Zeit später die neu konstituierte *Fachbereichskonferenz* (FBK) des FB 03 Beschlüsse zur Überleitung des Institutsdirektors auf eine H4-Professur gefasst. Dabei wird im AAfL darauf verwiesen, dass die Umstrukturierung des Instituts in ein Wissenschaftliches Zentrum keinen Institutsdirektor benötige und Lindner zudem alle Voraussetzungen für eine H4-Stelle erfülle. Da bereits rechtliche Bedenken gegen eine Umwandlung antizipiert werden, schlägt der Vorsitzende des AAfL, Prof. Dr. Gerhard Exner, einen Tausch der A-16-Stelle gegen eine H4-Stelle innerhalb der Universität vor. Dieser an den

---

[18] UniA MR, 310, 6303b.
[19] UniA MR, 307 d, 3856.
[20] Im Dezember 1964 fragt der Rektor, Prof. Dr. Karl Paul Hensel, in der *Medizinischen* und *Philosophischen Fakultät* an, ob sie die Einrichtung eines *Lehrstuhls für Sport* befürworten würden. Hintergrund ist ein Anliegen des Verwaltungsdirektors Rudolf Zingel, einen solchen Lehrstuhl für den Institutsdirektor einzurichten, da „die bisherigen Anträge seitens der Universität, die Stellung des Direktors des Instituts für Leibesübung zu heben, [...] vom Kultusministerium unberücksichtigt geblieben" sind. Dabei müsse die „schwierige Frage" der Zuordnung zu einer Fakultät geklärt werden. Infrage kämen die Medizinische und die *Philosophische Fakultät* (UniA MR, 307 c, 5691). Die *Medizinische Fakultät* sieht keinen Sinn darin, einen solchen Lehrstuhl einzurichten, da dieser „über die Aufgaben der Medizinischen Fakultät hinausgeht". Die Medizin könne „spezielle medizinische Aspekte des Sports" in Forschung und Lehre einbringen (ebd.). „Auch die Philosophische Fakultät sieht sich ausserstande, der Anregung des Senats zu folgen. Soweit die Leibeserziehung Gegenstand der theoretischen Forschung und Lehre ist, gehört sie als Disziplin nicht in den Aufgabenbereich der Philosophischen Fakultät". Zugleich bestätigt der Dekan, dass die Leibeserziehung ein Anliegen der Gesamtuniversität sei und der Leiter des IfL eine angemessene Stelle zugewiesen bekommen müsse (vgl. ebd.).
[21] Ab Juli 1965 wird er laut Personalakte nach A-15 und ab Januar 1971 nach A-16 besoldet.

Präsidenten gerichtete Vorschlag ist als Antrag von Franz Nitsch[22] einstimmig angenommen worden.

Die FBK des Fachbereichs 03 hat im November 1971 für ihre Entscheidungen zur Überleitung einen *Fachbereichsbeirat* eingerichtet, der in seiner Eigenschaft als Berufungskommission personenbezogene Laudationes vorbereitet und zur Abstimmung stellt. Bezogen auf Lindner wird der folgende Beschluss gefasst:

> Die FBK beantragt, Herrn Dr. phil. habil. Lindner angesichts der besonderen Verhältnisse im IfL und angesichts der Tatsache, daß er bereits eine A16-Stelle innehat, in eine H4-Stelle (Professur) für Theorie der Leibeserziehung im Zuge der Umwandlung der Personalstruktur überzuleiten. Die auswärtigen Gutachten sollen nachgereicht werden.[23]

Interessant ist der Zeitpunkt dieses Beschlusses, denn bereits auf der gemeinsamen Sitzung der beiden *Ständigen Ausschüsse II* und *III* im Oktober 1971 wird berichtet,

> daß der Direktor des IfL in seiner jetzigen Position nicht übergeleitet werden kann. Die Mitglieder der Ausschüsse sprechen sich dafür aus, daß bei der Vorlage der Personalbedarfspläne im Kultusministerium zu fordern sei, daß bei Anwendung des Gesetzes die Stelle des Direktors des IfL an die neue Personalstruktur angepaßt und demgemäß diese Stelle in eine H 4-Stelle umgewandelt werden sollte mit entsprechender Überleitung des Stelleninhabers.[24]

Wahrscheinlich will der Fachbereich seine Unterstützung für Lindner noch einmal zum Ausdruck bringen, aber es dürfe der FBK nicht verborgen geblieben sein, dass die *Ständigen Ausschüsse* drei Wochen vorher eine Überleitung für schwer realisierbar gehalten haben.

Da eine Überleitung nach den rechtlichen Bestimmungen nicht möglich scheint, hat die FBK im Oktober 1972 auf Vorschlag des AAfL eine H4-

---

[22] Franz Nitsch hat in Marburg Sport, Geschichte und Politikwissenschaft studiert und war als Student hochschulpolitisch und bis 1970 auch im *Institutsbeirat* aktiv. Sein besonderes Interesse galt dem Hochschulsport, den er im Rahmen seiner Tätigkeit im ADH mit anderen aufgebaut und gestaltet hat.
[23] UniA MR, 307/3, 6059.
[24] UniA MR, 305 f, 1887; UniA MR, 308/19, 24.

Professur für *Bewegungslehre und Biomechanik* ausgeschrieben, die auf Lindner zugeschnitten war und ihm doch noch die Ernennung zum H4-Professor ermöglichen sollte.[25] Dazu hat eine Berufungskommission unter Leitung von Prof. Dr. Herbert Hartmann[26] im Januar 1973 zweimal getagt und das Verfahren so abschließen können, dass dem schwer erkrankten Institutsdirektor zwei Wochen vor seinem Tod am 02. März 1973 die Ernennungsurkunde zum H4-Professor am Krankenbett ausgehändigt werden konnte.[27] In einer formalen Vorlage des damaligen Universitätskanzlers Ewald vom 15. Februar 1973 an die *Landesregierung zur Ernennung* heißt es:

> Durch seine Lehr- u. Forschungstätigkeit hat sich Dr. Lindner als Fachmann in dem sportwissenschaftlichen Arbeitsgebiet Bewegungslehre und Biomechanik ausgewiesen. Seine langjährige praktische Erfahrung und seine Mitwirkung in führenden Sportorganisationen der BRD lassen eine weitere Entwicklung der Sportwissenschaften an der Philipps-Universität erwarten.[28]

---

[25] Diese Professur scheint auf den Vorschlag des AAfL an das Präsidium zum Stellentausch innerhalb der Universität zurückzugehen. In einem Beschluss des *Ständigen Ausschusses III* vom 06. Juni 1972 heißt es: „Der StA III beschließt, die für das letzte Drittel aus den Stellenzuweisungen 1972 vorgesehene Professur H4 Völkerkunde für das Fach Sportwissenschaften zur Verfügung zu stellen, eigens zu dem Zweck, um im Interesse der Strukturreform des Faches Leibeserziehungen eine Überleitung des Direktors des IfL zum Hochschullehrer außerhalb der gesetzlichen Überleitungsbestimmungen zu ermöglichen" (UniA MR, 305 f, 1887). Der Präsident Zingel führt in dieser Sitzung aus, dass der StA III bereits im April 1972 mehrheitlich der Meinung war, der Sportwissenschaft eine zweite H4-Stelle zur Verfügung zu stellen, die nach Rücksprache mit dem Kultusministerium „in dieser besonderen Situation" (ebd.) ohne Ausschreibung mit dem Institutsdirektor besetzt werden sollte.

[26] Herbert Hartmann war im Dezember 1972 im Rahmen der Überleitung zum Professor ernannt worden. Er hat in Marburg von 1961 bis 1966 Sport und Germanistik studiert und war bis 1969 als Assistent im Marburger IfL tätig. Anschließend absolvierte er seine pädagogische Ausbildung im Marburger Studienseminar für das Lehramt an Gymnasien und legte im Januar 1971 sein Assessorenexamen ab. Zum 01. Februar 1971 übernahm er die Stelle des nach Tübingen gewechselten Eberhard Hildenbrandt.

[27] Im Protokoll der IB-Sitzung vom 11. Januar 1973 berichtet Hartmann auf Nachfrage zum „Berufungsverfahren für Herrn Lindner", dass es eine erste Sitzung gegeben habe und eine abschließende Sitzung in Kürze erfolge (UniA MR, 308/19, 121).

[28] UniA MR, 310, 6303b.

8.3 Überleitung in die neue Personalstruktur

Die neue Personalstruktur mit Professuren, Dozenturen und weiteren Stellen für das wissenschaftliche und technische Personal ist in einem Überleitungsgesetz des HUG geregelt. Entsprechend geht es nach der Konstituierung der neuen Fachbereiche und den verbliebenen fachbereichsfreien Einrichtungen im Jahr 1971 um Beschlüsse zur Überleitung des Personals. Für das *Institut für Leibesübungen* war dies mit der Problematik des nicht ausreichend qualifizierten wissenschaftlichen Personals verbunden. Aufgrund der vorwiegend in der Sportpraxis angesiedelten Aufgaben mit hoher Prüfungs- und Verwaltungstätigkeit sowie fehlender Anbindung an sportwissenschaftliche Forschung haben die Lehrkräfte und Assistenten des Instituts kaum Möglichkeiten zur Promotion gehabt, mit Ausnahme von Herbert Hartmann, der Anfang 1971 in Germanistik promovierte.

Im September 1971 hat sich der AAfL erstmals mit den vom IfL vorgelegten Überleitungsplänen befasst (Abb. 36). Diese Auflistung zeigt die große Diskrepanz zwischen Wunsch und Wirklichkeit und macht deutlich, welche Folgen das HUG mit seinen Überleitungsregeln für die persönliche Situation der Mitarbeiter/innen sowie die Institutsentwicklung in den folgenden Jahren gehabt hat. Die Diskussionen und Pläne zur Zukunft des Instituts sind daher von Unsicherheit und überhöhten Erwartungen für die eigene berufliche Entwicklung wie auch für das Institut gekennzeichnet. In der Sitzung des AAfL geht es um fünf Überleitungsanträge, die dem FB 03 vorgelegt werden sollen:[29]

- Für den Oberstudienrat Walter Bernsdorff wird eine Überleitung nach H3 beantragt. Da dies aber aufgrund der fehlenden Promotion nicht möglich ist, soll er mit der Wahrnehmung der Aufgaben der Professur für *Didaktik der Leibeserziehung* betraut werden, die er bereits zum Zeitpunkt der Antragstellung wahrnimmt. Bis zur Ernennung soll ihm Zeit für den Abschluss der Promotion gegeben werden.
- Eine H2-Stelle soll mit Herrn Dr. Herbert Hartmann besetzt werden. Dies scheint dem Ausschuss unproblematisch, da er bereits promo-

---

[29] UniA MR, 308/19, 390.

Anlage 1

Liste der überleitbaren Lehrkräfte am Institut für Leibesübungen

Der Akademische Ausschuß für Leibesübungen empfiehlt, folgenden Überleitungsvorschlägen stattzugeben:

1. Dr.phil.habil.Erich Lindner
   Institutsdirektor,(A 16)   zum Professor nach H 4
   Arbeitsgebiet: (Allgemeine Theorie der Leibesübungen
   Psychomotorik, Bewegungslehre
   Näheres siehe Anlage 2

2. Oberstudienrat Walter Bernsdorff (A 14) zum Professor nach H 3

   Arbeitsgebiet: Sportgeschichte, Erziehungswissenschaften.
   Näheres siehe Anlage 3

3. Studienrat i.H. z.A. Dr.Herbert Hartmann(A 13) zum Professor nach H 2
   Arbeitsgebiet: Didaktik und Methodik der Leibesübungen
   Näheres siehe Anlage 4 und Erläuterung nach 7.

4. Diplomsportlehrer Lienhard Bischofsberger
   (BAT II a)   nach H 2 (Dozent/Professor)
   Arbeitsgebiet: Didaktik und Methodik der Leibesübungen
   Näheres siehe Anlage 5 und Erläuterung nach 7.

5. Diplomsportlehrer Wolfgang Elsner
   (BAT II a)   nach H 2 (Dozent/Professor)
   Arbeitsgebiet: Didaktik und Methodik der Leibesübungen
   Näheres siehe Anlage 6 und Erläuterung nach 7.

6. Diplomsportlehrer Uwe Keiler
   (BAT II b)   nach H 2 (Dozent/Professor)
   Arbeitsgebiet: Didaktik und Methodik der Leibesübungen
   Näheres siehe Anlage 7 und Erläuterung nach 7.

7. Diplomsportlehrer Ivo Sererdija
   (BAT II b)   nach H 2 (Dozent/Professor)
   Näheres siehe Anlage 8 und folgende Erläuterung

Das Arbeitsgebiet "Didaktik und Methodik der Leibesübungen" ist sehr umfangreich. Es umfaßt u.a. folgende Komplexe: a) Sportspiele
b) Leichtathletik
c) Turnen und Gymnastik
d) Wassersport
Der Ausschuß ist der Auffassung, daß die Aufteilung der Arbeitsrichtungen der internen Entscheidung des Instituts bzw. des künftigen "Zentrums Sportwissenschaften" überlassen bleiben muß.

Abb. 36: Vom AAfL vorgelegte Liste zur personellen Überleitung (UniA MR, 308/19, 24)

viert ist. Die Stelle soll der Abteilung[30] 6 (*Spiele*) oder 8 (*Wassersport*) zugeordnet werden.
– Eine freiwerdende A-13-Stelle, die zu diesem Zeitpunkt mit Ulrich Joeres besetzt ist, soll in eine H2-Dozentur umgewandelt und der Abteilung 5 (*Athletik*) zugeordnet werden.
– Für die Stellen der Mitarbeiter Bischofsberger, Elsner und Severdija wird zunächst die Umwandlung zu Wissenschaftlichen Bediensteten erörtert. Hier ergibt sich aber das Problem, dass mit nur zwei Wochenstunden dieser Stellenkategorie der Lehrbetrieb nicht aufrechterhalten werden kann. Daher wird eine Angleichung der Lehrverpflichtung auf das bestehende Niveau angestrebt und die Möglichkeit zur weiteren Qualifikation gefordert. Übergangsweise könnten Dozenturen geschaffen werden.
– Schließlich sollen der Mitarbeiter Albusberger und die Mitarbeiterinnen Queek und Huffert der Abteilung 9 (*Hochschulsport*) zugeordnet werden und die Sportpraxis in den Abteilungen 5 bis 7 (*Athletik*, *Spiele* und *Gerätturnen/Gymnastik*) vertreten. Allerdings wird im Ausschuss die ausschließliche Lehrtätigkeit im Hochschulsport wieder verworfen, da sich Hochschulsport und Sportstudium wechselseitig ergänzen sollen. Auch hier zeigt sich das Problem des zu geringen Stundenumfangs bei einer Überleitung auf eine Wissenschaftliche Mitarbeiterstelle. Es wird mindestens ein Stundenumfang von acht Wochenstunden gefordert und ein Einsatz im Hochschulsport mit 12 Stunden.

Darüber hinaus unterstützt der AAfL den Antrag von Franz Nitsch, für den Hochschulsport eine Leitungsstelle nach A-15 zu schaffen. In der Sitzung teilt der für den Bereich Sportmedizin tätige Sportarzt Dr. Schmidt mit, dass er in absehbarer Zeit nicht mehr in der Lage sein wird, die notwendige Lehre zu leisten. Daher sei ein hauptamtlicher Sportarzt zu fordern.

Diese Liste zeigt, welchen Einfluss die neue Stellenstruktur auf das Institut hat. Herbert Hartmann als promovierter Assistent passt als einziger Mitarbeiter in die neuen Stellenkategorien. Die Überleitung erfolgt nach Beschluss im FB 03 zusammen mit 100 anderen Assistent/innen am

---

[30] Der Begriff *Abteilung* bezieht sich auf die in Kap. 7, Abb. 34 bezeichneten neuen Arbeitsrichtungen.

22. Dezember 1972 im Zuge der durch das Kultusministerium genehmigten Anträge.

Die weiteren Überleitungsanträge auf H-Stellen aus dem IfL sind gemeinsam mit den Anträgen der Sonderpädagogik in einen Ausschuss überwiesen worden. Alle betroffenen Personen werden aufgefordert, Nachweise zu eigenen Prüfungsleistungen, wahrgenommenen Lehraufgaben, Voraussetzungen für die derzeitige Anstellung, Forschungstätigkeit, anderen qualifizierten Tätigkeiten, Veröffentlichungen, Verwaltungstätigkeiten sowie Gründe, die einer Promotion im Wege gestanden haben, einzureichen.[31] Folgende Kriterien sind für die Bewertung zugrunde gelegt worden:[32]

- Hochschullehrertätigkeit (Dauer und Umfang, Bedeutung für den Studiengang),
- formale Qualifikation im Sinne eines Ersatzes für eine Promotion (Veröffentlichungen, berufspraktische Leistungen).

Dabei wird noch einmal betont, „dass für den in Rede stehenden Personenkreis eine Promotionsmöglichkeit bisher nicht bestanden habe".[33]

Der Präsident Zingel zeigt zwar Verständnis, vermutet aber, dass es „Anpassungsschwierigkeiten hinsichtlich einer adäquaten Überleitung" geben dürfte. Grundsätzlich sei für eine Professur die „theoretische, nicht aber die praktische Fundierung der Lehrtätigkeit" zu berücksichtigen.[34] Daher ist in einem Schreiben des FB 03 (vorbereitet von Dr. Hartmann, IfL, und Prof. Dr. Tent, Sonderpädagogik) an den Senat auf die besondere Situation bei der Überleitung von nicht promovierten Mitarbeiter/innen aufmerksam gemacht worden.[35] Weil in beiden Einrichtungen bisher keine Möglichkeit zur Promotion bestanden hat, werden anstelle der formalen Qualifikation die „hervorragenden fachbezogenen Leistungen in der Praxis" herausgestellt und als Äquivalent zur Promotion begründet.[36]

---

[31] UniA MR, 308/19, 24.
[32] UniA MR, 307/3, 6059.
[33] Ebd.
[34] Ebd.
[35] UniA MR, 308/19, 24.
[36] Siehe auch das Schreiben des Vorsitzenden des AAfL, Prof. Dr. Exner, an den Dekan des FB 03, Prof. Dr. Tjaden, vom 27. November 1971. Darin wird dargelegt, dass die Lehrkräfte mit „überwiegend praktischen Lehrinhalten" befasst sind und es ihnen kaum möglich war, eine formale Qualifikation zu erwerben (UniA MR, 308/19, 24).

Hier wird das Dilemma des IfL deutlich: Jahrelang hat der Institutsdirektor seine Personalentscheidungen unter der Perspektive einer umfänglichen sportpraktischen Ausbildung betrieben und zugleich die wissenschaftliche Qualifizierung von Mitarbeiter/innen vernachlässigt.[37] Im Rahmen der Hochschulreform erweist sich dies für die Mitarbeiter/innen als gewichtiger Nachteil – und dies nicht nur für das Personal, sondern für das IfL als Institution, das eine Eigenständigkeit als Fachbereich anstrebt.[38] Sehr anschaulich wird die Überleitungsproblematik in einem Brief von Rudi Albusberger[39] an den AAfL zur Umwandlung von Stellen im IfL im November 1971 mit Bezug auf ein zuvor verschicktes Rundschreiben des Präsidenten.[40] Er moniert die Unterscheidung von *Dozenten* und *Lehrkräften für besondere Aufgaben* und plädiert dafür, dass die Überleitungsregeln für das IfL nicht angewendet werden. Alle für diese beiden Kategorien vorgesehenen Mitarbeiter/innen seien gleich gut qualifiziert und durchweg in der Sportpraxis tätig. Er sei aufgrund seiner langjährigen Lehrtätigkeit an einem Gymnasium und in einem Großverein in Hamburg 1963 als *Turnexperte* nach Marburg geholt worden. Dort habe er bisher eine erfolgreiche Arbeit am Institut und in Weiterbildungskursen für Lehrkräfte geleistet. Dies habe ihm der Institutsdirektor bestätigt. Daher sei seine Einstufung auf einer BAT-Stelle gegenüber dem für einige seiner Kolleg/innen angebotenen Status einer Dozentur mit Verbeamtung eine Benachteiligung. Er bittet um eine Sonderregelung für einen Status als *Dozent für Turnen oder Sportdozent*, die seiner bisherigen Tätigkeit entspräche.

An diesem Beispiel wird deutlich, zu welcher Verunsicherung die Überleitung in die neue Personalstruktur geführt hat. Ende 1971 sind die für die H-Stellen vorgesehenen Personen unentwegt damit befasst, Gutachten sowohl aus dem eigenen Haus, also vom Institutsdirektor, als auch von

---

[37] Siehe Joch, 2020, S. 106.
[38] In einer Aktennotiz vom 15. Dezember 1971 beklagt Hartmann, dass der Präsident den Praxisbegriff als Äquivalent zur Promotion „falsch [...] als Vermittlung von Bewegungsfertigkeiten und nicht im Sinne der Berufspraktischen Ausbildung" ausgelegt habe. Dies soll in einer Präambel zu den Überleitungsanträgen für den Senat noch einmal erläutern werden (UniA MR, 308/19, 24).
[39] Rudi Albusberger war seit 1963 als Lehrkraft für Turnen von Hamburg nach Marburg geholt worden, wo er bis zu seiner Pensionierung im Jahr 1984 lehrte.
[40] UniA MR, 308/19, 24.

auswärtigen Professoren sportwissenschaftlicher Institute einzuholen.[41] Bei aller Unterstützung der universitären Gremien und des Präsidenten zur Überleitung der nicht promovierten Mitarbeiter auf H-Stellen folgt das Ministerium diesen Vorschlägen jedoch nicht. Die bisherigen Lehrkräfte für die sportpraktische Ausbildung sind weiterhin als *Lehrkräfte für besondere Aufgaben* in der Sportpraxis tätig, z.T. auch für den Hochschulsport.

Die unbefriedigende Überleitung in die neue Personalstruktur, die unbesetzten H-Stellen für Professuren und Dozenturen und die zunehmende Zahl an Studierenden erzeugen unter den Mitarbeiter/innen Unmut und Protest und lassen die Frage aufkommen, wie das Lehrangebot in Zukunft sichergestellt werden soll. In einer Mitarbeitendenversammlung im Mai 1972 werden zwei Vorschläge diskutiert, von denen einer auf die vollständige Streichung des Theorieangebotes und der andere auf die Reduzierung des Angebotes auf ein Minimum bei gleichzeitiger Forderung nach Einordnung des Personals als selbständig Lehrende zielt. In dem Forderungspapier wird zwar anerkannt, dass es mittlerweile die Möglichkeit zur Promotion gibt (durch die Anbindung an den FB 03), es aber weiterhin erforderlich sei, dass die „auf den verschiedenen Bereichen des Sports spezialisierten Qualifikationen auch von entsprechenden Lehrkräften ausgeübt werden".[42] Hier scheint noch einmal das Dilemma zwischen wissenschaftlicher und sport- bzw. berufspraktischer Anerkennung bei der geforderten Qualifikation zur Überleitung in die neue Personalstruktur auf.

8.4 Die Besetzung zugewiesener Professuren

Der *Ständige Ausschuss III* (StA III) für Haushaltsfragen hat bereits im Juni 1971 dem *Institut für Leibesübungen* zwei Professuren in den Besoldungsgruppe H2 und H4 zugewiesen und die Zuständigkeit für die Berufungsverfahren dem Fachbereich 03 übertragen (siehe Kap. 7). Der FB 03 ist bereits in seiner zweiten Sitzung seit der Konstituierung des Fachbereichs im Sommer 1971 mit der korporationsrechtlichen Zuordnung sportwissenschaftlicher Hochschullehrer befasst. Auf Vorschlag des da-

---

[41] Siehe die Dokumente in UniA MR, 308/19, 24.
[42] UniA MR, 308/19, 132.

maligen Dekans, Prof. Dr. Karl Hermann Tjaden, beschließt der Fachbereich, einer „eventuellen Zuordnung der Professoren für Leibesübungen" zuzustimmen, sofern dem Fachbereich „Einfluss auf die Berufung" eingeräumt wird und die „Etatisierung [...] nicht durch den Etat des Fachbereichs, sondern universitätszentral" erfolgt.[43] Im Dezember 1971 wird über den *Ständigen Ausschuss II* für Organisationsfragen dem Fachbereichs 03 die Zuständigkeit für die Berufungskommissionen auferlegt:

> Der Ständige Ausschuss II erlegt dem Fachbereich 03 auf, die Besetzung der Berufungskommission für die 3 Professuren, insbesondere die Frage der Heranziehung von Vertretern anderer Fachbereiche und des IfL, im Einvernehmen mit dem Präsidenten und dem Akademischen Ausschuss für Leibesübungen zu regeln.[44]

Diesem Beschluss ist die Zuweisung einer dritten H2-Professur vorausgegangen, die ebenfalls bis „zur endgültigen Klärung des künftigen organisatorischen Status des IfL"[45] mit der entsprechenden Zuständigkeit für die Besetzung haushaltsrechtlich dem Fachbereich 03 zugeordnet wird.[46]

Nachdem der Fachbereich 03 die Zuständigkeit für die Besetzung übertragen bekommen hat, werden im März 1972 entsprechende Berufungskommissionen auf Empfehlung des AAfL mit weitgehend drittelparitätischer Besetzung für *Sportpädagogik und Sportpsychologie* (H4) und *Anthropologie und Soziologie des Sports* (H2) eingesetzt.[47] Für die zweite neu zugewiesene H2-Professur wird zunächst keine Berufungskommission gebildet. In der AAfL-Sitzung im Januar 1972 berichtet Hartmann über die im *Institutsbeirat* diskutierten Ausschreibungsvarianten für diese zusätzliche H2-Professur:

> 1. Professur H-2 für Sportpsychologie (damit Trennung in Pädagogik und Psychologie)

---

[43] UniA MR, 307/3, 6059.
[44] UniA MR, 308/19, 24.
[45] Ebd.
[46] Das *Institut für Leibesübungen* wird somit formal in allen Personalangelegenheiten haushaltsrechtlich dem Fachbereich *Gesellschaftswissenschaften* (FB 03) zugeordnet.
[47] UniA MR, 307/3, 6060. In der Sitzung des AAfL am 09. Februar 1972 ist der Beschluss zur Drittelparität in den Kommissionen noch einmal mit Bezug auf einen Beschluss 15. Juli 1971 mit der Bitte erneuert worden, diesen Beschluss dem Dekanat des FB 03 mitzuteilen (UniA MR, 308/19, 390).

2. Professur H-2 für Sportgeschichte/Politik
3. Professur H-2 für Unterrichts-, Trainings- und Organisationslehre des Sports[48]

Sollte die bereits ausgeschriebene H4-Professur mit einem sportpädagogischen Schwerpunkt besetzt werden, hätte die sportpsychologische Ausrichtung Priorität, so Hartmann in seinem Bericht im *Institutsbeirat*. Aufgrund dieser Unklarheiten soll die fachliche Ausrichtung vorläufig zurückgestellt werden. Entsprechend beschließt der AAfL eine Verschiebung der Ausschreibung dieser H2-Professur.

Die regulären Besetzungen[49] der beiden Anfang 1972 ausgeschriebenen Professuren erweisen sich – zumindest für die H4-Stelle *Sportpädagogik und Sportpsychologie* – als schwierig. Während die Kommission für die H2-Stelle offenbar schnell zu einer Entscheidung gekommen ist, hat die H4-Stelle eine kontroverse Debatte zwischen Kommission und *Fachbereichskonferenz* ausgelöst.

Die Besetzung der H2-Stelle erfolgt mit Dr. Volker Rittner, der auf Empfehlung der Berufungskommission mit der Übernahme von Lehrveranstaltungen im November 1972 beginnen soll. In der IB-Sitzung heißt es: „Die Möglichkeit, daß Rittner am 15.11.1972 seine Arbeit aufnimmt, besteht, auch wenn die Ernennung zum Prof. vom Kultusministerium noch aussteht".[50] Im Rahmen der Diskussion um die Raumzuordnung für die neuen Professuren ist für Rittner das Turmzimmer im Kugelhaus vorgesehen.[51] Da auf der Grundlage der Berufungskommission mangels ausreichender Bewerbungen eine *Einerliste* beim Ministerium eingereicht worden ist, hat das Ministerium eine Berufung abgelehnt und empfohlen, einen Antrag auf Ernennung zum Dozenten zu stellen, was durch den Dekan des FB 03 erfolgt ist.[52] Im Juni 1973 wird Rittner zum Dozenten ernannt; er nimmt seit dem Wintersemester 1973/74 an den Sitzungen des

---

[48] UniA MR, 308/19, 121.
[49] Parallel zu diesen Verfahren ist im Oktober 1972 die H4-Professur *Bewegungslehre und Biomechanik* auf den Weg gebracht (UniA MR, 307/3, 6063) und am 13.12.1972 eine Berufungskommission eingesetzt worden (UniA MR, 307/3, 6065). Damit soll der Institutsdirektor in einem beschleunigten Verfahren auf eine Professur berufen werden (siehe Kap. 8.2).
[50] UniA MR, 308/19, 121.
[51] Ebd.
[52] UniA MR, 307/3, 6066.

Institutsbeirats teil. Damit ist die H2-Stelle vorerst besetzt, wenn auch nicht als Professur. Im Fachbereich gibt es mehrfach Anträge zu seiner Ernennung, die allerdings nicht erfolgreich sind. Der Dekan berichtet im Juni 1974, dass das Ministerium die Ernennung abgelehnt habe, obwohl durch den Weggang von Hartmann nach Darmstadt das IfL erneut ohne eigene Professur auskommen muss. Auch ein weiterer Antrag wird mit Erlass vom Juli 1974 mit der Begründung abgelehnt, dass die Habilitation bisher nicht gemeldet worden sei.[53] Erst im August 1978 hat Rittner den Ruf auf die H2-Professur erhalten, den er aufgrund eines Rufes an die Sporthochschule Köln nicht angenommen hat. Insofern war er bis zu seinem Weggang nach Köln 1979 in Marburg als Dozent für *Anthropologie und Soziologie des Sports* tätig.[54]

Die Besetzung der H4-Professur *Sportpädagogik und Sportpsychologie* erweist sich als weit kontroverser und ist letztlich gescheitert. Der Berufungsvorschlag der Kommission wird im Juli 1972 aufgrund eines Minderheitenvotums der studentischen Mitglieder der Kommission von der *Fachbereichskonferenz* an die Kommission zurückverwiesen. Der im November 1972 unverändert vorgelegte Listenvorschlag mit der Reihung Dr. Meinhard Volkamer, Dr. Knut Dietrich und Dr. Hans-Gerd Artus führt zu einer kontroversen Debatte entlang der Argumentation der Studierenden, die neben der wissenschaftlichen Qualifizierung von den Bewerbern einen bedeutsamen Beitrag zur Studienreform erwarten. Hier hat Artus durch seine Arbeiten zur Studienreform der Sportlehrerausbildung[55] Leistungen vorzuweisen, die bei den beiden anderen Bewerbern fehlen. Insofern möchten die Studierenden den Bewerber Artus auf den ersten Listenplatz setzen. Die anderen Mitglieder der Kommission argumentieren mit der fachlichen Expertise der beiden anderen Bewerber. In zwei Kampfabstimmungen werden drei unterschiedliche Reihungen abgestimmt, die alle keine Mehrheit finden. Mehrfache Anträge auf Vertagung der Entscheidung werden ebenfalls abgelehnt. In einer Wiederho-

---

[53] UniA MR, 307/3, 6074.
[54] Volker Rittner hat 1977 in Marburg mit einer Arbeit zum Thema „Identität und Natürlichkeit" habilitiert. Gemeinsam mit dem damaligen Dekan des FB 03 und FB 21, Prof. Dr. Dietmar Kamper, hat Rittner das Buch *Zur Geschichte des Körpers* veröffentlicht (Kamper & Rittner, 1985). Rittner hat an der Sporthochschule Köln das Institut für Sportsoziologie begründet und bis zu seiner Emeritierung 2011 geleitet.
[55] Vgl. Artus et al., 1973.

lungsabstimmung findet schließlich die Reihung Dietrich, Artus, Volkamer eine Mehrheit.[56] Die Kontroverse zwischen einer reformorientierten und einer eher klassisch wissenschaftlichen Besetzung ist neben den Studierenden auch auf Mitarbeiter/innen und Hochschullehrer/innen aus dem FB 03 zurückzuführen, die sich für die Stärkung einer Studienreform ausgesprochen haben – eine für die Zeit der Hochschulreform nachvollziehbare Position. Nach diesem Abstimmungsmarathon ist allerdings die Diskussion der Liste noch nicht beendet. Im November 1972 legen die Mitarbeiter/innen und Hochschullehrer/innen der Berufungskommission ein ausführliches Sondervotum vor, in dem noch einmal begründet wird, dass sich die ursprüngliche Reihung an wissenschaftlichen Kriterien orientiert hat und insofern die neue Reihung mit dem qualifiziertesten Bewerber an letzter Stelle nicht akzeptabel sei.[57] Die *Fachbereichskonferenz* bleibt bei ihrer verabschiedeten Liste und argumentiert, dass sie die unterschiedlichen Positionen ausgewogen berücksichtigt habe. Entsprechend wird die verabschiedete Liste, einschließlich des Sondervotums, über die universitären Gremien an das Ministerium zur Berufung weitergereicht.

Dieses interessante Lehrstück der damaliger Diskussions- und Entscheidungskultur spiegelt die gesellschaftskritische Haltung im FB 03 wider; sie steht zugleich für die Kontroverse im IfL zwischen Studierenden und der Mehrheit der Mitarbeiter/innen. Im Juli 1973 teilt das Ministerium mit, dass Herr Volkamer den im Februar 1973 an ihn ergangenen Ruf abgelehnt hat und Herr Dietrich den mittlerweile aus Hamburg erhaltenen Ruf angenommen habe. Auch Herr Artus sei in Verhandlung über eine andere Professur und komme daher nicht mehr in Frage. Daher bittet das Ministerium um eine Neuausschreibung der Professur. Aus dieser Mitteilung wird ersichtlich, dass das Ministerium dem ursprünglichen Listenvorschlag der Kommission gefolgt ist und nicht dem Beschluss der *Fachbereichskonferenz*. Dies kann auf das Sondervotum der nichtstudentischen Kommissionsmitglieder zurückgeführt werden oder aber das Ministerium agiert mit einer gewissen Zurückhaltung gegenüber dem FB 03, wofür eine Reihe von zunächst ebenfalls nicht realisierten Berufungs- oder Hochstufungsanträgen spricht. Die damals mehrheitlich linksorien-

---

[56] UniA MR, 307/3, 6063.
[57] UniA MR, 307/3, 6064.

tierte gesellschaftspolitische Haltung im Fachbereich hat – an verschiedenen Stellen in Hessen – immer wieder zu hochschulpolitischen Debatten geführt.

Im Oktober 1973 werden die bereits eingesetzten Berufungskommissionen erneut mit der Besetzung der *Sportpädagogik/Sportpsychologie*-Professur beauftragt. Darüber hinaus geht es um eine weitere H4-Stelle und eine weitere H2-Stelle. Offenbar ist die an Lindner vergebene H4-Stelle nach seinem Tod im Institut verblieben und hat zusammen mit den beiden anderen Stellen eine fachliche Neuausrichtung erfahren. Der *Institutsbeirat* hat sich für die Herabstufung der Professur für *Bewegungslehre und Biomechanik* von H4 auf H2 ausgesprochen.[58] Auf Vorschlag von Hartmann kann damit nun die bereits im Januar 1972 vorgesehene Trennung von Sportpädagogik und Sportpsychologie mit den beiden H4-Stellen umgesetzt werden. Die H2-Professur erhält die Denomination *Bewegungslehre* und die beiden H4-Professuren werden mit der Denomination *Sportpädagogik* ausgeschrieben. Dabei hat eine der beiden Sportpädagogik-Professuren den Schwerpunkt *Allgemeine Didaktik und Curriculumtheorie des Sports* und die andere den Schwerpunkt *Sozialpsychologie und/oder Sozialisationstheoretische Grundlagen der Sportpädagogik*. Zudem wird ausdrücklich auf die erwartete Mitwirkung an den *Studienreformbemühungen* hingewiesen.

Zwischenzeitlich ist im Institut eine Initiative für eine bessere sportmedizinische Ausbildung entstanden. Hintergrund ist die Beendigung der Lehre durch den Sportarzt Dr. Schmidt im Sommer 1972. Vorübergehend haben andere Mediziner aus dem Fachbereich *Humanmedizin* die Lehrveranstaltungen durchgeführt. Seitdem kämpft das Institut um die Einrichtung einer Professur für *Sportmedizin*. In einer Resolution der Sportstudierenden im Oktober 1973 an den Dekan des Fachbereichs 03 fordern sie die sofortige Ausschreibung einer H4-Professur für *Sportmedizin*.[59] Bereits im August 1973 teilt das Präsidium dem Dekan des FB 03 die Verfügbarkeit einer H4-Professur für *Sportmedizin* mit, die sofort ausgeschrieben werden könne.[60] Offenbar ist dies auch erfolgt, ohne allerdings eine Besetzung zu erreichen. Die ungeklärte Frage der Zuordnung zu

---

[58] UniA MR, 308/19, 121.
[59] UniA MR, 307/3, 6069.
[60] UniA MR, 307/3, 6068.

einem Fachbereich hat dies möglicherweise verhindert. In einer Aktennotiz zu einem Gespräch zwischen Institut und dem Fachbereich *Humanmedizin* heißt es, dass keine Möglichkeit erkennbar ist, „die H4-Stelle außerhalb der Humanmedizin [...] sinnvoll einzurichten".[61] Aufgrund der hohen Ausstattungsanforderung scheint eine Einrichtung im FB 03 ebenfalls schwierig zu sein.[62] Seit der Bewilligung dieser Professur behandelt der *Institutsbeirat* das Thema *Sportmedizin* regelmäßig in seinen Sitzungen. Erst 1978 kann die Professur im neuen Fachbereich 21 mit der Berufung von Dr. Ferdinand Klimt besetzt werden.[63]

Dagegen entstehen aus den Berufungsverfahren der beiden H4- und der einen H2-Professur Berufungslisten, die im Fachbereich zur Diskussion gestellt werden. Rittner als Vorsitzender der Kommissionen für die drei Professuren berichtet über Bewerbersituation, Verfahren, Gutachten und Entscheidung der Kommission. Dabei sind erneut nur wenige Bewerbungen eingegangen, was auf Nachfrage mit der Situation der Sportwissenschaft, die sich in ihren wissenschaftlichen Aktivitäten noch im Aufbau befinde, begründet wird.

Die H2-Professur für *Bewegungslehre und Biomechanik* wird mit Herrn Dr. Konrad Stripp auf einer Einerliste verabschiedet. Eine weitere Bewerbung kommt für das Marburger Lehr- und Forschungsprofil nicht in Frage.[64] Für die beiden H4-Sportpädagogikstellen gibt es ein geteiltes Ergebnis. Während die Stelle mit dem Schwerpunkt *Didaktik und Curriculumtheorie* mit einer Zweierliste in der Reihung Dr. Dietrich Quanz (Köln) und Dr. Eberhard Hildenbrandt (Tübingen) einstimmig verabschiedet wird,[65] kann sich die FBK bei der Stelle mit dem Schwerpunkt *Sozialpsychologie/Sozialisationstheorie* nicht auf den einzigen Bewerber,

---

[61] UniA MR, 308/19, 121.
[62] Zu diesem Berufungsverfahren liegen keine Unterlagen vor.
[63] Auch zu diesem Berufungsverfahren liegen keine Unterlagen vor.
[64] Die Liste mit Dr. Stripp ist nicht im Senat verabschiedet worden, da sie vom Dekan vor der Abstimmung zurückgezogen worden ist. Es käme nur eine Dozentur in Frage (UniA MR, 308/19, 121).
[65] Diese Berufungsliste ist am 21. Oktober 1974 bei einer Enthaltung vom Senat verabschiedet worden. Zugleich ist auf das Interesse von Quanz an der Professur in Marburg hingewiesen worden (UniA MR, 308/19, 121).

Prof. Dr. Gerhard Hecker (Aachen), verständigen.[66] Die studentische Vertretung kritisiert an diesem Berufungsvorschlag den auf eine klassische Empirie verkürzten Forschungsansatz des Bewerbers sowie fehlende gesellschaftspolitische Fragestellungen in seinen Arbeiten. Die FBK diskutiert den Vorschlag sehr kontrovers. Während die studentischen Vertreter/innen unter den Mitgliedern der FBK Unterstützung für ihren Vorschlag einer Neuausschreibung finden, plädieren der Dekan Dietmar Kamper und die Mitarbeiter/innen aus dem Institut angesichts der prekären Berufungssituation für die Verabschiedung des vorliegenden Berufungsvorschlags. Letztlich wird aber doch mehrheitlich eine Neuausschreibung unter Aufrechterhaltung der Bewerbung des vorgeschlagenen Kandidaten beschlossen. Walter Bernsdorff[67] protestiert mit einer persönlichen Erklärung gegen diesen Beschluss und teilt mit, dass er sich an der Kommissionsarbeit der Neuausschreibung nicht beteiligen werde.

Die Besetzung der Professuren hat sich insgesamt als sehr schwierig erwiesen. Die *Bewegungslehre*-Professur ist nicht realisiert worden, wobei die Gründe aus den Akten nicht nachvollzogen werden können. Im Laufe des Jahres 1975 sind erneut H2-Stellen ausgeschrieben worden,[68] über deren Besetzung keine Unterlagen vorliegen. Für die Sportpädagogik-Professur (H4) ist im Dezember 1974 ein Ruf an Herrn Dr. Quanz ergangen,[69] erste Verhandlungen haben im Januar 1975 stattgefunden.[70] Im Nachgang zu diesem Gespräch verfasst Rittner im Februar 1975 einen Brief an den StA III (Haushalt), in dem er die prekäre Ausstattung des Instituts an den Berufungsverhandlungen von Quanz deutlich macht. Das Ausstattungsangebot der Universität für die H4-Professur sei so dürftig, dass Rittner ein Scheitern der Berufung befürchtet. Ganz grundsätzlich stellt er die Frage an den Haushaltsausschuss „wann und ob überhaupt das IfL in die Lage versetzt wird, Forschung und Lehre in angemessenem Umfang aufzunehmen". Die strukturelle Situation müsse grundsätzlich verbessert werden, um überhaupt „Berufungsverhandlungen im normalen

---

[66] Hecker hatte sich eigentlich auf die Didaktik-Professur beworben. Die Kommission hat ihn aber aufgrund seines Arbeitsschwerpunktes für die Sportpsychologie-Professur auf die Liste gesetzt.
[67] Walter Bernsdorff war als Assistent des IfL Mitglied in der Berufungskommission.
[68] UniA MR, 308/19, 121.
[69] UniA MR, 307/3, 6075.
[70] UniA MR, 308/19, 121.

Sinne" führen zu können.[71] Schließlich lehnt Quanz den Ruf „wegen des ungünstigen Verhältnisses von Aufgaben und zur Verfügung stehenden Sach-, Personalmitteln und Arbeitsbedingungen" ab, wie es im Protokoll der *Fachbereichskonferenz* im April 1975 heißt. Im *Institutsbeirat* wird etwa zeitgleich berichtet, dass die Berufung von Dr. Eberhard Hildenbrandt erfolgt und die Übernahme der Professur zum Wintersemester 1975/76 zu erwarten ist.

Sieht man von der Überleitung Hartmanns auf eine H2-Professur und von der außerordentlichen Ernennung Lindners zum H4-Professor für *Bewegungslehre und Biomechanik* einmal ab, ist Eberhard Hildenbrandt seit Kriegsende der *erste berufene Professor* im Institut für Sportwissenschaft. Im Zuge der weiteren H2-Ausschreibung erfolgt am 15. Februar 1976 die Berufung von Dr. Hans-Gerhard Sack auf eine Professur für *Sportpsychologie*, die er bis zu seinem Wechsel an die FU Berlin Anfang der 1980er-Jahre innehat.[72] Die zweite erneut ausgeschriebene H4-Professur mit der überarbeiteten Denomination *Sozialpsychologie des Sports und Bewegungstherapie* wird im Mai 1976 mit Dr. Friedhelm Schilling besetzt.[73]

8.5 Die personelle Ausstattung – ein schwieriger Prozess

Damit sind die Besetzungen der Professuren bis 1976 beschrieben. Die einzelnen Verfahren sind unterschiedlich gut dokumentiert. Vor allem sind die Unterlagen für die Verfahren ab 1975 derzeit noch nicht vollständig ausgewertet, da dieser Beitrag das Ziel hat, die Integration des Instituts bis zur Ausgründung des Fachbereichs 21 aus dem Fachbereich 03 darzustellen. In diesem Kontext steht die Frage nach der personellen Ausstattung des Instituts im Mittelpunkt der Auswertung vorliegender Dokumente. Die drei Unterkapitel zeigen, wie schwierig sich die Überleitung sowohl des Institutsdirektors auf eine Professur als auch der Mitar-

---

[71] UniA MR, 307/3, 6078.
[72] Über das Verfahren und seine Tätigkeit liegen bis zur Fertigstellung dieses Beitrags keine Dokumente vor. Das Datum der Berufung geht aus einer Sammlung chronologischer Daten zur Institutsentwicklung seit den 1960er-Jahren von Walter Bernsdorff hervor (IfSM-Archiv, Bestand Walter Bernsdorff).
[73] Friedhelm Schilling hat im Institut den Diplom-Aufbaustudiengang *Motologie* initiiert und ihn bis zu seiner Emeritierung 2001 geleitet.

beiter/innen in die neue Personalstruktur gestaltet hat. Hinsichtlich der Besetzung von zugewiesenen Professuren muss konstatiert werden, dass es nach mehreren gescheiterten Berufungsverfahren erst zum Wintersemester 1975/76 gelungen ist, die erste Professur zu besetzen. Die langwierigen und komplizierten Entscheidungen im Fachbereich *Gesellschaftswissenschaften* haben vor allem mit unterschiedlichen Positionen der Sportstudierenden und den IfL-Mitarbeiter/innen einerseits und zwischen IfL-Mitarbeiter/innen und einigen Mitgliedern der *Fachbereichskonferenz* zu tun. So gibt es beim ersten Berufungsversuch nicht nur ein Minderheitenvotum der Studierenden, sondern auch ein ausführliches Sondervotum der nichtstudentischen Kommissionsmitglieder (Hochschullehrer/innen und akademische Mitarbeiter/innen) im Anschluss an die Verabschiedung der Liste. Letztlich ist das Berufungsverfahren ohne Erfolg zu Ende gegangen, da alle Bewerber an anderen Universitäten einen Ruf erhalten und angenommen haben. Auch das zweite Verfahren kann erst nach den gescheiterten Verhandlungen des Erstplatzierten erfolgreich abgeschlossen werden.

In der Zwischenzeit ist das Institut mit steigenden Studierendenzahlen und Haushaltskürzungen konfrontiert. Um die Lehre überhaupt anbieten zu können, geht es um die zwischenzeitliche Unterbesetzung der nicht besetzten Professuren mit Wissenschaftlichen Bediensteten. In fast jeder IB-Sitzung wird über die Auswahl von Personal zur Abdeckung der notwendigen Lehre diskutiert. Insofern hat das Institut seit Umsetzung des HUG mit ungeklärten Personalfragen zu tun, die der wissenschaftlichen Ausrichtung durch Forschungsaktivitäten nicht zuträglich sind. Eine Konsolidierung als sportwissenschaftliches Institut kann erst ab Wintersemester 1975/76 beginnen.

9 Die Arbeitsgemeinschaft Sportwissenschaftlicher Hochschuleinrichtungen am Marburger Institut – eine Geschichte der Sportwissenschaft

Wer oder was war die *Arbeitsgemeinschaft Sportwissenschaftlicher Hochschuleinrichtungen* (ASH) und was hat sie mit Marburg zu tun? Man muss schon an nahezu 80-jährige Sportwissenschaftler/innen herantreten, um einzelne Erinnerungsstücke zur Geschichte der Sportwissenschaft aufrufen zu können. Nun waren die 1960er- und 1970er-Jahre gesellschafts- und hochschulpolitisch eine Zeit des Umbruchs, der Demokratisierung der Gesellschaft, der Studentenbewegung und der Hochschulreform[1] sowie mit der Idee verbunden „mehr Demokratie zu wagen", wie es Willi Brandt seinerzeit gefordert hat. Für die noch junge Sportwissenschaft ging es Ende der 1960er-Jahre um die Gründung einer Nachfolgeorganisation der AID.

Die AID wurde 1948 in Bonn gegründet und war der maßgebliche bundesweite Zusammenschluss der Direktoren der *Institute für Leibesübungen*, die sich in der AID regelmäßig trafen und Fragen zur personellen und materiellen Ausstattung, zu Studien- und Prüfungsordnungen sowie Forschungs- und Publikationsmöglichkeiten, aber auch zum Status der IfL in den Universitäten diskutierten.[2]

---

[1] Die Zeit der Hochschulreform ist in mehreren Forschungsarbeiten untersucht worden, z.B.: Rohstock, 2010; Sargk, 2010; Borggräfe, 2019.

[2] Vgl. Buss, 1985. Die eher konservative Orientierung der AID wird selbst von den Akteuren der Nachfolgeorganisationen so gesehen: Die AID habe „Altherrensitzungen" mit „Skat spielen" und „Witze machen" organisiert und „Richtlinien für praktische Prüfungen" erfunden, deren Umsetzung sie mangels eigener Lehrerfahrung gar nicht einschätzen konnten (Röthig im Interview mit Borkenhagen 2011, in: Borkenhagen & Willimczik, 2012, S. 117f.). Die AID steht für eine „patriarchalische Grundhaltung in ihrem Führungsstil", dessen „konservatives Verständnis von den Ausbildungsschwerpunkten" das Bild der „Turn- und Sportlehrer für ein klassisches dreigeteiltes deutsches Schulsystem gewährleisten" soll (Güldenpfennig, 2018b, S. 21). Güldenpfennig zeichnet den Weg der reformorientierten „Revolte" der 68er-Sportstudierenden zur Auflösung der AID nach und reflektiert diese Aktivitäten auch im Kontext des organisierten Sports mit seinen ebenfalls konservativ-patriarchalen Strukturen sowie den gesellschaftspolitischen Entwicklungen jener Zeit (vgl. Güldenpfennig, 2018a und 2018b; auch 2020). Die AID war für die Universitätsleitungen und die Kultusministerien bezüglich der Sportlehrkräfteausbildung der zentrale Ansprechpartner. In seinem Beitrag zur westdeutschen Sportwissenschaft nach 1945

Ende der 1960er-Jahre hat sich die hochschulpolitische Situation durch Reformbestrebungen der Landesregierungen, Studentenbewegung und gesellschaftlichem Aufbruch zur Überwindung überkommener Moral- und Machtstrukturen so verändert, dass die AID als organisiertes Machtzentrum der IfL ihre Strukturen ändern und sich gegenüber den neuen gesellschaftlichen Herausforderungen öffnen musste. In ihren alten Strukturen hatte sie sich im Kontext der Hochschulreform überholt.

Assistent/innen, Wissenschaftliche und Technische Mitarbeiter/innen und Studierende haben weitreichende Mitbestimmungsrechte eingefordert und durch die neue Hochschulgesetzgebung erhalten. In diesem Diskurs ist die Forderung nach einer neuen sportwissenschaftlichen Organisation entstanden. Die AID sollte aufgelöst und durch eine Nachfolgeeinrichtung ersetzt werden.[3] Diese Nachfolgeeinrichtung war die ASH, die *Arbeitsgemeinschaft Sportwissenschaftlicher Hochschuleinrichtungen*.

Damit ist die Eingangsfrage zunächst beantwortet. Die ASH hatte das Ziel, die sportwissenschaftlichen Interessen an den Universitäten zu vertreten. Wie es jedoch zu dieser neuen Organisation gekommen ist und was diese Organisation mit Marburg zu tun hat, soll im Folgenden beschrieben werden. Um es gleich vorwegzunehmen: Der Marburger Teil der ASH hat fast ausschließlich mit der Frage des Scheiterns und der Abwicklung dieser nur kurze Zeit bestehenden Organisation zu tun. Zunächst soll die Gründung und die versuchte Etablierung bis zum Stillstand in den ersten beiden Jahren beschrieben werden. Das hat zwar auch mit engagierten Marburger Assistenten und Studierenden zu tun, war aber nicht unmittelbar an Marburg gebunden.[4] Erst von 1974 bis zur Auflösung 1976 spielt das Marburger IfL als Geschäftsstelle eine wesentliche Rolle für die ASH.

---

weist Buss (2018) auf den nahezu bruchlosen Übergang der in der AID organisierten IfL-Direktoren aus dem NS-System in die Zeit des Wiederaufbaus der Universitäten und *Institute für Leibesübungen* hin.

[3] Buss (1985; 2018) datiert die Auflösung der AID auf den 08. Oktober 1969 in Münster und nennt die *Arbeitsgemeinschaft der Institute* (AdI) als erste Nachfolgeorganisation. Dies muss insofern korrigiert werden, da es formal nie eine AdI gegeben hat; die AdI bestand lediglich als Arbeitsbegriff für eine Nachfolgeorganisation. Daher ist auch die Darstellung von Borkenhagen & Willimczik (2012, S. 118) nicht richtig, wenn sie schreiben, dass sich die AID in AdI und später in ASH umbenannt habe.

[4] Siehe zur ASH die ausführliche Rekonstruktion zur Gründung und zum Scheitern Laging, in Vorbereitung.

9.1 Die Gründung der ASH

Die Auflösung der AID und die Gründung der ASH zeigen sich äußerst konfliktreich. Bereits 1969 hat die *Mitarbeitervertretung* (MV) als Organisation der an den Instituten tätigen Assistent/innen und Wissenschaftlichen Mitarbeiter/innen mit der AID eine Vereinbarung zur regelmäßigen Teilnahme an den AID-Sitzungen getroffen.

Seit der Öffnung der AID für Mitarbeiter/innen und in Grenzen für Studierende geht es zunehmend um die Gründung einer Nachfolgeorganisation. Die AID wirkt bis zu ihrer Auflösung im Mai 1972 neben weiteren eigenen Sitzungen an der Gründung der neuen sportwissenschaftlichen Organisation mit. Dazu wird in Münster im Oktober 1970 ein *Interimsausschuss*,[5] bestehend aus Vertretern der AID, der in der ASS organisierten Studierendenschaft[6] und den in der MV organisierten Mitarbeiter/innen gegründet.

Wie schwierig und gereizt die Stimmung zwischen Assistent/innen und dem bis zur Auflösung existierenden AID-Vorstand ist, zeigen beispielsweise Briefe des Marburger Assistenten Walter Bernsdorff[7] aus dem Jahr 1971. So beschwert er sich im Mai 1971 bei den Mitarbeitern Herbert Haag[8] (Gießen) und Krüger (Bochum) über die auf der AID-Sitzung am 15./16. April 1971 in Hannover beschlossene Absage der geplanten Gründungsveranstaltung der *Arbeitsgemeinschaft der Institute* (AdI).[9] Der Grund ist offenbar die zu geringe Teilnahmezahl für das für April 1971 geplante vorbereitende Kontaktgespräch mit allen drei Statusgrup-

---

[5] Darauf weisen Informationen von Sven Güldenpfennig hin, die er per Mail an den Autor dieses Textes übermittelt hat (vgl. Laging, in Vorbereitung). Zum Sprecher des *Interimsausschusses* (IA) wird Dr. Peter Röthig gewählt. Er war seit 1969 Professor am IfL der FU Berlin und ab 1972 am *Institut für Sport und Sportwissenschaft* der Universität Frankfurt tätig.

[6] Die *Aktionsgemeinschaft der Studierenden der Sensomotorik* (ASS) ist ein Zusammenschluss von engagierten Sportstudierenden aus der studentischen Protestbewegung der 68er, die eine Reform der Sportlehrkräfteausbildung nach einem demokratischen Wissenschaftsverständnis fordern.

[7] Walter Bernsdorff hat an der Universität Marburg die Fächer Leibeserziehung, Germanistik, Geschichte und Sozialkunde studiert, anschließend seinen Vorbereitungsdienst für das Lehramt an Gymnasien absolviert und war von 1959 bis 1991 als Assistent und Oberstudienrat im Hochschuldienst am Marburger IfL tätig.

[8] Nach seiner Zeit in Gießen war Herbert Haag als Professor für *Sportpädagogik* an der Universität Kiel tätig.

[9] UniA MR, 308/19, 25.

pen. Bernsdorff beklagt die sich breitmachende Resignation und zieht aus Protest seine weitere Mitarbeit im *Interimsausschuss* als gewählter Mitarbeitervertreter zurück. Anlass zu diesem Brief ist die Absage des Kontaktgesprächs in Melle[10] durch den Sprecher des *Interimsausschusses*.[11] Über diesen Rückzug von Bernsdorff zeigt sich der damalige AID-Vorsitzende und Institutsdirektor aus Saarbrücken, Prof. Dr. Otto Hanebuth,[12] in einem Schreiben an Bernsdorff verärgert. In seinem Antwortschreiben an Hanebuth betont Bernsdorff, dass er seit jeher „für eine Zusammenarbeit aller an den Instituten für Leibesübungen eingetreten" sei. Und weiter schreibt er: „Unser Mitbestimmungsbestreben ist – das lässt sich doch nicht hinwegschreiben – zunächst einmal gescheitert".[13] Bernsdorff beendet den Brief mit Verbitterung: „Ich bin zurückgetreten. So werde ich Ihnen in dieser Hinsicht nicht mehr im Wege sein. Ich wünsche der AID alles Gute, auch im Hinblick auf eine zukünftige AdI".[14]

Neben den kontroversen Diskussionen zwischen AID, ASS und MV über die Vorbereitung und Organisation der Gründungsversammlung

---

[10] Der Sprecher des IA hat die Absage allen Instituten in einem Schreiben mitgeteilt und die Vorgänge in einer Antwort auf eine Stellungnahme der Studierenden im Juni 1971 dargelegt (UniA MR, 308/19, 112). Die ASS hat zuvor eine Stellungnahme zum Schreiben von Röthig verfasst (UniA MR, 308/19, 25). Später sind die Ereignisse in der ersten Ausgabe des eigenen Mitteilungsblattes (ZASS; siehe Kap. 6.5, Abb. 29) zugespitzt beschrieben worden (UniA MR, 308/19, 128). Auch Mitarbeiter/innen aus anderen Instituten, z.B. Hans-Gerd Artus für den Institutsrat Hamburg (UniA MR, 308/19, 112) und Claus Tiedemann als Mitglied im Vorstand der *Mitarbeitervertretung* (UniA MR, 308/19, 112), haben mit Stellungnahmen protestiert.

[11] Hierzu gibt es im *Institutsbeirat* in Marburg am 26. Mai 1971 vom studentischen Vertreter Erich Heine eine Frage an den Institutsdirektor Lindner. Gefragt wird nach versendeten Unterlagen für die Sitzung des *Interimsausschusses* in Melle (UniA MR, 308/19, 121).

[12] Otto Hanebuth war zunächst Assistent am Marburger IfL, wo er 1939/1942 promoviert hat. Seit 1957 war er in Saarbrücken als Direktor des *Instituts für Leibesübungen* bzw. *Sportwissenschaft* der Universität des Saarlandes tätig, dort wurde er 1971 zum Professor ernannt.

[13] UniA MR, 308/19, 112.

[14] Im Umfeld des ADL-Kongresses in Münster 1970 (*Motivation im Sport*) haben verschiedene Aktivitäten der ASS zur Gründung einer Nachfolgeorganisation stattgefunden. In welch drastischer Form die Sitzung der AID in Münster gestört wurde, hat Güldenpfennig in einem Beitrag zu den 68ern im Sport beschrieben (vgl. 2018b, S. 24ff.); auch in „1968 im Sport" (2018a, S. 120). So haben die Direktoren die AID-Sitzung in Münster fluchtartig verlassen und sind dabei von Studierenden verfolgt worden.

einer Nachfolgeorganisation hat es großes Interesse der PH-Vertretungen, der *Fachgruppe Leibeserziehung an Pädagogischen Hochschulen* (FLPH), an einer zukünftigen AdI gegeben. So hat sich der Vorsitzende der FLPH, Prof. Dr. Berthold Jonas,[15] für eine gemeinsame Organisation der Sportwissenschaft an Universitäten und Pädagogischen Hochschulen eingesetzt. Daher ist die Integration der FLPH in die zukünftige AdI bzw. ASH bis Anfang 1974 ein ständiges Gesprächsthema gewesen, ohne dass es jemals zur Integration der FLPH in die ASH gekommen ist.

Im November 1971 kommt es zu einem ersten Versuch zur Gründung einer Nachfolgeorganisation in Tübingen. An dieser *Bundesdelegiertenversammlung* (BDV) sind 65 Vertreter/innen aus 27 Instituten beteiligt. Die formale Gründung der geplanten *Arbeitsgemeinschaft der Institute* (AdI) hat allerdings nicht stattgefunden. Vielmehr sind auf dieser Versammlung die Grundsatzfragen der Nachfolgeorganisation entlang einer für alle tragbaren Satzung geklärt worden, die als Basis für die nächste *Bundesdelegiertenversammlung* dienen soll.

Im Kern der Tübinger Versammlung geht es zunächst um Ziele, Entscheidungsstrukturen und die Präambel für die neue Organisation.[16] Ein zentraler Diskussionspunkt ist die Frage, ob die AdI als *status- oder sachorientierte* Organisation gegründet und dabei die persönliche Mitgliedschaft oder eine Institutionenmitgliedschaft verankert werden soll. Letztlich wird einem Antrag von Hans-Jürgen Schulke[17] zugestimmt, der eine drittelparitätisch besetzte Organisation nach der Institutionenmitgliedschaft und dem damit verbundenen Delegationsprinzip der Statusgruppen vorgeschlagen hat. Das Ziel der neuen Organisation lautet:

> Die AdI soll als politische Interessensvertretung aller Gruppen an Instituten für Leibesübungen Einwirkungsmöglichkeiten suchen und wahrnehmen auf Gesetze auf Länderebene und Bundesebene. In diesem Zusammenhang fällt der AdI auch die Aufgabe zu, nach Bündnispartnern zu su-

---

[15] Berthold Jonas war als Professor für *Leibeserziehung/Sportwissenschaft* zunächst an der PH Bremen, später an der Universität Bremen tätig.
[16] Die Sitzungsleitung hat Prof. Dr. Peter Röthig inne.
[17] Hans-Jürgen Schulke war nach seiner Promotion zunächst Assistenzprofessor, dann Professor in Bremen und Hamburg und Dozent an unterschiedlichen Institutionen des Sports. Er hat die Vorbereitung zunächst für eine AdI und dann die ASH maßgeblich mitgetragen und ist seit Gründung der ASH als einer der Vorstandssprecher bis zur Auflösung 1976 tätig gewesen.

chen zur wirksameren Durchsetzung ihrer Belange [, insbesondere die, d. Verf.] Verwissenschaftlichung und Demokratisierung des Sportstudiums [durchzusetzen, d. Verf.].[18]

Damit ist die Stoßrichtung der neuen Organisation im Kontext der Demokratisierung und Politisierung der Universitäten klar definiert – sie ist dem Zeitgeist universitärer Reformprozesse verpflichtet.

Da es in Tübingen nicht zur Gründung einer Nachfolgeorganisation gekommen ist, wird ein *Exekutivausschuss* (EA) mit dem Geschäftsführer Hans-Jürgen Schulke[19] gebildet, der die nächste *Bundesdelegiertenversammlung* für Mai 1972 in Gießen vorbereiten soll.[20]

Der angestrebte Wechsel von den alten AID-Strukturen zu einer neuen demokratischen Organisationsform ist für die damalige Sportwissenschaft ein bedeutender Neuanfang in der hochschulpolitischen Reformzeit. Jedenfalls lässt sich der erste Schritt dieser Neuorganisation im Rahmen der Hochschulreform wohl ohne Übertreibung als radikaler Umbruch der hochschulpolitischen Arbeit an den *Instituten für Leibesübungen* deuten.

Bis zur konstituierenden Versammlung der Nachfolgeorganisation werden im Vorfeld mit dem Vorstand der AID die Modalitäten der *Kompetenzübertragung* geklärt.[21] Insgesamt haben zwei vorbereitende Sitzungen des EA stattgefunden, um die noch offen Satzungs- und Übergangsfragen zu klären.[22] Der *Exekutivausschuss* vereinbart in der ersten Sitzung die Modalitäten der Delegation von Vertreter/innen aus den Instituten.[23] Zudem soll die zukünftige AdI bzw. ASH in den *Ausschuss Deutscher*

---

[18] UniA MR, 308/19, 128.
[19] Schulke hat seither für die gesamte Zeit des Bestehens der ASH den weitaus größten Teil der Korrespondenz, der Berichte, Einladungen, Pressemitteilungen sowie der Kontaktpflege mit den IfL und PH übernommen.
[20] Fälschlicherweise wird selbst von Bertold Jonas (1980, S. 55) die Tübinger Versammlung als Gründung der AdI bezeichnet. Im Protokoll von Tübingen heißt es: „Die bei der Tagung der IfL am 26/27.11. in Tübingen anwesenden Vertreter sind der Überzeugung, daß bis Mai 1972 die konstitutive Sitzung der ADI auf der Grundlage des am 27.11. formulierten Satzungsentwurf stattfinden soll" (UniA MR 308/19, 128). Jonas hat selbst gar nicht an der Tübinger Sitzung teilgenommen.
[21] Zu diesem Zeitpunkt hat Otto Hanebuth den Versitz der AID inne. Sein Stellvertreter ist Hajo Bernett.
[22] Die erste Sitzung des EA findet am 08. Dezember 1971 in Hamburg und die zweite am 02. Februar 1972 in Frankfurt statt.
[23] Die Delegierten sollen von den Instituten legitimiert werden.

Leibeserzieher (ADL)[24] als Trägerorganisation aufgenommen werden.[25] In einer letzten Mitteilung vor der *1. Bundesdelegiertenversammlung* in Gießen wird auf drei Korrekturen der Satzung hingewiesen: (1) Der Verband soll den Namen „ASH" erhalten, (2) der Exekutivausschuss soll in „Bundesvorstand" umbenannt werden und (3) der Geschäftsführer soll als „Sprecher" bezeichnet werden.[26]

Die Gründungsversammlung am 26./27. Mai 1972 in Gießen wird schließlich zum Erfolg. Nach nochmaliger Satzungsdiskussion stellt der zum Sitzungsleiter gewählte Prof. Dr. Peter Röthig am Nachmittag des ersten Versammlungstages nach der dritten Lesung den Antrag, über die Satzung abzustimmen und die Gründung der ASH zu vollziehen. Die Satzung wird unter den 57 Delegierten einstimmig angenommen. Im Protokoll dazu heißt es: „Die Satzung wird einstimmig angenommen und damit die endgültige Konstituierung der ASH am 26. Mai 1972 um 17.45 Uhr vollzogen."[27]

Bereits vor Ort tagt der neue Bundesvorstand[28] erstmals und wählt Peter Röthig und Hans-Jürgen Schulke zu den Sprechern des Bundesvorstandes. Im weiteren Verlauf der Sitzung teilt Röthig mit, dass sich die AID aufgelöst habe und „die Überleitung des gesamten Barvermögens in die ASH" beschlossen worden sei. „Das Barvermögen beträgt etwa 4.700 DM."[29]

Mit Abschluss der Gießener Gründungsversammlung ist zum ersten Mal eine sportwissenschaftliche Organisation entstanden, die die drei Statusgruppen durch eine Drittelparität zu gleichberechtigten Mitwirkenden der universitären Sportwissenschaft macht. Das ist sicherlich ein Novum in der Organisation der Sportwissenschaft, vielleicht sogar unter allen wissenschaftlichen Fachorganisationen gewesen und muss im Kontext der

---

[24] Der *Ausschuss Deutscher Leibeserzieher* (ADL) ist ein Verband unterschiedlicher Trägerorganisationen. Zu ihnen gehören anfangs die AID, FLPH, der *Bundesverband Deutscher Leibeserzieher* (BVDL) und die *Gewerkschaft Erziehung und Wissenschaft (GEW Sportkommission)*. 1972 ist dann die AID durch die ASH ersetzt und der BVDL in *Deutscher Sportlehrerverband* (DSLV) umbenannt worden.
[25] UniA MR, 308/19, 128.
[26] UniA MR, 308/19, 129.
[27] UniA MR, 308/19, 128.
[28] Gewählt werden Röthig und Ueberhorst für die Hochschullehrer, Schulke und Gall für den Mittelbau sowie Meier und Hinrichsen für die Studierenden (ASS).
[29] UniA MR, 308/19, 128.

Hochschulreform seit Ende der 1960er-Jahre sowie dem gesellschaftspolitischen Wandel dieser Zeit reflektiert werden.

9.2 Das erste Jahr der ASH

Nach der Gründung der ASH informiert Röthig als Sprecher im September 1972 das Bundesinnenministerium über die Nachfolgeorganisation der AID. Er schreibt:

> Heute darf ich mich als Sprecher der neu gegründeten ASH an Sie wenden, um Ihnen die neue Arbeitsgemeinschaft durch beiliegende Satzung und Geschäftsordnung vorzustellen und damit die Bitte zu verbinden, daß wie mit der Vorgängerin eine Zusammenarbeit möglich ist. [...] Die ASH hat inzwischen die Funktion der AID in den Dachverbänden Ausschuß Deutscher Leibeserzieher (ADL) und im Deutschen Hochschulausschuß für Leibesübungen (DeHofL) übernommen.[30]

Mit diesem Schreiben wird deutlich, dass eine Organisation gegründet worden ist, die den Anspruch hat, die Sportwissenschaft in Westdeutschland allumfassend zu repräsentieren und weiterzuentwickeln. Im ersten Jahr bemüht sich die ASH darum, als Ansprechpartner der Sportwissenschaft in sportnahen Organisationen und dem *Deutschen Sportbund* (DSB) sowie den zuständigen Ministerien wahrgenommen zu werden. In den ersten Vorstandssitzungen geht es um die Mitwirkung im DSB und beim ADL-Kongreß in Oldenburg im Oktober 1973 sowie um den Zusammenschluss mit der FLPH. Bezogen auf den ADL-Kongress in Oldenburg 1973 rückt die politische Abschlussveranstaltung in den Mittelpunkt der Gespräche. Die ASS hat für den letzten Tag eine politische Erklärung angekündigt.

Noch vor dem ADL-Kongress in Oldenburg findet im Mai 1973 die *2. Bundesdelegiertenversammlung* in Göttingen statt. Im Zentrum der Diskussion steht der Bericht[31] über das erste Jahr und die Schwierigkeit bei

---

[30] UniA MR, 308/19, 130.
[31] Kritisiert werden die fehlenden Initiativen zur Demokratisierung der Institute und das große Gewicht der Kooperation mit dem DSB und seinen Unterorganisationen.

der Erstellung einer gemeinsamen Plattform.[32] In diese Diskussion bringen die studentischen Vertreter eine Resolution zur desolaten bildungspolitischen Situation ein (Rückbau von Reformen, Numerus Clausus, verstärkte Staatsaufsicht, Berufsverbote etc.), die letztlich nicht verabschiedet wird. Damit die *Bundesdelegiertenversammlung* in Göttingen nicht auseinanderfällt, wird die Tagesordnung unterbrochen, um die Wahlen des Vorstandes vorzuziehen. Die Wahlen sind deswegen bedeutsam, da die turnusmäßige Übernahme der Präsidentschaft im ADL durch den Sprecher der ASH (Röthig) einen Wechsel im Vorstand der ASH notwendig macht.[33]

Die 2. *Bundesdelegiertenversammlung* geht insgesamt mit heftigen Kontroversen um die politische Ausrichtung der ASH zu Ende. Die Debatte um die Plattform kann als symptomatisch für die *Bundesdelegiertenversammlung* angesehen werden. Die Göttinger Versammlung führt zwar zu keinem Zerwürfnis, aber die Zeichen stehen auf Sturm. Das lässt sich an zahlreichen Beschlüssen zu den Berichten der Fachausschüsse deutlich zeigen, die aufgrund der drittelparitätischen Entscheidungsstruktur zustande gekommen sind.

9.3 Die Stilllegung der ASH

Der Abschluss des ADL-Kongresses in Oldenburg löst eine heftige Debatte zwischen der ASH und den anderen Trägerverbänden sowie dem ADL-Präsidium aus, die zu einer ernsthaften Krise der ASH führt und das Ende der ASH einleitet. Deutlich wird dies an einer Stellungnahme von Schulke, in der es um den Auftritt der ASS beim politischen Podium am letzten Tag des Kongresses geht. Was dort genau geschehen ist, kann nur indirekt rekonstruiert werden, aber es wird dabei deutlich, dass dieses Ereignis die Schwelle zum Scheitern der ASH markiert.

---

[32] Bereits in der Tübinger Versammlung und später in der Gießener Gründungsversammlung geht es um die Schaffung einer gemeinsamen (Meinungs-)Plattform als Grundlage für die Argumentation in den Instituten. So hat die ASS für ihre eigene Diskussion auf der *7. Bundesversammlung* in Köln im Oktober 1971 eine umfängliche „ASS-Plattform" verfasst (UniA MR, 308/19, 128). In ähnlicher Weise strebt die ASH eine argumentative Plattform an.

[33] Gewählt werden Neumann und Schulke für die Hochschullehrer, Karl und Burg für den Mittelbau sowie Meier und Gossmann für die Studierenden (ASS).

Die Stellungnahme[34] zeigt, wie krisenhaft Ende 1973 die Beziehungen zwischen der ASH und dem ADL sowie den anderen Trägerverbänden sind. Die Argumentation von Schulke geht allerdings weit über den ADL-Kongress hinaus und verweist darauf, dass die gegnerische Seite die Drittelparität als Ursache des Konflikts sieht. Der DSLV und FLPH sowie der ADL selbst stehen mittlerweile der ASH kritisch bis ablehnend gegenüber. Offenbar hat sich die FLPH, die sich über seine Vorsitzenden Berthold Jonas und Knut Dietrich bisher sehr um die Integration in die ASH bemüht hat, mittlerweile von diesem Vorhaben distanziert.

Schulke kritisiert in seiner Stellungnahme[35] nicht nur die FLPH, sondern auch die anderen Trägerverbände. Daran wird deutlich, wie isoliert die ASH gegenüber den anderen Trägerorganisationen geworden ist. So heißt es in der Stellungnahme von Schulke, dass er wiederholt auf die Brisanz des politischen Podiums (Stichwort „Radikalenerlass") durch die Teilnahme eines Vertreters des Bundesinnenministeriums hingewiesen und Alternativen vorgeschlagen habe. Die Stellungnahme zeigt nun, dass sich die ASH durch die anderen Mitgliedorganisationen und den ADL hintergangen fühlt: „Die übrigen Trägerverbände haben damals versichert, für einen korrekten Ablauf zu sorgen. Tatsächlich haben sie jedoch keine Initiative ergriffen, um die zu erwartenden Kontroversen aufzugreifen". Dem Vorwurf der anderen Verbände zur mangelnden Integration begegnet er mit der Hervorhebung der ASH als treibender Kraft:

> Dieser Vorwurf übersieht, daß alle Verbände gleichermaßen den Kongreß getragen haben und dafür verantwortlich sind. Er übersieht aber auch, daß gerade die ASH bisher entschieden die politische Stärkung des ADL als Gesamtverband vorangetrieben hat, während andere Trägerverbände den ADL bisher vornehmlich zur Selbstdarstellung benutzt oder bei wichtigen Terminen gefehlt haben.[36]

Hier zeigt sich die Problematik, die den Gründungsprozess von Anfang an begleitet hat: Die ASH setzt auf eine Demokratisierung der Hochschulen und den mit ihnen verbundenen Fachorganisationen.

---

[34] UniA MR, 308/19, 131.
[35] Ebd.
[36] Ebd.

9.4 Die Bundesdelegiertenversammlungen der ASH in Marburg

Der ADL-Kongress in Oldenburg im Oktober 1973 hat zu einer recht unübersichtlichen Situation geführt. Da das entstandene Zerwürfnis zwischen ADL und ASH zu diesem Zeitpunkt noch nicht zur Auflösung der ASH geführt hat, aber die Verpflichtungen zur Durchführung von Vorstandssitzungen, Berichterstattung, Information der IfL und Einberufung satzungsmäßig vorgeschriebener Jahresversammlungen weiterbestehen, hält der amtierende Vorstand in der ersten Hälfte des Jahres 1974 mehrere ASH-Bundesvorstandssitzungen[37] ab, die letztlich aber keine Aktivitäten der ASH angestoßen haben.[38] Dieser Stillstand lässt sich an den Ausschussaktivitäten gut nachvollziehen. Der Strukturausschuss ist der einzige von drei Ausschüssen,[39] der sich Ende 1973 und Anfang 1974 nochmals getroffen und die schwierige Situation der ASH thematisiert hat. Im Bericht von Herbert Karl[40] über die beiden Ausschusssitzungen heißt es neben Mitteilungen über Rücktritte, dass der Ausschuss

> die allgemeine Lage der ASH und im Besonderen die Frage, warum die Arbeit der Ausschüsse zum Erliegen gekommen sei [diskutiert hat und, d. Verf.] eine gemeinsame Sitzung aller Ausschüsse [befürwortet, d. Verf.]. In dieser Sitzung soll die Bundesdelegiertenversammlung vorbereitet werden, die das Weiterbestehen der ASH und ihre zukünftige Arbeit zum Inhalt haben soll.[41]

Diese Einschätzung beschreibt die Situation in der ersten Hälfte des Jahres 1974 recht gut. Kennzeichnend für diese Situation ist auch die Verle-

---

[37] Seit dem ADL-Kongress haben bis zur BDV in Marburg im Juni 1974 vier Bundesvorstandssitzungen in Bremen (02. November 1973) und Göttingen (31. Januar 1974 und 29. März 1974) sowie in Kiel vom 02. bis 04. Mai 1974 (gemeinsame Sitzung aller Fachausschüsse) stattgefunden. Zu den drei Sitzungen in Bremen und Göttingen liegen keine Dokumente vor.
[38] UniA MR, 308/19, 132.
[39] Die ASH hat bei ihrer Gründungsversammlung die Einrichtung von drei Ausschüssen beschlossen, die im ersten Jahr mehrfach getagt haben. Es sind die Ausschüsse *Struktur und Planung, Lehre und Studium* sowie *Forschung*.
[40] Herbert Karl war Wissenschaftlicher Mitarbeiter in Göttingen und zugleich Leiter der ASH-Geschäftsstelle.
[41] UniA MR, 308/19, 132.

gung der Geschäftsstelle von Göttingen nach Marburg.[42] Hintergrund ist die aufkommende Distanzierung von der ASH durch den dortigen Leiter der Geschäftsstelle. Mit der Verlegung der Geschäftsstelle nach Marburg kann zugleich der Versuch eines Neuanfangs der ASH gestartet werden.

9.4.1 Die 3. Bundesdelegiertenversammlung

Die Planung der *3. Bundesdelegiertenversammlung* in Marburg für Juni 1974 beginnt bereits im Februar. Die Geschäftsstelle in Göttingen hat alle Institute mit der Bitte angeschrieben, die Austragung der Versammlung zu prüfen. Für Marburg wird im Februar 1974 von Heine eine grundsätzliche Bereitschaft zur Ausrichtung der Tagung an die Göttinger Geschäftsstelle zurückgemeldet.[43] Da kein anderer Standort für die Ausrichtung zur Verfügung steht, übernehmen in Marburg die beiden Mitarbeiter der zukünftigen Geschäftsstelle die Tagungsorganisation. Im Vorfeld dieser Tagung wird anlässlich der schwierigen Situation der ASH versucht, ein gemeinsames Treffen aller drei ASH-Ausschüsse mit dem Bundesvorstand und den Vertretern der ADL-Trägerverbände zu organisieren.[44] Die geplanten Termine für Februar und März 1974 stoßen wegen der Kurzfristigkeit auf Unverständnis bei einigen Beteiligten und werden daher nicht realisiert.[45] Erst im Mai 1974 treffen sich die Ausschüsse mit dem Bundesvorstand in Kiel, um auf der BDV in Marburg über ihre Arbeit berichten zu können. Das Ergebnis ist allerdings weitgehend von Perspektiv- und politischer Richtungslosigkeit sowie einer fehlenden gemeinsamen Plattform der ASH bestimmt gewesen.[46]

Die Tagungsanmeldungen zur BDV laufen schleppend, wie Heine in einem Schreiben an Karl mitteilt.[47] Hier deutet sich bereits das Scheitern

---

[42] In Marburg wird die Geschäftsstelle von Erich Heine und Kurt Faust ab Juni 1974 geführt. Die Unterlagen der ASH sind von Herbert Karl persönlich an Heine in Göttingen übergeben worden. Heine und Faust haben in Marburg Sport, Politik und Geschichte bzw. Geographie studiert und sind nach ihrem Studium am Institut von 1974 bis 1975 als Wissenschaftliche Mitarbeiter beschäftigt gewesen. Zu ihrem Aufgabenbereich gehörte auch die Führung der Geschäftsstelle der ASH.
[43] UniA MR, 308/19, 128.
[44] UniA MR, 308/19, 131.
[45] UniA MR, 308/19, 130; UniA MR, 308/19, 131.
[46] UniA MR, 308/19, 132.
[47] UniA MR, 308/19, 131.

dieser Versammlung an, was sich im Fernbleiben vieler Institute ausdrückt. Der Jahresbericht[48] des Vorstandssprechers der ASH, Hannes Neumann,[49] zur Eröffnung der BDV in Marburg listet die Entwicklungen auf, die die aufkommende Krise der ASH seit der letzten BDV in Göttingen nachzeichnen. Hingewiesen wird auf Terminschwierigkeiten bei der Ansetzung von Sitzungen des Bundesvorstandes, auf eine fehlende Antwort der Mitgliedsverbände im ADL auf die Stellungnahme zu den Ereignissen beim ADL-Kongress in Oldenburg, die nach wie vor schwache Mitwirkungsmöglichkeit im DSB, die stagnierende Zusammenarbeit mit der FLPH[50] und eine im Gegensatz zum ADL fehlende hauptamtliche Geschäftsstelle.

Die *3. Bundesdelegiertenversammlung* ist mangels ausreichender Teilnehmer/innen nicht beschlussfähig. Die anwesenden Mitglieder beschließen jedoch, die Tagung dennoch durchzuführen und sich auf die Diskussion der anstehenden Fragen und Themen zu beschränken, ohne dabei Beschlüsse zu fassen. Das Protokoll thematisiert die Unzufriedenheit mit der Arbeit der ASH, insbesondere in den Fachausschüssen. Problematisiert wird das Selbstverständnis der ASH in ihrer politischen Ausrichtung: „Das Fernbleiben Einiger sei auf dieses spezifische Verständnis zurückzuführen, das zur Blockade der ASH-Arbeit in einigen Fällen geführt habe".[51] Die BDV plant nun eine nächste *außerordentliche Bundesdelegiertenversammlung* für November 1974.

Dem Protokoll der Versammlung ist die Zerrissenheit und die Krise deutlich anzumerken. Es springt zwischen Berichten, wiederholter Feststellung der Beschlussunfähigkeit, Fehleranalyse und Auflösungsdiskussion hin und her. Am Ende wird festgehalten, dass der Bundesvorstand kommissarisch bis zur nächsten BDV im Amt bleibt, der Vorstand zur Vorbereitung der nächsten Versammlung um zwei Mitarbeiter[52] erweitert wird und die Geschäftsstelle nach Marburg verlegt werden soll, da

---

[48] Ebd.
[49] Hannes Neumann war seit 1971 Professor für Sportwissenschaft an der TU Braunschweig, 1977 wechselte er auf eine Professur an die Universität Gießen.
[50] Hier werden die Drittelparität in der Satzung der ASH und die Institutionenmitgliedschaft als Hindernisse für den Beitritt der FLPH genannt (UniA MR, 308/19, 131).
[51] UniA MR, 308/19, 128.
[52] Den Vorstand verstärkt haben die Mitarbeiter Karl-Friedrich Burg aus Kiel und Jürgen Schröder aus Braunschweig.

Herbert Karl eine Weiterführung der Geschäftsführung in Göttingen abgelehnt hat.[53]

In einem Bericht der Marburger Geschäftsstelle an alle Institute wird eine Fehleranalyse zur gescheiterten BDV vorgelegt:

> Als ein Hauptfehler der bisherigen ASH-Arbeit wurde in der Diskussion die Tatsache bezeichnet, daß es der ASH nicht gelungen sei, den Mitgliedshochschulen bei deren konkreten Problemen Hilfestellungen zu leisten. [...] Die Gründe für das fehlende Interesse wiederum (besonders bei einigen ehemals stark engagierten Hochschullehrern und Institutsdirektoren) glaubten einige in der Politisierung der Arbeitsgemeinschaft zu sehen.[54]

Erneut wird in diesem Bericht[55] auf die Frage der Auflösung der ASH hingewiesen, allerdings auch betont, dass alle teilnehmenden Institute an der ASH festhalten möchten, da nur so eine Vertretung der Interessen der Institute möglich sei. Den fehlenden Teilnehmer/innen aus den Instituten wird vorgeworfen, dass sie damit einen „latenten Boykott der ASH" einleiten wollten. Schließlich sind bei der BDV in Marburg nur 13 Mitgliedsinstitute mit lediglich 22 Teilnehmer/innen anwesend gewesen. In dieses Bild passt auch die Anfrage des Direktors Prof. Dr. Erich Beyer vom Karlsruher Institut an die Geschäftsstelle:[56]

> Könnten Sie mir bitte eine Liste der Institute zugehen lassen, die Mitglied der ASH sind. Soweit ich es übersehe, sind ja nur ca. 70 % der in Frage kommenden Institute Mitglied. Die ASH kann demnach gar nicht für die Institute der Bundesrepublik sprechen. Damit sind auch alle Beschlüsse der ASH noch viel unverbindlicher als etwa zu Zeiten der AID, als selbstverständlich alle Institute Mitglied der AID waren.[57]

---

[53] UniA MR, 308/19, 128. Im Dezember 1974 teilt Herbert Karl in einem Brief an Schulke seinen Austritt aus dem ASH-Vorstand mit (UniA MR, 308/19, 131). Auch wenn er grundsätzlich die Ziele der ASH teile, so arbeite sie ineffektiv und habe nicht die richtige Organisationsform.
[54] UniA MR, 308/19, 131.
[55] Ebd.
[56] Noch an die Göttinger Geschäftsstelle in der Besetzung mit Herbert Karl gerichtet.
[57] UniA MR, 308/19, 131.

Mit einem kritischen Blick auf die Entwicklung der ASH anlässlich der Marburger Versammlung macht Joachim Neu[58] gerade konservative Professoren und Assistent/innen an den Instituten dafür verantwortlich, die ASH in die Selbstauflösung gedrängt zu haben. Diese orientierten sich im Gefolge der alten AID ausschließlich an sportfachlichen Zielen wie sie der DSB vertrete und bleibe dabei völlig unpolitisch. Erst die Studienreformdiskussion, die u.a. auch zur Gründung der ASH geführt habe, sei bildungs- und hochschulpolitisch geleitet gewesen und habe sich an demokratischen Strukturen mit Unterstützung fortschrittlicher Kräfte an den Instituten orientiert. Die gescheiterte Marburger BDV sei daher Ausdruck des Rückbaus erreichter Reformen.[59]

Mit der Übernahme der Geschäftsstelle durch das Marburger IfL zeigt sich auch die schwierige finanzielle Situation der ASH. In seinem Bericht im Anschluss an die 3. BDV bittet Heine die Hochschulen um Überweisung ihrer Mitgliedsbeiträge. In einem Schreiben an den bisherigen Geschäftsführer Karl beklagt er, dass erst drei von 24 Hochschulen ihren Beitrag bezahlt hätten.[60] Die Krise der ASH als sportwissenschaftliche Organisation zur Vertretung der Institute an den Universitäten wird zunehmend auch zu einer finanziellen Krise, wie zahlreiche Briefe und Berichte der Marburger Geschäftsstelle zeigen. Dies wird in einem Schreiben von Heine an den Vorstandssprecher Neumann besonders deutlich. Hier wird im August 1974 ein aktueller Kassenstand von 255 DM genannt, der nicht reicht, um beispielsweise die laufenden Kosten zu decken. Zudem deuten sich Probleme bei der Abrechnung von Bundeszuschüssen an, da der ADL nicht auf Unterlagen der ASH zugreifen kann, die wegen der Beschlussunfähigkeit der BDV nicht zur Verfügung stehen. Daher wird die Dringlichkeit einer *außerordentlichen Bundesdelegiertenversammlung* angemahnt.[61]

---

[58] Joachim Neu hat in Marburg Sport, Geschichte und Politik studiert und war in der *Fach- und Basisgruppe Sport* aktiv sowie Teilnehmer der 3. BDV in Marburg und zugleich engagiert für den ADH. Vor diesem Hintergrund hat er die Studienreformdiskussion im Kontext des Übergangs von der AID zur ASH kritisch begleitet und darüber in der Zeitschrift *hochschulsport* aus einer gewerkschaftlichen Position berichtet (Neu, 1974).
[59] UniA MR, 308/19, 128.
[60] UniA MR, 308/19, 131.
[61] Ebd. Im September mahnen Heine und Faust nochmals in einem Rundschreiben an die Mitgliedshochschulen die prekäre finanzielle Situation der ASH an. Es seien erst

Nach der gescheiterten *3. Bundesdelegiertenversammlung* im Juni 1974 kommt die Arbeit im Bundesvorstand der ASH erneut zum Erliegen. Als Marburger Geschäftsführer beklagt sich Heine im August 1974 bei Peter Weinberg (und Sven Güldenpfennig) über die fehlende Unterstützung durch den Bundesvorstand:

> Der Vorstand beispielsweise hat sich bis heute noch kein einziges Mal mit uns in Verbindung gesetzt, geschweige denn in irgendeiner Angelegenheit über uns Aktivitäten entwickelt. Ich habe mehrfach den Sprecher über die in der Geschäftsstelle eingegangenen Post informiert. Fragen sind bisher unbeantwortet geblieben.[62]

Daraufhin reagiert Hans-Jürgen Schulke als Vorstandssprecher mit einem Schreiben an die Geschäftsstelle in Marburg und bittet um Nachsicht. Er weist aber zugleich daraufhin, dass dieser Zustand die derzeitige Situation im Bundesvorstand wiedergäbe:

> Insgesamt ist es dort so, daß sowohl von den konservativen und neutralistischen Kräften wie auch von sogenannten ‚Chaoten' kaum Initiativen erfolgen, zum Teil nicht einmal die notwendigsten Routinearbeiten erledigt werden. Dieser Zustand wird sich meines Erachtens nur ändern lassen, wenn wir bei der nächsten Bundesdelegiertenversammlung (hoffentlich bekommen wir sie zusammen!) einige arbeitsfähige Kräfte in den Bundesvorstand bekommen.[63]

Zugleich kündigt Schulke im September 1974 einen Vorstoß zur Einberufung einer Vorstandssitzung an.

Um die ADL-Mitgliedsverbände für den Fortbestand der ASH zu gewinnen, weist der Vorstandssprecher Neumann im September 1974 in einem Schreiben erneut den Vorwurf der Bündnisunfähigkeit und die Gerüchte um eine Auflösung zurück und wirbt für eine gemeinsame Stärkung des ADL. Dazu sei die Teilnahme vieler Institute an der nächsten BDV wichtig, erst danach könne man die Entwicklung der ASH absehen:

---

von 50% der Mitgliedshochulen die Beitragszahlung eingegangen. Zugleich wird mitgeteilt, dass die außerordentliche BDV noch nicht terminiert sei (UniA MR, 308/19, 132).

[62] UniA MR, 308/19, 131.
[63] Ebd.

„Man sollte diesen nächsten (vielleicht auch letzten) Versuch abwarten, bevor man zu weitreichenden Konsequenzen in der Betrachtung der ASH kommt."[64]

Im Oktober folgt noch einmal eine ausführliche Situationsbeschreibung der ASH aus Sicht des Bundesvorstandes.[65] Die an die ASH herangetragene Kritik bestehe darin, so der Vorstand,

> „daß die ASH ihren Aufgaben nicht nachkomme, ineffektiv und somit überflüssig sei. Dafür werden strukturelle und verwaltungstechnische, mitunter auch personelle und politische Gründe angeführt. Mittlerweile wird ganz offen über die Auflösung der ASH gesprochen.[66]

Der ASH-Vorstand möchte diese Einschätzungen und Schwierigkeiten nicht herunterspielen, aber doch Argumente nennen, die diesem Eindruck widersprechen.

9.4.2 Die 4. Bundesdelegiertenversammlung

Trotz kritischer Analyse und anhaltender Kritik setzt der Bundesvorstand in seiner Septembersitzung auf die Vorbereitung einer *4. außerordentlichen Bundesdelegiertenversammlung* und verbindet damit die Hoffnung, noch einmal einen Neuanfang der ASH starten zu können. Neben einer nochmaligen Reflexion der Problemlage wird die Frage der Mitgliedschaft aufgeworfen. Hier treffen Befürworter und Gegner einer persönlichen Mitgliedschaft versus Institutionenmitgliedschaft aufeinander. Diese Diskussion macht deutlich, dass sich die persönlichen Interessen und politischen Positionen einer Organisation nur schwer mit einer Institutionenmitgliedschaft vereinbaren lassen.[67] Insofern deutet die Form der Mit-

---

[64] UniA MR, 308/19, 130. Der Vorwurf des Desinteresses resultiert aus der geringen Teilnahme von Vertreter/innen der ASH an einer gemeinsamen Sitzung aller Trägerverbände des ADL in Ebnisee. Neumann rechtfertigt die Situation damit, dass den Vertretern der ASH eine Teilnahme aus verschiedenen Gründen nicht möglich war, was allen anderen bekannt gewesen sei. Daraus könne man nicht auf Desinteresse schließen (UniA MR, 308/19, 130).
[65] UniA MR, 308/19, 132.
[66] Ebd.
[67] UniA MR, 308/19, 131.

gliedschaft auf ein grundsätzliches Problem der ASH hin.[68] Der Vorstand entscheidet schließlich, die *außerordentliche Bundesdelegiertenversammlung* am 15./16. November 1974 aus organisatorischen Gründen erneut in Marburg stattfinden zu lassen.[69]

Das Ergebnis dieser BDV ist schnell zusammengefasst: Schulke hat sich bereits zwei Tage nach Ende der Tagung an alle Mitgliedshochschulen mit einem Schreiben gewandt, um die Situation darzulegen.[70] In aller Kürze wird mitgeteilt, dass die BDV erneut nicht beschlussfähig war, der Vorstand weiterhin im Amt bleibe, eine „ASH-Initiativgruppe"[71] gegründet worden sei und im Frühjahr 1975 erneut eine BDV einberufen werden solle. Zudem werden die Mitgliedsinstitute zur Zahlung ihres Beitrags aufgefordert,[72] da die finanzielle Situation der ASH kritisch sei.[73] Von der Tagung selbst liegt kein Protokoll vor, stattdessen hat Erich Heine als Mitarbeiter der Marburger ASH-Geschäftsstelle einen Bericht für die Zeitschrift *hochschulsport* verfasst.[74] Aus dem Bericht geht hervor, dass Peter Röthig (der frühere Sprecher der ASH) als Gast geladen war, um das vom ADL und dem DSLV entwickelte Strukturmodell für einen neuen Verband zur Vertretung der Interessen der an Schule und Hochschule tätigen Personen vorzustellen (Abb. 37).[75]

---

[68] Diese Einschätzung wird auch von Klaus Willimczik in einem Interview geteilt, das der Autor am 11. April 2023 mit ihm geführt hat.

[69] In der Planung waren zunächst auch Bremen (Schulke) und Braunschweig (Neumann) als Austragungsorte vorgesehen. Beide Orte haben sich aber nicht in der Lage gesehen, die Veranstaltung zu organisieren.

[70] UniA MR, 308/19, 132. Zugleich bittet Schulke in einem Schreiben an Bernett (UniA MR, 308/19, 131) um die Bereitstellung von drei Druckseiten in der Januarausgabe von 1975 der Zeitschrift *sportunterricht*, um auf die Situation der ASH und der nächsten BDV aufmerksam zu machen.

[71] Hierzu liegen Dokumente mit konkreten Vorschlägen und Problembeschreibungen aus den Instituten in Marburg, Münster, Bonn, Hannover, Gießen, Hamburg, Bremen Braunschweig und Kiel vor, die in der Regel von Studierenden und/oder Mitarbeiter/innen der Institute verfasst worden sind.

[72] UniA MR, 308/19, 132.

[73] So haben die Institute in Hannover, Göttingen, Kiel und Erlangen Kündigungsschreiben an die Geschäftsstelle in Marburg geschickt bzw. – wie Darmstadt – ihren Beitrag nicht bezahlt (z.B. UniA MR, 308/19, 131).

[74] Der Bericht ist im Januar 1975 in der Zeitschrift *hochschulsport* erschienen (Heine, 1975).

[75] Dieses Strukturmodell ist auch bei einem Koordinierungsgespräch zwischen ADL, DeHofL, ASH und ADH am 01. Oktober 1974 in Göttingen vorgestellt worden. Die

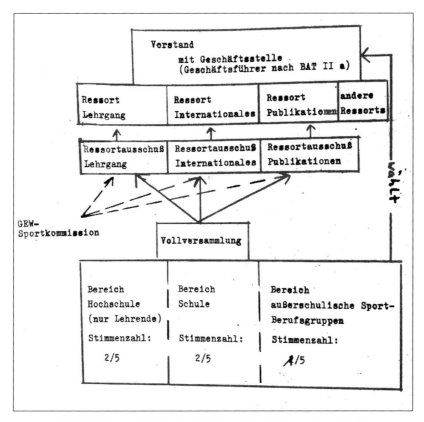

Abb. 37: Das am 01. Oktober 1974 von der ASH vorgelegte Strukturmodell eines Dachverbandes (UniA MR, 308/19, 132)

Das Modell ist von den Delegierten als *reaktionär* abgelehnt worden, ebenso wie ein alternatives Modell, das einen *Fakultätentag* mit Hochschullehrer/innen vorsieht. Die Diskussion der Modelle ist überformt von der Frage, ob und wie die ASH aufgelöst werden soll. Ausgelöst wird diese Debatte dadurch, dass Röthig unmittelbar nach seiner Begrüßung die ASH als „gestorben"[76] bezeichnet hat. Das Modell eines neuen ADL

ASH (Vertreter Heine und Wehlitz) hat sich gegen einen neuen Dachverband ausgesprochen. Bei diesem Gespräch ist auch erstmals ein *Fakultätentag* als Möglichkeit vorgeschlagen worden (UniA MR, 308/19, 131).

[76] Heine, 1975, S. 9.

ist nach den Zerwürfnissen beim Oldenburger Kongress entwickelt und im Frühjahr 1974 erstmals in einem größeren Kreis der Trägerverbände diskutiert worden.[77] Insofern ist für den ADL bereits Anfang 1974 klar gewesen, dass die ASH keine Zukunft hat, was auf der außerordentlichen *4. Bundesdelegiertenversammlung* in Marburg noch einmal ausgesprochen wurde.

9.5 Das Ende der ASH und der Marburger Geschäftsstelle

Das Ende der ASH kommt daher schneller als erwartet. Im Dezember 1974 werden vom ADL-Präsidenten Röthig zwei Schreiben an die ASH versandt, die sich auf den Bericht von Schulke zur *außerordentlichen Bundesdelegiertenversammlung* im November 1974 in Marburg beziehen. Röthig teilt im *ersten* Schreiben[78] mit, dass nicht Schulke, der sich im Bericht als „Bundessprecher" bezeichnet, sondern Neumann (Braunschweig) der Verhandlungspartner des ADL sei. Daher benutze Schulke „diese Bezeichnung [...] außerhalb der Satzungsrichtlinien", denn nur die BDV könne einen neuen Bundessprecher einsetzen.[79] Das *zweite* Schreiben besiegelt schließlich den Bruch des ADL mit der ASH:

1. Nachdem 1974 zwei Bundesdelegiertenversammlungen der ASH wegen Beschlußunfähigkeit nicht zustande kamen, muß davon ausgegangen werden, daß eine Arbeitsfähigkeit der ASH nicht mehr besteht.
2. Da zur Zeit innerhalb der ASH keine ordentlichen Vorstandssitzungen und Ausschußsitzungen mehr möglich sind, bleibt für den ADL

---

[77] Erstmals ist dieses Modell in Ebnisee auf einer Tagung der ADL-Trägerorganisationen vorgestellt worden, an der die ASH nicht teilgenommen hat (UniA MR, 308/19, 131).
[78] UniA MR, 308/19, 132.
[79] Zu dem Schreiben von Röthig nehmen die beiden Bundessprecher Neumann und Schulke Stellung. Sie weisen die formale Kritik an der Bezeichnung „Bundessprecher" für Schulke zurück und argumentieren, dass die Bundessprecher mit unterschiedlichen Aufgaben gleichberechtigt agieren und der Bundesvorstand selbst darüber entscheidet, wer aus dem Bundesvorstand mit dem ADL verhandelt (UniA MR, 308/19, 132). Auch vom IfL in Marburg liegt eine ähnlich lautende Stellungnahme zu dem Brief von Röthig vor, der von Volker Rittner als Hochschullehrer, Erich Heine als Wissenschaftlichem Mitarbeiter und dem studentischen Vertreter Jürgen Hahn unterschieben worden ist (UniA MR, 308/19, 131).

die Geschäftsfähigkeit der ASH auf den bisher nicht entlasteten Vorstand beschränkt.
3. Diesen nicht entlasteten Vorstand der ASH versteht der ADL als ein Abwicklungsgremium, mit dem alle noch bestehenden Verbindlichkeiten verhandelt werden.
4. Der ADL wird darum bemüht sein, daß eine Vertretung der sportwissenschaftlichen Einrichtungen an den Universitäten gewährleistet bleibt. Diesbezüglich wird er sich Anfang 1975 an die Lehrkräfte der Universitäts-Institute wenden.[80]

Trotz dieser massiven Kritik des ADL-Präsidenten trifft sich der ASH-Vorstand im Januar 1975 in Hamburg, um die Situation zu klären.[81] Erneut diskutiert der Vorstand eine weitere *Bundesdelegiertenversammlung* in Marburg. Dabei soll im Vorfeld geprüft werden, ob es ausreichend Resonanz für eine solche Versammlung gibt. In einem Rundschreiben wird diese BDV für Mai 1975 in Marburg angekündigt.[82] Letztlich kommt diese *5. Bundesdelegiertenversammlung* nicht zustande. Das Ende der ASH wird kurz nach der Hamburger Vorstandssitzung dadurch beschleunigt, dass der ADL im Rahmen einer geplanten Umstrukturierung zu einem einheitlichen Gesamtverband den ASH aus seinen Reihen ausschließt:

Nach eingehender Erörterung des gegenwärtigen Zustandes der ASH beschliessen die anwesenden Trägerverbände (DSLV, FLPH und GEW-Sportkommission) auf der Jahresversammlung des ADL am 7. und 8. 2.

---

[80] UniA MR, 308/19, 132.
[81] Ebd. Die Diskussionen im ASH-Vorstand sind in der Folgezeit durch drei Themen bzw. Fragestellungen bestimmt: 1. Soll eine weitere *Bundesdelegiertenversammlung* stattfinden, um entweder durch Nichtzustandekommen eine Auflösung der ASH zu ermöglichen oder aber durch eine beschlussfähige Delegiertenversammlung direkt die Auflösung zu beschließen bzw. eine Wiederbelebung der ASH zu befördern? 2. Wie können die ausstehenden Kostenbegleichungen erfolgen, angesichts nicht gezahlter Mitgliedsbeiträge und vorenthaltener Zuschüsse aus Ministerien, da es keinen entlasteten Vorstand gibt und die ASH insofern nicht geschäftsfähig ist? 3. Wie soll die Vertretung von Sport und Sportwissenschaft in Schule und Hochschule zukünftig durch die Umstrukturierung des ADL erfolgen? Um diese drei Themenkreise bewegen sich Briefwechsel, Stellungnahmen und Berichte (UniA MR, 308/19, 131).
[82] UniA MR, 308/19, 132.

1975 in Frankfurt zur Sicherung der Funktionsfähigkeit des ADL, daß die ASH nicht mehr als Mitgliedsverband des ADL gilt.[83]

> **Dachverband „Leibeserzieher" künftig ohne ASH**
>
> N. FRANKFURT. Der Ausschuß Deutscher Leibeserzieher (ADL), die Dachorganisation der Verbände für Sportlehrer und Sportwissenschaftler, soll neu organisiert werden. Von den vier Trägerverbänden hat sich einer als „Luftnummer" erwiesen, und zwar die Arbeitsgemeinschaft sportwissenschaftlicher Hochschuleinrichtungen (ASH). Die Vertretung der Universitätsinstitute, die paritätisch mit Hochschullehrern, wissenschaftlichen Mitarbeitern und Studenten besetzt ist, erwies sich als nicht funktionsfähig. Als zwei Bundesdelegiertenversammlungen der ASH wegen Beschlußunfähigkeit nicht abgehalten werden konnten, der Vorstand nicht entlastet wurde, die Geschäftsfähigkeit verlorenging, haben sich die drei anderen Trägerverbände, der Deutsche Sportlehrerverband (DSLV), die Fachgruppe Leibeserziehung in den Pädagogischen Hochschulen (FLPH) und die Gewerkschaft Sportkommission entschlossen, sich von der ASH zu trennen und dem Gesamtverband eine neue Organisationsform zu geben.

Abb. 38: Die Frankfurter Allgemeine Zeitung von Februar 1975 zum Ausschluss der ASH aus dem ADL (UniA MR, 308/19, 132)

Begründet wird dieser Schritt damit, dass die drittelparitätisch besetzte ASH nicht mehr funktionsfähig ist und ihr nach zwei gescheiterten *Bundesdelegiertenversammlungen* keine Zukunft zugetraut wird (Abb. 38).[84]

Die Aktivitäten des ADL sind darauf angelegt, mit dem Ausschluss der ASH einen alternativen Verband vorzubereiten, der die Interessen von Sport und Sportwissenschaft in Schule und Hochschule sowie im außerschulischen Sport in der Öffentlichkeit und in den Sportorganisationen vertritt.[85] Vor allem geht es darum, für die sportwissenschaftlichen Hochschuleinrichtungen einen Verband zu gründen, der die ASH ablöst.[86] Der ADL wird gemeinsam mit der FLPH daher zur treibenden Kraft der neuen Nachfolgeorganisation.[87] Nun wissen wir,

---

[83] UniA MR, 308/19, 131.
[84] Die konfliktträchtige Auseinandersetzung des ADL mit der ASH wird im Beitrag von Jonas (1980, S. 54ff.) zum 25-jährigen Jubiläum des ADL nur beiläufig erwähnt.
[85] Vgl. auch die Presseerklärung des ADL im Februar 1975 (UniA MR, 308/19, 131) und den Bericht von Franz Nitsch in der *Frankfurter Allgemeinen Zeitung* vom 03. Dezember 1974 über das Ende der ASH als „organisatorischer Kahlschlag" (ebd.).
[86] In diesem Zusammenhang wäre es interessant, die von Borkenhagen 2011 zur Gründung der *Deutschen Vereinigung für Sportwissenschaft* (dvs) geführten Interviews mit Röthig, Trebels, Jonas und Dietrich mit Blick auf die ASH erneut zu analysieren. Leider sind diesbezügliche Anfragen bisher unbeantwortet geblieben.
[87] Das Scheitern der ASH hat der FLPH die Chance gegeben, die persönliche Mitgliedschaft in einer neuen Organisation des ADL aufrecht erhalten zu können. Entsprechend basiert die Umstrukturierung des ADL und später die Gründung der dvs auf

dass die geplante Umstrukturierung des ADL zum neuen Dachverband *Arbeitsgemeinschaft für Sport und Sportwissenschaft* (AGSS) nicht realisiert worden ist, sondern stattdessen im Oktober 1976 beim ADL-Kongress in München die *Deutsche Vereinigung für Sportwissenschaft* (dvs) gegründet und sich der ADL 1991 nach seinem letzten Kongress in Bayreuth (1990) aufgelöst hat. Die dvs hat insofern die Nachfolge der ASH und FLPH – zunächst bis 1991 unter dem Dach des ADL – angetreten, ihre Gründung muss daher im Kontext der Auflösung der ASH und der Umstrukturierung des ADL reflektiert werden.[88]

Das große Zerwürfnis von ADL (samt DSLV, FLPH und GEW) und ASH bzw. zwischen den jeweiligen Vorsitzenden hat die Entwicklung einer neuen Nachfolgeorganisation vorangetrieben. Letztlich sind alle weiteren Aktivitäten der ASH ohne Erfolg geblieben. Die Zeit von Anfang 1975 bis September 1976 ist noch von zahlreichen Briefwechseln zwischen der Marburger Geschäftsstelle und Hans-Jürgen Schulke sowie mit Vertretern des ADL gekennzeichnet. Dabei geht es neben einigen persönlichen Mitteilungen vor allem um die Begleichungen von Rechnungen für Lehrgänge und Reisen.[89] Die Auflösung der ASH vollzieht sich schließlich im Stillen, ohne weitere Sitzungen und formale Auflösungsprozeduren.[90] Im September 1976 – also kurz vor der dvs-Gründung – teilt Schulke schließlich in einem Rundschreiben an alle Sportinstitute die Auflösung der ASH mit:

> [...] nachdem die letzten Geschäfte der ASH auf der organisatorischen Ebene abgewickelt worden sind, sieht es der Vorstand der ASH als seine Pflicht an, den Mitgliedseinrichtungen sowie weiteren mit der ASH verbundenen Institutionen die Einstellung der Arbeit der ASH mitzuteilen. Der Vorstand der ASH kommt damit seiner letzten sich selbst gestellten Aufgabe nach, nämlich trotz zuletzt ausgebliebener materieller und ideel-

---

dieser Grundlage. Die FLPH kann daher neben den sich von der ASH abgewendeten Kolleg/innen als „treibende Kraft" im ADL zur Gründung der dvs angesehen werden (Borkenhagen & Willimczik, 2012, S. 118).

[88] Der DSLV vertritt weiterhin und bis heute als eigenständiger Verband die Interessen der Sportlehrkräfte. Die *GEW-Sportkommission* ist zwar Mitglied im ADL gewesen, sie existiert aber nicht eigenständig, sondern ist in der *Gewerkschaft Erziehung und Wissenschaft* organisiert.

[89] UniA MR, 308/19, 131; UniA MR, 308/19, 132.

[90] Es liegen keine Dokumente zur formaljuristischen Auflösung der ASH vor.

ler Unterstützung ordnungsgemäß die Geschäfte der ASH abzuwickeln. Die Arbeit der ASH ist mit dem heutigen Schreiben beendet.[91]

Im weiteren Verlauf des Rundschreibens heißt es dann:

> Die Tatsache, daß sich seit nunmehr rund 1 1/2 Jahren um die Konstituierung einer Nachfolgeeinrichtung für die ASH bemüht wird, zeigt ebenso wie die bislang in der Praxis nur wenig erfüllte sportpolitische Erklärung des ADL aus dem Jahre 1973, daß eine organisatorische Zusammenfassung aller im sportwissenschaftlichen Bereich tätigen Kräfte erforderlich ist. Insofern kann es aus der Sicht der ASH nur begrüßt werden, wenn beim Kongreß in München eine entsprechende Einrichtung gegründet werden sollte.[92]

Damit geht die kurze Episode einer drittelparitätisch besetzten sportwissenschaftlichen Organisation zu Ende. Sie ist zu beschreiben als ein aufwändiger langer Anfang, eine nicht reibungslose kurze Existenz und ein sehr konfliktträchtiger schleichender Abgang.

9.6 Die ASH – ein gescheitertes Reformprojekt der Sportwissenschaft

Die ASH kann als Beispiel für die Neuorganisation von Fachverbänden in der Zeit der Hochschulreform Anfang der 1970er-Jahre gesehen werden. Die *Institute für Leibesübungen* wurden Ende der 1960er- und Anfang der 1970er-Jahre mit der Demokratisierung der Hochschulen durch Eingliederung in Fachbereiche, neue Leitungs- und Gremienstrukturen sowie mit politisch agierenden Studierenden konfrontiert. Die hochschulischen Reformprozesse korrespondierten zu dieser Zeit auch mit der Neuausrichtung der wissenschaftlichen Fachorganisationen. Bis Ende der 1960er-Jahre hatten die Direktoren der IfL Unterstützung in der AID gefunden. Bedingt durch die Studentenbewegung und eine gesetzlich vorangetriebene Hochschulreform wurden dann die bisherigen Strukturen der AID als Fachorganisation der Leibeserziehung auf den Prüfstand gestellt.

---

[91] UniA MR, 308/19, 132.
[92] Ebd.

Die ASH war der Versuch, eine in diesem Kontext entstandene Fachorganisation für Sportwissenschaft zu gründen, in der die Interessen der fortschrittlich-reformerischen Kräfte an den Universitäten und Hochschulen gebündelt werden sollten. Genau genommen gab es verbands- und hochschulpolitisch zu dieser Zeit kaum eine erfolgversprechende Alternative zur drittelparitätisch besetzten ASH. Erst die Stagnation des Reformprozesses, das Urteil des Bundesverfassungsgerichts vom Mai 1973 zur Sicherung der Mehrheitsverhältnisse bei den Hochschullehrer/innen, die restriktiven Haushaltsbeschränkungen und die Neuordnung der Wissenschaftsorganisationen durch den Wissenschaftsrat haben die unterschiedlichen Interessen von Studierenden, Mitarbeiter/innen und Professor/innen deutlich werden lassen. Die ASH bzw. die Idee einer AdI versuchte Anfang der 1970er-Jahre mit der Kritik der *Neuen Linken* am Sport und Schulsport sowie der damaligen Wissenschaftsorientierung, eine aus ihrer Sicht fortschrittliche Position im Fach zu etablieren. Die schon früh erkennbare Polarisierung zwischen fortschrittlich-reformerischen Kräften der Studierenden und der *Mitarbeitervertretung* auf der einen Seite und eher liberal-konservativen Hochschullehrer/innen zusammen mit einigen Mitarbeiter/innen auf der anderen Seite konnte weder in der Gründungsphase der ASH noch während ihrer Existenz überwunden werden. Im Gegenteil, der Bruch wurde zunehmend größer, sodass unweigerlich ein Scheitern vorprogrammiert war. Man könnte auch sagen: Die ASH ist nicht allein an sich selbst und ihren Ideen gescheitert, sondern auch oder vor allem an den Hochschullehrer/innen, die die ASH zunehmend boykottiert haben – und bereits im Hintergrund eine neue Nachfolgeorganisation vorbereitet hatten. Damit ist letztlich ein ungleicher Kampf um Mitbestimmung und gleichberechtigte Entwicklung der Sportwissenschaft zu Ende gegangen.

Der Wechsel der Geschäftsstelle der ASH von Göttingen nach Marburg markiert bereits das Auseinanderfallen dieser drittelparitätisch besetzten Organisation. Die Zuspitzung der gegensätzlichen Vorstellungen von einer Nachfolgeorganisation zur AID schritt seit der Gründung der ASH kontinuierlich voran und hat beim ADL-Kongress in Oldenburg ihren Höhepunkt erfahren. Dies zeigte sich auch in der Suche nach einem Austragungsort für die satzungsmäßig vorgesehene *3. Bundesdelegiertenversammlung*, für deren Durchführung sich das IfL in Marburg bereit erklärte. Die Beschlussunfähigkeit dieser und der weiteren BDV hat die ASH zum Scheitern gebracht. Die ASH-Geschäftsstelle am IfL in Marburg stand von Anfang an vor einer nahezu unlösbaren Aufgabe und musste letztlich das Ende der ASH organisieren. Während im Hintergrund bereits im Umfeld des ADL Vorbereitungen für eine Nachfolgeorganisation der ASH liefen, hat der noch bestehende Vorstand der ASH mit dem Engagement der Marburger Geschäftsstelle zwar noch einige Anstrengungen unternommen, die ASH neu aufzustellen, inhaltliche Arbeit zur Studienreform zu leisten und die Institute für eine fortschrittlich-reformerische Ausrichtung ihrer Studiengänge und sportwissenschaftlichen Vorhaben zu gewinnen (*ASH-Initiativ-Gruppe*), was aber letztlich ebenfalls gescheitert ist. Die Marburger Geschäftsstelle der ASH musste aufgrund der beschlussunfähigen *Bundesdelegiertenversammlungen* gemeinsam mit dem verbliebenen Vorstand die Auflösung der ASH und die formale und finanzielle Abwicklung der Organisation betreiben. Damit hat das IfL in Marburg auch eine Kurzgeschichte der organisierten Sportwissenschaft in Deutschland mitgeschrieben.

10 Fünfzig Jahre Institut für Leibesübungen und ein Ausblick

Die Gründung des Instituts geht ursprünglich auf das große Interesse der Studenten am Turnen, Reiten und Fechten zurück, das in der Universität auf Unterstützung traf. Mit der Einrichtung des Schulturnens wuchs zugleich der Bedarf an ausgebildeten Turnlehrern. Die Forderung nach Anstellung eines hauptamtlichen Turnlehrers konnte zur Vorbereitung des Deutsch-Akademischen Olympias 1924 in Marburg mit Dr. Peter Jaeck realisiert werden. Die zunehmende Bedeutung des Sports für alle Studierenden und der Bedarf an ausgebildeten Turnphilologen in Preußen führte schließlich zur Gründung des *Instituts für Leibesübungen* an der Philipps-Universität. Damit war jedoch die Anerkennung von Leibesübungen im Kontext wissenschaftlicher Fächer noch nicht gegeben. Diese konnte – abgesehen von der politischen Instrumentalisierung im Nationalsozialismus – jeweils erst im wissenschaftlichen Diskurs innerhalb der Universität und mit den zuständigen Ministerien errungen werden.

Das Studium in Marburg und an anderen Universitäten mit *Instituten für Leibesübungen* war bis in die 1970er-Jahre fast ausschließlich auf die Ausbildung von Turnphilologen und später Lehrer/innen mit den Fach Leibeserziehung bzw. Sport für die Schule ausgerichtet. Im Mittelpunkt des Studiums standen die klassischen Sportarten mit definierten Könnens- und Leistungsanforderungen, die wissenschaftliche Theorie im Studium der Leibeserziehung war begrenzt auf historisches, pädagogisches und medizinisches Wissen. Für Lehre und Forschung waren an den Instituten seit den 1920er-Jahren jeweils Institutsdirektoren zuständig, in Marburg waren dies Prof. Dr. Peter Jaeck (bis 1937), Prof. Dr. Hans Möckelmann (bis 1945) und Dr. Erich Lindner (bis 1973). Seit 1948 hatten sie sich in der *Arbeitsgemeinschaft der Institutsdirektoren* (AID) organisiert. Im Kontext der hessischen Hochschulreform der 1960er- und 1970er-Jahre änderten sich sowohl die Rolle des Direktors sowie die Inhalte und Gestaltung des Studiums als auch die strukturelle Einbindung der noch jungen Sportwissenschaft in den neu organisierten Wissenschaftsbetrieb der Universitäten.

Für das Marburger IfL führte die Hochschulreform Anfang der 1970er-Jahre zu einer tiefgreifenden Zäsur. Seit der Weimarer Zeit hatte das Institut eine *Sonderstellung* als universitäre Einrichtung innegehabt und bis in die 1970er-Jahre hinein weder einer Fakultät noch einem Fachbereich angehört. Erst mit der Konstituierung von 20 Fachbereichen an der Universität Marburg musste auch das IfL eine Fachbereichszuordnung ansteuern, die 1974 letztlich in die Aufnahme der Sportwissenschaft in den neu gegründeten Fachbereich 21 (Erziehungswissenschaften) mündete. Nach 50 Jahren des Bestehens entstand aus der bis dahin fakultätsfreien Einrichtung ein *Institut für Sportwissenschaft*. Heute können wir rückblickend festhalten, dass die Zugehörigkeit zu einem Fachbereich und die Besetzung von fünf Professuren die Möglichkeit zum Aufbau einer ausdifferenzierten Sportwissenschaft in Marburg eröffnet hat.

Gesellschaftspolitisch stand in dieser Zeit die Verbesserung der Bildungschancen für alle im Fokus. Vor dem Hintergrund geburtenstarker Jahrgänge und einem großen Bedarf an ausgebildeten (Sport-)Lehrkräften für die Schulen entstanden zahlreiche neue Universitäten und bestehende wurden in ihren Kapazitäten deutlich ausgebaut. Der schulische Bedarf an Lehrkräften führte dazu, dass das Lehramtsstudium mit dem Fach Sport Ende der 1970er-Jahre an über 50 Universitäten und Pädagogischen Hochschulen in Deutschland möglich war. Dieser Aufschwung hat erheblich zum Ausbau und zur inhaltlichen Ausdifferenzierung der Sportwissenschaft beigetragen. Neben Professuren für *Sportpädagogik* und *-didaktik* wurden meist solche mit den klassischen *Bindestrichdisziplinen* eingerichtet, die ihre Mutterwissenschaften als Bezugsgröße hatten, so die Professuren für *Sportsoziologie, Sportpsychologie, Sportmedizin*, später kamen *Sportökonomie, Sportinformatik* u.a. hinzu. Einzig die *Bewegungs- und Trainingslehre* – später *Bewegungs- und Trainingswissenschaft* – waren im Kern wesentlich an der sportlichen Bewegung orientiert und haben diese aus unterschiedlichen wissenschaftlichen Perspektiven zum Gegenstand ihrer Forschung gemacht.

Das Marburger IfL ist im Vergleich zu anderen Instituten einen etwas anderen Weg gegangen, was sowohl in der Reformorientierung der Dozenten und einigen Mitarbeiter/innen als auch in der sport-, gesellschafts- und institutskritischen Haltung der organisierten Sportstudierenden sowie in der Zuständigkeit des FB 03 (Gesellschaftswissenschaften) für das IfL Anfang der 1970er-Jahre seine Begründung findet. Die Denomination der zu besetzenden Professuren erfolgte nicht in erster Linie entlang der Bindestrichwissenschaften. Stattdessen wurde z.B. die pädagogisch orientierte Professur mit der Denomination *Allgemeine Didaktik und Curriculumtheorie des Sports* ausgeschrieben, die soziologische Professur trug die

Denomination *Anthropologie und Soziologie des Sports und* die psychologische Professur fokussierte auf *Sozialpsychologie des Sports und Bewegungstherapie*. Eine weitere Professur wurde mit *Sozialpsychologie und/oder Sozialisationstheoretische Grundlagen der Sportpädagogik* ausgeschrieben. Auch wenn die Professur *Sportmedizin* eher disziplinär an der Medizin orientiert war, zeigen die Ausschreibungen der übrigen Professuren doch, dass im Marburger IfL die *Reflexion des Sports* im Kontext ausgewählter wissenschaftlicher Ansätze in den Mittelpunkt der Institutsausrichtung gerückt wurde. Diese Ausrichtung erlangt vor dem Hintergrund der Marburger Institutsgeschichte mit ihrer auf Schule gerichteten pädagogischen Orientierung in der Leibeserziehung von Peter Jaeck, mit Bezügen zu damaligen Entwicklungstheorien in den Arbeiten von Hans Möckelmann sowie mit den bewegungsanalytischen Untersuchungen von Erich Lindner in der Leichtathletik, aber auch zur Förderung der gesundheitlichen Entwicklung eine gewisse Plausibilität. Die Arbeiten von Volker Rittner zur somatischen Kultur der Gesellschaft, von Eberhard Hildenbrandt zur Beziehung von Sprache und Bewegung mit der späteren Zuspitzung auf den Sport mit Sehgeschädigten, von Hans-Gerhard Sack zur sozialen Funktion der Sportvereine im Kontext sozialen Wandels, von Ferdinand Klimt zur körperlichen Belastbarkeit und Leistungsfähigkeit im Kindes- und Jugendalter mit Blick auf Schulsport und auf therapeutische Sportangebote oder von Friedhelm Schilling zur psychomotorischen Förderung bei Kindern mit Entwicklungsverzögerungen weisen alle auf eine am (sportlichen) Bewegungshandeln orientierte Ausrichtung des Marburger *Instituts für Sportwissenschaft* hin.

Daraus erwachsen für die weitere Aufarbeitung der Marburger Institutsgeschichte neue Forschungsfelder, die die *zweiten 50 Jahre ihres Bestehens* nachzeichnen können. Inhaltlich sollten die Entwicklungslinien in Lehre, Forschung und Institutsstruktur im Anschluss an die Hochschulreform im Zentrum stehen. So wäre zu fragen, ob die gesellschaftskritische Auseinandersetzung mit dem Sport und dem Status des Instituts auch im weiteren Verlauf vergleichbaren Einfluss auf die Institutsentwicklung gehabt hat und, wenn ja, wie und in welcher Form. Dabei könnte die Qualifizierung von Sportlehrer/innen unter der Perspektive der sportpraktischen Ausbildung (*Eigenrealisation*) im Verhältnis zur sportwissenschaftlichen Theorie im Fokus der Forschung stehen. Bezogen auf die Studienreform in der zweiten Hälfte der 1970er-Jahre könnte weiter untersucht werden, wie sich die Reduzierung des Umfangs an Semesterwochenstunden und die Ausweitung der sportwissenschaftlichen Theorie auf das Sportstudium ausgewirkt und ob die Protestbewegung der Studierenden Einfluss auf die Entwicklung genommen hat. Möglicherweise war die Besetzung der Professuren für Neuansätze bei den Studieninhalten, der Studienorganisation und der Einrichtung von Forschungsprojekten weit einflussreicher als dies durch die Protestbewegung der Studierenden zu erwarten gewesen wäre.

Für die Fortschreibung der Institutsgeschichte könnte vor diesem Hintergrund die Entwicklung der zweiten 50 Jahre aufgearbeitet werden. Neben der Studiengangsentwicklung sind Projekte und Forschungen seit den 1970er-Jahren von Interesse. Die entstandenen Studienangebote zur bewegungsorientierten Sozialarbeit könnten daraufhin untersucht werden, ob sie Anschlüsse zu früheren soziologischen Arbeiten zur Körperkultur in sich wandelnden Gesellschaften aufweisen und damit ein Kontinuum bilden. Der Ansatz zur Wiederentdeckung des Körpers und jugendsoziologische und -psychologische Studien im Institut ließen sich so mit den später folgenden Arbeiten zur bewegungsorientierten Jugendsozialarbeit und zur *Abenteuer- und Erlebnispädagogik* in Beziehung setzen. Grundsätzlich könnten Fragestellungen zum Stand der heutigen Forschung im Vergleich oder Verlauf zu früheren Ansätzen in diesem sozialwissenschaftlichen Arbeitsfeld des Instituts untersucht und als Teil der Institutsgeschichte aufgearbeitet werden.

Ob diese inhaltlichen Entwicklungslinien jedoch tatsächlich als Kontinuum der Reformzeit der 1970er-Jahre zu sehen oder doch eher auf die in den 1980er-Jahren einsetzende Arbeitslosigkeit von Sportlehrer/innen zurückzuführen sind, kann ebenfalls zum Gegenstand von Untersuchungen werden. Immerhin haben in dieser Zeit viele Absolvent/innen von Lehramtsstudiengängen keine Anstellung in der Schule gefunden und sich nach einem ersten Abschluss einem weiteren Studium für eine Tätigkeit in außerschulischen Berufsfeldern zugewendet. Als Beispiel mag hier die psychomotorische Arbeit mit bewegungsauffälligen Kindern gelten, die damals vermehrt Absolvent/innen des Lehramtsstudiengangs mit dem Fach Sport anzog und in der Aufnahme eines Aufbaustudiums am IfL in der neu gegründeten Studienrichtung *Motologie* mündete. Absolventenstudien könnten die Frage untersuchen, ob und wie Sport und Motologie inhaltlich in ein konstruktives Verhältnis gesetzt worden sind. Interessant wären Studien zur Entwicklung der *Psychomotorik* und *Motologie* in Marburg, die von dem seit 1977 angebotenen Wahlbereich im

Lehramtstudium bis zur eigenständigen wissenschaftlichen Disziplin mit einem eigenen Studiengang reichen. Ebenso könnte gefragt werden, ob die sportkritische Haltung der Studierenden der 1970er- und 1980er-Jahre über die Erkenntnisse zum *Sport mit Sehgeschädigten* zur späteren bewegungspädagogischen Orientierung geführt hat. Wie hat sich in Marburg in diesem Zusammenhang die Transformation von der *Sportpädagogik zur Bewegungspädagogik* im Kontext bildungstheoretischen Denkens vollzogen? Auch die Gesundheitsforschung zur Belastbarkeit und Leistungsfähigkeit von Kindern, Jugendlichen und Erwachsenen aus sportmedizinischer Sicht hat in dieser Zeit recht unterschiedliche Forschungsarbeiten hervorgebracht, deren Bezüge untereinander und im Hinblick auf heutige Erkenntnisse und Forschungsrichtungen zu prüfen wären.

Die verschiedenen Forschungs- und Studienrichtungen haben seit Mitte der 1970er-Jahre mit der Eingliederung in den FB 21 auch strukturelle Veränderungen in mehr oder weniger disziplinäre Arbeitsbereiche des Instituts hervorgebracht. Erkenntnisse zu Kontinuitäten und Brüchen, zu fruchtbaren Momenten für Forschung und Lehre und zu Konfliktlinien innerhalb des Instituts könnten die 100-jährige Geschichte des IfL bis in die Gegenwart hinein vervollständigen.

Abkürzungsverzeichnis

AAfL	Akademischer Ausschuss für Leibesübungen
ADH	Allgemeiner Deutscher Hochschulsportverband
AdI	Arbeitsgemeinschaft der Institute
ADL	Ausschuss Deutscher Leibeserzieher
AfFH	Arbeitskreis für Fragen der Hochschulpolitik
AfL	Amt für Leibesübungen
AGSS	Arbeitsgemeinschaft für Sport und Sportwissenschaft
AID	Arbeitsgemeinschaft der Institutsdirektoren
Amt K	Amt für körperliche Erziehung
ASC	Akademischer Sport Club
ASH	Arbeitsgemeinschaft Sportwissenschaftlicher Hochschuleinrichtungen
ASS	Aktionsgemeinschaft der Studierenden der Sensomotorik
AStA	Allgemeiner Studierendenausschuss
ATB	Akademischer Turnbund
ATV	Akademische Turnverbindung
BAT	Bundesangestelltentarif
BdM	Bund deutscher Mädel
BDV	Bundesdelegiertenversammlung
BVDL	Bundesverband Deutscher Leibeserzieher
CIE	Confédération International des Etudients
DeHofL	Deutsches/r Hochschulamt/-ausschuss für Leibesübungen

DKP	Deutsche Kommunistische Partei
DLRG	Deutsche Lebensrettungsgesellschaft
DLV	Deutscher Leichtathletikverband
DSB	Deutscher Sportbund
DSHS	Deutsche Sporthochschule
DSLV	Deutscher Sportlehrerverband
dvs	Deutsche Vereinigung für Sportwissenschaft
EA	Exekutivausschuss
FB	Fachbereich
FBK	Fachbereichskonferenz
FBR	Fachbereichsrat
FLPH	Fachgruppe Leibeserziehung an Pädagogischen Hochschulen
GAK	Grundarbeitskreis
GEW	Gewerkschaft Erziehung und Wissenschaft
HHG	Hessisches Hochschulgesetz
HIfL	Hochschulinstitut für Leibesübungen
HJ	Hitlerjugend
HKM	Hessisches Kultusministerium
HUG	Hessisches Universitätsgesetz
IA	Interimsausschuss
IB	Institutsbeirat
IfL	Institut für Leibesübungen
IfS	Institut für Sportwissenschaft
IfSM	Institut für Sportwissenschaft und Motologie
IOA	Internationale Olympische Akademie

IVV	Institutsvollversammlung
KVfL	Kurhessischer Verein für Luftfahrt
MV	Mitarbeitervertretung
NSDAP	Nationalsozialistische Deutsche Arbeiterpartei
NSFK	Nationalsozialistisches Fliegerkorps
PG	Planungsgruppe
PH	Pädagogische Hochschule
REM	Reichserziehungsministerium
SA	Sturmabteilung
StA	Ständiger Ausschuß
TH	Technische Hochschule
TU	Technische Universität
UK	Unabkömmlichkeit
UniA MR	Universitätsarchiv Marburg
USC	Universitätssportclub
VDSt	Verein Deutscher Studenten
VfL	Verein für Leibesübungen

Quellen- und Literaturverzeichnis

I Archive und Bestände

1 Universitätsarchiv Marburg (UniA MR)

1.1 Bestand: *Rektor und Senat, Universitätsleitung/Präsidium*

305 f, 1887 Bericht des Dekans über die Entwicklung des Fachbereichs Gesellschaftswissenschaften vom 9. Juli 1971 bis 30. September 1972 (1972)
305, 7893 Akademische Sportverbindung

1.2 Bestand: *Gesellschaftswissenschaften und Philosophie*

307/3, 6059 Fachbereichsratsprotokolle: Protokolle der Sitzungen vom 9. Juli 1971 bis zum 10. November 1971 mit Anlagen
307/3, 6060 Fachbereichsratsprotokolle: Protokolle der Sitzungen vom 24. November 1971 bis zum 2. Februar 1972 mit Anlagen
307/3, 6063 Fachbereichsratsprotokolle: Protokolle der Sitzungen vom 14. Juni 1972 bis zum 11. Oktober 1972 mit Anlagen
307/3, 6064 Fachbereichsratsprotokolle: Protokolle der Sitzungen vom 25. Oktober 1972 bis zum 29. November 1972 mit Anlagen
307/3, 6065 Fachbereichsratsprotokolle: Protokolle der Sitzungen vom 13. Dezember 1972 bis zum 11. April 1973 mit Anlagen
307/3, 6066 Fachbereichsratsprotokolle: Protokolle der Sitzungen vom 2. Mai 1973 bis zum 30. Mai 1973 mit Anlagen
307/3, 6067 Fachbereichsratsprotokolle: Protokolle der Sitzungen vom 13. Juni 1973 bis zum 11. Juli 1973 mit Anlagen
307/3, 6068 Fachbereichsratsprotokolle: Protokolle der Sitzungen vom 3. Oktober 1973 bis zum 31. Oktober 1973 mit Anlagen
307/3, 6069 Fachbereichsratsprotokolle: Protokolle der Sitzungen vom 14. November 1973 bis zum 19. Dezember 1973 mit Anlagen

307/3, 6071	Fachbereichsratsprotokolle: Protokolle der Sitzungen vom 6. Februar 1974 bis zum 20. Februar 1974 mit Anlagen
307/3, 6072	Fachbereichsratsprotokolle: Protokolle der Sitzungen vom 10. April 1974 bis zum 24. April 1974 mit Anlagen
307/3, 6074	Fachbereichsratsprotokolle: Protokolle der Sitzungen vom 26. Juni 1974 bis zum 2. Oktober 1974 mit Anlagen
307/3, 6075	Fachbereichsratsprotokolle: Protokolle der Sitzungen vom 16. Oktober 1974 bis zum 13. November 1974 mit Anlagen
307/3, 6078	Fachbereichsratsprotokolle: Protokolle der Sitzungen vom 23. April 1975 bis zum 24. April 1975 mit Anlagen

1.3   Bestand: *Medizinische Fakultät*

307 c, 5691   Institut für Leibesübungen 1953–1966

1.4   Bestand: *Philosophische Fakultät*

307 d, 2839   Leibesübungen 1924–1937
307 d, 3856   Das Institut für Leibesübungen 1938–1969
307 d, 4137   Habilitationsverfahren Erich Lindner

1.5   Bestand: *Institut für Leibesübungen*

308/19, 5	Auswirkungen des Krieges auf das Personal und die Mittelversorgung des Instituts für Leibesübungen
308/19, 19	Mitarbeit im Fachbereichsrat Erziehungswissenschaft (1975–1987)
308/19, 24	Neustrukturierung und Überleitung des Instituts für Leibesübungen (1968–1973)
308/19, 25	Reform der Universität Marburg und des Sportinstituts (1967–1971)
308/19, 27	Schriftwechsel mit den Landesministerien (Kultus, Inneres) zur Organisation, Verwaltung und Reform des Sportinstituts (1950–1982)
308/19, 47	Materialien zur Arbeit des Sportinstituts sowie der Organisation von Studium und Prüfungen (1958–1973)

308/19, 111	Zeitungsausschnitt, Paul Meß, 20 Jahre Hochschulinstitut für Leibesübungen (1944)
308/19, 112	Schriftwechsel mit anderen Sportinstituten (1966–1988)
308/19, 121	Sitzungsprotokolle des Beirats des Sportinstituts (1969)
308/19, 128	Tätigkeit der AG sportwissenschaftlicher Hochschuleinrichtungen, Band 1 (1972–1975)
308/19, 129	Tätigkeit der AG sportwissenschaftlicher Hochschuleinrichtungen, Band 2 (1972–1975)
308/19, 130	Tätigkeit der AG sportwissenschaftlicher Hochschuleinrichtungen, Band 3 (1972–1975)
308/19, 131	Tätigkeit der AG sportwissenschaftlicher Hochschuleinrichtungen, Band 4 (1972–1975)
308/19, 132	Tätigkeit der AG sportwissenschaftlicher Hochschuleinrichtungen, Band 5 (1974–1975)
308/19, 133	Schriftwechsel mit anderen deutschen Universitätssportinstituten (1963–1969)
308/19, 141	Institutsbericht 1945
308/19, 390	Akademischer Ausschuss für Leibesübungen (1961–1972)

1.6 Bestand: *Nachlässe*

309/89, 130	Halterensprung, Vortrag in Olympia Juni 1961 (Nachlass Erich Lindner, alte Signatur)
309/89, 133	Diem-Plakette (Nachlass Erich Lindner, alte Signatur)
309/89, 243	Olympische Akademie, Schriftwechsel (Nachlass Erich Lindner, alte Signatur)
309/89, 289	Bericht über Entwicklung der Institute für Leibesübungen (Nachlass Erich Lindner, alte Signatur)

1.7 Bestand: *Kurator, Verwaltungsdirektor, Kanzler*

310, 4281	Die für die Leibesübungen der Studierenden der Uni. getroffenen Einrichtungen 1890–1924, Band 1
310, 4282	Einrichtungen eines Inst. f. Leibesübung 1924–1926
310, 4290a	Flugsport der akad. Fliegergruppen an den Universitäten 1932–37
310, 6303b	Prof. Dr. Erich Lindner (1939–1973)

2 Archiv des Instituts für Sportwissenschaft und Motologie (IfSM-Archiv)

Bestand Walter Bernsdorff
Bild- und Filmbestand

3 Stadtarchiv Marburg

Album Walther Bottke, Akademische Sportverbindung

4 Privatbestände

Bestand Erich Heine
Bestand Hans-Georg Kremer
Bestand Walter Bernsdorff (s. IfSM-Archiv)

II Literatur[*]

Artus, H.-G., Baumann, N., Bussek, R., Gall, H., Jensen, H., Müller, Ch., Stripp, K., Tiedemann, C., & Weinberg, P. (1973). *Reform der Sportlehrerausbildung. Materialien zur Studienreform am Hamburger Institut für Leibesübungen*. Gießen: Achenbach.

Altherrenverband der Akademischen Turnverbindung Marburg (Hrsg.). (1988). *Festschrift der Akademischen Turnverbindung Marburg 1888/1988*. Marburg: Selbstverlag.

Aumüller, G. (2006). Von der Kriegschirurgie zur klinischen Traumatologie – Die Entwicklung der Marburger Chirurgie unter Rudolf Klapp (1873–1949). In Verein für hessische Geschichte und Landeskunde (Hrsg.), *Die Philipps-Universität Marburg zwischen Kaiserreich und Nationalsozialismus* (S. 177-191). Kassel: Verein für Hessische Geschichte und Landeskunde.

Bäumler, G. (2020). Der Weg zur Errichtung der Sportwissenschaft an der Technischen Universität München 1954–1973. Ein Bericht. In J. Court, & A. Müller (Hrsg.), *Jahrbuch 2019 der Deutschen Gesellschaft für Geschichte der Sportwissenschaft e.V.* (Studien zur Geschichte des Sports, Band 24, S. 117-162). Berlin: Lit.

Becker, J. (1977). Die Geschichte des Instituts für Leibesübungen an der Philipps-Universität Marburg 1945–1950: Restauration oder Neubeginn? In W. Bernsdorff (Hrsg.), *Siebzig Jahre Turn- und Sportlehrerausbildung in Marburg. Zur Geschichte des Instituts für Leibesübungen (IfL) 1907–1977* (S. 86-108). Gladenbach: Kempkes.

Bernett, H. (2017). *Sport und Schulsport in der NS-Diktatur*. Paderborn: Schöningh.

Bernsdorff, W. (1964). Prof. Dr. Peter Jaeck (†) 70 Jahre. *Die Leibeserziehung, 13*(12), 395-397.

Bernsdorff, W. (1965). Gedenkfeier für Peter Jaeck. *Die Leibeserziehung, 14*(1), 22.

Bernsdorff, W. (1967). *Das Institut für Leibesübungen der Philipps-Universität Marburg (1903–1937)*. Marburg: unveröffentlicht.

---

[*] Das Literaturverzeichnis umfasst neben der zitierten Literatur eine Bibliographie des *Instituts für Sportwissenschaft und Motologie*.

Bernsdorff, W. (1973). In memoriam Erich Lindner (1908–1973). *sportunterricht, 22*(10), 368-369.
Bernsdorff, W. (Hrsg.). (1977a). *Siebzig Jahre Turn- und Sportlehrerausbildung in Marburg. Zur Geschichte des Instituts für Leibesübungen (IfL) 1907–1977*. Gladenbach: Kempkes.
Bernsdorff, W. (1977b). Die Zeit der Hochschulreform: Demokratisierung auch am Institut für Leibesübungen (1969–1977). In W. Bernsdorff (Hrsg.), *Siebzig Jahre Turn- und Sportlehrerausbildung in Marburg. Zur Geschichte des Instituts für Leibesübungen (IfL) 1907–1977* (S. 147-170). Gladenbach: Kempkes.
Bernsdorff, W. (1977c). Anhang. In W. Bernsdorff (Hrsg.), *Siebzig Jahre Turn- und Sportlehrerausbildung in Marburg. Zur Geschichte des Instituts für Leibesübungen (IfL) 1907–1977* (S. 184-214). Gladenbach: Kempkes.
Bernsdorff, W. (1982). Prüfungsklausuren 1941/42 als Dokumente zur Klärung der Frage, wie die Turnlehrerinnen-Ausbildung (zum freien Beruf) tatsächlich abgelaufen ist. In H. Bernett, & H.-G. John (Red.), *Schulsport und Sportlehrerausbildung in der NS-Zeit* (S. 73-93). Clausthal-Zellerfeld: dvs.
Bernsdorff, W., & Schmidt, G. (1991). Marburg. In Deutscher Sportbund (Hrsg.), *Die Gründerjahre des Deutschen Sportbundes. Wege aus der Not zur Einheit, Band 2* (S. 59-62). Schorndorf: Hofmann.
Bernsdorff, W., Laging, R., & Priebe, A. (2015). *Zur Geschichte des Marburger Instituts für Leibesübungen.* Abruf unter https://www.uni-marburg.de/de/fb21/sportwissenschaft-motologie/institut/geschichte-ifsm
Borggräfe, M. (2019). *Wandel und Reform deutscher Universitätsverwaltungen.* Wiesbaden: Springer.
Borkenhagen, F., & Willimczik, K. (2012). Zur Institutionalisierung der Sportwissenschaft: Beitrag und Entwicklung der Deutschen Vereinigung für Sportwissenschaft (dvs) – ein Werkstattbericht. In J. Court, H.-G. Kremer, & A. Müller (Hrsg.), *Jahrbuch 2011 der Deutschen Gesellschaft für Geschichte der Sportwissenschaft e.V.* (Studien zur Geschichte des Sports, Band 14, S. 101-142). Berlin: Lit.
Bosch, K. (2008). *Die Bedeutung und Funktion der Führerschule Neustrelitz im System der nationalsozialistischen Leibeserziehung.* Dissertation, Duisburg-Essen.

Boye, A. (1937). Oberregierungsrat Professor Dr. Peter Jaeck. *Leibesübungen und körperliche Erziehung, 56*(19/20), 425-427.

Briese, G. (1930/31). Beteiligung der Studierenden der preußischen Universitäten und Hochschulen an dem Studium der körperlichen Erziehung. *Hochschulblatt für Leibesübungen, 10*(7), 171-172.

Briese, G. (1931/32). Beteiligung der Studierenden der Preußischen Universitäten und Hochschulen an dem Studium der körperlichen Erziehung. *Hochschulblatt für Leibesübungen, 11*(7), 157-160.

Briese, G. (1933). *Das Studium der Leibesübungen und der körperlichen Erziehung in Preußen.* Berlin: Weidmann.

Briese, G. (1937). *Hochschulsportordnung vom 30. Oktober 1934.* Berlin: Weidmann.

Buss, W. (1975). *Die Entwicklung des deutschen Hochschulsports vom Beginn der Weimarer Republik bis zum Ende des NS-Staates – Umbruch und Neuanfang oder Kontinuität.* Dissertation, Göttingen.

Buss, W. (1985). Die Arbeitsgemeinschaft der Institutsdirektoren (AID) und die Entwicklung der Sportwissenschaft in der Bundesrepublik. In W. Buss, & A. Krüger (Hrsg.), *Sportgeschichte: Traditionspflege und Wertewandel. Festschrift zum 75. Geburtstag von Prof. Dr. Wilhelm Henze* (S. 35-51). Duderstadt: Mecke.

Buss, W. (2009). 80 Jahre vollakademische Sportlehrerausbildung. Die Etablierung des Studienfaches „Leibesübungen und körperliche Erziehung" an den preußischen Universitäten im Jahre 1929 – die Vorgeschichte und die weitere Entwicklung bis in die Nachkriegszeit. *Sportwissenschaft, 39*(4), 283-297.

Buss, W. (2012). NS-Karrieren – Das „Netzwerk Krümmel". In D. Blecking, & L. Peiffer (Hrsg.), *Sportler im „Jahrhundert der Lager": Profiteure, Widerständler und Opfer* (S. 52-64). Hildesheim: Die Werkstatt.

Buss, W. (2018). Die westdeutsche Sportwissenschaft in der Nachkriegszeit 1945–1970. In J. Court, & A. Müller (Hrsg.), *Jahrbuch 2017 der Deutschen Gesellschaft für Geschichte der Sportwissenschaft e.V.* (Studien zur Geschichte des Sports, Band 21, S. 77-130). Berlin: Lit.

Buss, W., & Nitsch, F. (1986). *Am Anfang war nicht Carl Diem – Die Gründungsphase der Sporthochschule Köln 1945–1947.* Duderstadt: Mecke.

Casimir, E. (1923). Der Wert des Sportfechtens. *Hochschulblätter für Leibesübungen, 2*(12), 1-2.

Court, J. (2019). *Deutsche Sportwissenschaft in der Weimarer Republik und im Nationalsozialismus. Band 3: Institute für Leibesübungen 1920–1925* (Studien zur Geschichte des Sports, Band 23). Berlin: Lit.

Court, J. (2024). *Deutsche Sportwissenschaft in der Weimarer Republik und im Nationalsozialismus. Band 4: Institute und Hochschulen für Leibesübungen 1925–1933* (Studien zur Geschichte des Sports, Band 29). Berlin: Lit.

Cube, F. v. (1971). *Was ist Kybernetik? Grundbegriffe, Methoden, Anwendungen*. München: Dt. Taschenbuchverlag.

Daugs, R. (1972). Zum strukturellen Aufbau sensomotorischer Fertigkeiten. In J. Recla, K. Koch, & D. Ungerer (Hrsg.), *Beiträge zur Didaktik und Methoder der Leibesübungen* (S. 87-90). Münster: Hofmann.

Deppe, F. (2006). Zum 100. Geburtstag von Wolfgang Abendroth. *Marburger UniJournal, 8*(25), 43-46.

de Lorent, H.-P. (2019). Hans Möckelmann. „Hinter dem Kampf für die Gleichberechtigung der Frau verbarg sich vielfach krasser Liberalismus, der in seinem Streben nach Loslösung von Familie und Volk rassenpolitisch die stärksten Gefahren in sich tragen musste." In H.-P. de Lorent, *Täterprofile. Die Verantwortlichen im Hamburger Bildungswesen unterm Hakenkreuz und die Kontinuität bis in die Zeit nach 1945. Band 3* (S. 134-161). Hamburg: Landeszentrale für politische Bildung.

Dieckert, J., & Leist, K.-H. (Hrsg.). (1976). *Auf der Suche nach Theorie-Praxis-Modellen im Sport. Festschrift zum 65. Geburtstag von Prof. Dr. Otto Hanebuth*. Schorndorf: Hofmann.

Dinkler, E. (1934a). Die körperliche Erziehung im neuen Staate. *Leibesübungen und körperliche Erziehung, 53*(7/8), 134-138.

Dinkler, E. (1934b). Die körperliche Erziehung im neuen Staate. *Leibesübungen und körperliche Erziehung, 53*(2), 21-26.

Dinkler, E. (1934c). Die körperliche Erziehung im neuen Staate. *Leibesübungen und körperliche Erziehung, 53*(18), 356-361.

Düwert, V. (2006). Von Sport, Spiel und Spaß zur Wissenschaft. *Marburger UniJournal, 8*(27), 47-50.

Exouzidou, S. (1984). *Die Entwicklung und Geschichte der sportwissenschaftlichen Institute im universitären und gesamthochschulischen Bereich in der Bundesrepublik Deutschland. Versuch einer Darstellung ihrer Struktur und Organisation.* Examensarbeit, Bochum.

Felde, H. v. (1942). *Beiträge zum Persönlichkeitsaufbau von Fliegern.* Dissertation, Marburg.

Ferch, T. (2018). *Die Gestaltung der Turnlehrer- und Turnlehrerinnenausbildung am Hochschulinstitut für Leibesübungen der Universität Marburg im Rahmen der Hochschulsportordnung vom 30. Oktober 1934.* Examensarbeit, Marburg.

Fröndt, P. (2017). *Die Entwicklung des Segelfliegens an hessischen Hochschulen im nationalsozialistischen Deutschland.* Examensarbeit, Marburg.

Grabarits, M. (2013). *Marburg als Sportstadt der 1920er Jahre.* Examensarbeit, Marburg.

Güldenpfennig, S. (2018a). Was „1968" mit dem Sport gemacht hat. In *1968 im Sport* (S. 117-124). Hildesheim: Arete.

Güldenpfennig, S. (2018b). Was „1968" mit dem Sport gemacht hat. In ders. (Hrsg.), *Im Fokus sportpolitischer Aufklärung. Spurensuche von 1968 bis 2018* (S. 11-44). Hildesheim: Arete.

Güldenpfennig, S. (2020). Ein halbes Jahrhundert danach: Lehren aus „1968" für den Sport. In ders. (Hrsg.), *Krisen: Herausforderungen für die Autonomie des Sports. Auf der Suche nach begründeten Antworten* (S. 345-362). Hildesheim: Arete.

Hanebuth, O. (1942). *Die Bewegungsgestaltung im deutschen Geräteturnen.* Dissertation, Marburg.

Heer, G. (1927). *Marburger Studentenleben 1527 bis 1927. Eine Festgabe zur 400jährigen Jubelfeier der Universität Marburg.* Marburg: Elwert.

Heine, E. (1975). Bericht von der außerordentlichen ASH-bundesdelegiertenversammlung am 15.11.74 in Marburg/Lahn. *hochschulsport, 3*(1), 9.

Helbig, H. (1937). Zwei für die „Abteilung Luftfahrt" bei den Hochschulinstituten für Leibesübungen vorbildliche Neubauten. *Leibesübungen und körperliche Erziehung, 56*(24), 590-591.

Henze, P. W. (1968). Dr. Erich Lindner 60 Jahre. *Die Leibeserziehung, 17*(10), 346-347.

Hermelink, H., & Kaehler, S. A. (1927). *Die Philipps-Universität zu Marburg 1527–1927. Fünf Kapitel aus ihrer Geschichte (1527–1866). Die Universität Marburg seit 1866 in Einzeldarstellungen.* Marburg: Elwert.

Hickfang, O. W. (1922). Das Deutsche Hochschulamt für Leibesübungen. In L. Berger (Hrsg.), *Leibesübungen an deutschen Hochschulen. Handbuch für den deutschen Akademiker* (S. 85-92). Göttingen: Hochschulverlag.

Hildenbrandt, E. (1986). Der Aufbau des Bereichs Sportwissenschaft/Sportpädagogik innerhalb des Instituts. In F. Klimt (Hrsg.), *Jubiläums-Band zum 40jährigen Jubiläum der Wiederaufnahme der Sportlehrerausbildung am Institut für Leibesübungen der Philipps-Universität Marburg* (S. 25-38). Marburg: Institut für Sportwissenschaft und Motologie.

Hübner, B. (2018). *Das Lehrgangswesen für Fortbildungszwecke am IfL Marburg im Nationalsozialismus*. Examensarbeit, Marburg.

HUG (1970). Gesetz über die Universitäten des Landes Hessen vom 12.07.1970. In *Nr. 23 – Gesetz- und Verordnungsblatt für das Land Hessen, Teil I – 19. Mai 1970*, 324-342.

Jaeck, P. (1922). *Frankfurt und der Westfälische Frieden*. Dissertation, Frankfurt.

Jaeck, P. (1924a). Turnen und Sport in der Marburger Studentenschaft. *Hochschulblätter für Leibesübungen, 3*(4), 3-4.

Jaeck, P. (1924b). Aus der Marburger Olympiawerkstatt. *Hochschulblätter für Leibesübungen, 3*(10), 5-6.

Jaeck, P. (1925). Das Deutsche Akademische Olympia 1924 in Marburg a. d. Lahn. In Deutsches Hochschulamt für Leibesübungen (Hrsg.), *Turnen und Sport an den deutschen Hochschulen. Jahrbuch*. Göttingen: Hochschulverlag.

Jaeck, P. (1926). *Die Grundlagen der körperlichen Höchstleistungen. Ein Beitrag zur Pädagogik der Leibesübungen an deutschen Hochschulen*. Habilitation, Marburg.

Jaeck, P. (1927a). Der Kampf um die Existenzberechtigung der körperlichen Erziehung an der Philipps-Universität von 1817–1927. In E. Elster (Hrsg.), *Festzeitung Philipps-Universität Marburg. 1527–1927* (S. 77-80). Marburg: Elwert.

Jaeck, P. (1927b). *Das Institut für Leibesübungen an der Philipps-Universität Marburg. Festgabe zur 400-Jahrfeier der Universität Marburg 1927.* Marburg: Hessischer Verlag Karl Euker.

Jaeck, P. (1927c). In letzter Stunde. *Der Hochschulsport, 6*(18), 3-4.

Jaeck, P. (1929). Segelflug, Wanderrudern und Skilauf an der Universität Marburg. *Universitätsbund Marburg. Mitteilungen, 9*(24), o. S.

Jaeck, P. (1929/30). Der Raumbedarf des Instituts für Leibesübungen. *Hochschulblatt für Leibesübungen, 9*(6), 136-139.

Jaeck, P. (1931/32). Hochschulreform und Turnlehrerausbildung. *Hochschulblatt für Leibesübungen, 11*(1), 4-6.

Jaeck, P. (1936). Aus der Werkstatt der Hochschulinstitute für Leibesübungen. *Leibesübungen und körperliche Erziehung, 55*(1/2), 11-15.

Jaeck, P. (1937). Das Sportstudentenlager. In C. Krümmel, & P. Jaeck (Hrsg.), *Die Sporthochschulen der Welt. Der Kongreß für körperliche Erziehung und das Internationale Studentenlager. Olympia 1936* (S. 41-58). Berlin: Weidmann.

Jaensch, E. (1937a). Jugendanthropologie. In C. Krümmel, & P. Jaeck (Hrsg.), *Die Sporthochschulen der Welt. Der Kongreß für körperliche Erziehung und das Internationale Studentenlager. Olympia 1936* (S. 195-205). Berlin: Weidmann.

Jaensch, E. (1937b). Der Neubau der deutschen Hochschule und das Lebenswerk von Peter Jaeck. Ein Wort zu seinem Gedächtnis im Namen der neuwerdenden Universität. *Leibesübungen und körperliche Erziehung, 56*(19/20), 428-433.

Joch, W. (1976). *Politische Leibeserziehung und ihre Theorie im Nationalsozialistischen Deutschland.* Frankfurt a.M.: Lang.

Joch, W. (2020). Das Institut für Leibesübungen (IfL) der Philipps-Universität Marburg unter der Leitung von Dr. habil. Erich Lindner – zugleich ein Beitrag zur Vorgeschichte der Sportwissenschaft. In J. Court, & A. Müller (Hrsg.), *Jahrbuch 2019 der Deutschen Gesellschaft für Geschichte der Sportwissenschaft e.V.* (Studien zur Geschichte des Sports, Band 24, S. 65-116). Berlin: Lit.

Johannsen, A. (1944). *Die geologischen Grundlagen der Wasserversorgung am Ostrand des rheinischen Gebirges.* Dissertation, Marburg.

Jonas, B. (1980). Veränderungen in der Organisationsstruktur des ADL seit seiner Gründung. In Ausschuß Deutscher Leibeserzieher (Hrsg.), *25 Jahre Ausschuß Deutscher Leibeserzieher* (S. 49-58). Schorndorf: Hofmann.

Kamper, D., & Rittner, V. (1985). *Zur Geschichte des Körpers. Perspektiven der Anthropologie.* München; Wien: Hanser.

Karger, H. (1964). Zeit für die Olympiade. *Leichtathletik, 51/52*, 1442-1443.

Kasper, T. (2018). *Die Gestaltung der Grundausbildung am Hochschulinstitut für Leibesübungen der Universität Marburg im Rahmen der Hochschulsportordnung vom 30. Oktober 1934.* Examensarbeit, Marburg.

Kaube, J. (Hrsg.). (2009). *Die Illusion der Exzellenz. Lebenslügen der Wissenschaftspolitik.* Berlin: Wagenbach.

Kessler, W. (1984). *Geschichte der Universitätsstadt Marburg in Daten und Stichworten* (Marburger Stadtschriften zu Geschichte und Kultur, Band 15). Marburg: Presseamt.

Klapp, R. (1937). Die Vierfüßlerhaltung als Grundlage für Rumpfübungen. In C. Krümmel, & P. Jaeck (Hrsg.), *Die Sporthochschulen der Welt. Der Kongreß für körperliche Erziehung und das Internationale Studentenlager. Olympia 1936* (S. 233-234). Berlin: Weidmann.

Klemm, R. (1929/30). Die Akademische Segelfliegergruppe: Marburg weiht ihre Flughalle ein. *Hochschulblatt für Leibesübungen, 9*(7), 176.

Klimt, F. (1986). Der Aufbau des Bereichs Sportmedizin innerhalb des Instituts. In F. Klimt (Hrsg.), *Jubiläums-Band zum 40jährigen Jubiläum der Wiederaufnahme der Sportlehrerausbildung am Institut für Leibesübungen der Philipps-Universität Marburg* (S. 39-59). Marburg: Institut für Sportwissenschaft und Motologie.

Klimt, F. (Hrsg.). (1986). *Jubiläums-Band zum 40jährigen Jubiläum der Wiederaufnahme der Sportlehrerausbildung am Institut für Leibesübungen der Philipps-Universität Marburg.* Marburg: Institut für Sportwissenschaft und Motologie.

Kling, H. (1996). Sport und Bildung: Qualifizierende Angebote für alle. In F. Nitsch, & R. Lutz (Hrsg.), *Sport, Bildung und Demokratie. Fünfzig Jahre „Sport für alle" im Landessportbund Hessen* (S. 153-161). Marburg: Schüren.

Krafft, F., & Stoll, U. (Hrsg.). (1990). *25 Jahre Institut für Geschichte der Pharmazie der Philipps-Universität Marburg/Lahn 1965–1990. Ein Bericht*. Marburg: Selbstverlag.

Krüger, M., Kramer, F., & P. Giesler (2023). *Hinrich Medau (1890–1974) und seine Gymnastik. Von den Anfängen bis in die 1950er Jahre*. Baden-Baden: Academia.

Krümmel, C., & Jaeck, P. (Hrsg.). (1937). *Die Sporthochschulen der Welt. Olympia 1936*. Berlin: Weidmann.

Laging, R. (2023). Die Eingliederung des Instituts für Leibesübungen in die Fachbereichsstruktur der Philipps-Universität Marburg zwischen 1965 und 1975 – Ein Werkstattbericht nach Aktenlage. In J. Court, & A. Müller (Hrsg.), *Jahrbuch 2022 der Gesellschaft für Geschichte der Sportwissenschaft e.V.* (Studien zur Geschichte des Sports, Band 27, S. 131-160). Berlin: Lit.

Laging, R. (in Vorbereitung). Die ASH – Rekonstruktion einer drittelparitätisch besetzen sportwissenschaftlichen Organisation in der ersten Hälfte der 1970er Jahre. Die Dramaturgie eines gescheiterten Versuchs. In J. Court, & A. Müller (Hrsg.), *Jahrbuch 2024 der Gesellschaft für Geschichte der Sportwissenschaft e.V.* Berlin: Lit.

Langhein, H.-H. (1967). In memoriam. Oberschulrat Prof. Dr. Hans Möckelmann. *Die Leibeserziehung, 16*(3), 90-91.

Lemberg, M. (1989). *Barock im Marburger Raum*. Marburg: Hitzeroth.

Lind, C. (2019). Von barfüßigen Mönchen und Studenten hoch zu Ross – Der Umbau der Marburger Franziskanerkirche. In K. Schaal (Hrsg.), *Von mittelalterlichen Klöstern zu modernen Institutsgebäuden. Aus der Baugeschichte der Philipps-Universität Marburg* (S. 65-81). Münster, New York: Waxmann.

Lind, C. (2021/22). Der Schein trügt. Fundstücke aus dem Uniarchiv: Die Wahrheit über Marburgs Barockhäuschen. *Marburger UniJournal, 23*(65), 35.

Lindner, E. (1940). *Die deutschen Leistungsprüfungen, ihre Entwicklung und ihre Bedeutung für die deutschen Leibesübungen*. Würzburg: Konrad Trilsch. (Dissertation, Marburg)

Lindner, E. (1944). *Der Persönlichkeitsaufbau der Turn- und Sportlehrerin im Spiegel der Motorik*. Habilitation, Marburg.

Lindner, E. (1953). *Bewegungsschrift und Charakter. Ein exakter Nachweis des Ausdrucksverhaltens in der Motorik*. Marburg: unveröffentlicht.

Lindner, E. (1955). *Der Halterensprung. Eine Deutung der griechischen Wettkampfübung auf Grund einer experimentellen und theoretischen Untersuchung des Weitsprungs*. Marburg: unveröffentlicht.

Lindner, E. (1964, Sommersemester). Der antike Speerwurf mit ankyle. *alma mater philippina*, 26-27.

Lindner, E. (1967). *Sprung und Wurf. Analysen für die Praxis der Leichtathletik, zugleich ein Beitrag zur Bewegungslehre* (Beiträge zur Lehre und Forschung der Leibeserziehung, Band 29). Schorndorf: Hofmann.

Mallwitz, L. (1922). Der Akademische Sportbund. In L. Berger (Hrsg.), *Leibesübungen an deutschen Hochschulen. Handbuch für den deutschen Akademiker* (S. 196-197). Göttingen: Hochschulverlag.

Marburger Blätter (1972). *Kongress Wissenschaft und Demokratie*, 23 (4), 15.

Meß, P. (1942). *Das Feldbergturnfest: das älteste deutsche Bergturnfest in hundert Jahren politisch-turnerischer Entwicklung*. Dissertation, Marburg.

Meß, P. (1952). Marburg ruft! Marburg und sein Hochschulinstitut für Leibesübungen. *Deutsches Turnen, 97*(14), 6.

Meß, P. (1979). *„Quer durch Marburg" 1919–1979. 60 Jahre Stadtstaffellauf. Zugleich ein Streifzug durch die Geschichte des Sports in Marburg*. Marburg: Presseamt der Stadt.

Möckelmann, H. (1929). *Über den Persönlichkeitstypus des Turners und Sportlers*. Berlin: Elsner. (Dissertation, Marburg)

Möckelmann, H. (1933). Professor Dr. Erich Jaensch. *Verbindungszeitung der Akademischen Turnverbindung Marburg (Zeitung des Altherrenverbandes), 139*, 4-5.

Möckelmann, H. (1936). *Der Gestaltcharakter der Motorik und seine Bedeutung für die körperliche Erziehung* (Archiv für Körpererziehung, Band 1). Berlin: Weidmann. (Habilitation, Gießen)

Möckelmann, H. (1938). *10 Jahre Segelflug am Hochschulinstitut für Leibesübungen der Universität Marburg (1928–1938)*. Marburg: unveröffentlicht.

Möckelmann, H. (1940). Professor Dr. Erich Jaensch †. *Mitteilungsblatt der Kameradschaft und Altherrenschaft „Friedrich Ludwig Jahn"*, *4*, 27-30.

Möckelmann, H. (1940). Professor Dr. Erich Jaensch zum Gedächtnis. *Leibesübungen und körperliche Erziehung*, *59*(3/4), 17-18.

Möckelmann, H. (1942). Die Grundausbildung der Studierenden während des Krieges. *Leibesübungen und körperliche Erziehung*, *61*, 100-103.

Nagel, A. C. (Hrsg.). (2000). *Die Philipps-Universität Marburg im Nationalsozialismus. Dokumente zu ihrer Geschichte*. Stuttgart: Franz Steiner.

Nagel, A. C. (2018). *Die Philipps-Universität im Nationalsozialismus. Einführungsvortrag zum Kolloquium „Leibeserziehung und Sport in der Universitätsgeschichte von 1924–1974"*. Abruf unter https://www.uni-marburg.de/de/fb21/sportwissenschaft-motologie/forschung/nagel.pdf

Nail, N. (2006). Von Fechtböden und Ballspielhäusern. *Marburger UniJournal*, *8*(27), 45-46.

Nail, N., & Berschin, G. (2004a). *Zur Geschichte des Reitens an der Universität Marburg*. Marburg: unveröffentlicht.

Nail, N., & Berschin, G. (2004b). *Zur Geschichte des Fechtens an der Universität Marburg*. Marburg: unveröffentlicht.

Nail, N., & Berschin, G. (2004c). *Die Anfänge studentischer Körperertüchtigung in Marburg. Anlässlich des Tages des Hochschulsports an der Philipps-Universität*. Marburg: unveröffentlicht.

Nassehi, A. (2018). *Gab es 1968? Eine Spurensuche*. Hamburg: Kursbuch.

Neu, J. (1974). Von den Schwierigkeiten der ASH zu überleben: Bericht von der Bundesdelegiertenversammlung der Arbeitsgemeinschaft Sportwissenschaftlicher Hochschuleinrichtungen am 7.6.1974 in Marburg. *hochschulsport*, *2*(23), 5-8.

Nitsch, F. (1970). Auf der Suche nach Bündnispartner für ein vom ADH vorgelegtes Strukturmodell der Institute für Leibesübungen. *Die Leibeserziehung*, *19*(8), 267-270.

Nitsch, F. (1974). Der organisatorische Kahlschlag. *Frankfurter Allgemeine Zeitung*, Ausgabe vom 03. Dezember 1974.

Nitsch, F. (1990). Hochschulsport und Allgemeiner Deutscher Hochschulsportverband. In Deutscher Sportbund (Hrsg.), *Die Grün-*

derjahre des Deutschen Sportbundes. Wege aus der Not zur Einheit (S. 151-156). Schorndorf: Hofmann.

Nitsch, F. (1992). Der Hochschulsport nach dem Zweiten Weltkrieg in der Phase der Rekonstituierung (1945–1953). *Sozial- und Zeitgeschichte des Sports, 6*(3), 7-46.

o.A. (1937). Unsere Gausportschule. *Hessische Turnzeitung, 48*, 12-13.

Orliczek, M. T., & Priebe, A. (2022). Werfen, Springen und Sprinten in der Antike. Eine experimentell-archäologische Stationsarbeit (Teil I). *Lehrhilfen für den Sportunterricht, 71*(11), 513-517.

Orliczek, M. T., & Priebe, A. (2023). Speerwerfen und Ringen in der Antike. Eine experimentell-archäologische Stationsarbeit (Teil II). *Lehrhilfen für den Sportunterricht, 72*(3), 115-121.

Orliczek, M. T. (2024, 05. Juli). *Marburger Forschungen zur antiken Athletik unter Dr. habil. Erich Lindner – Akteure, Inhalte, Rezeption*. Vortrag auf der Jahrestagung der Deutschen Gesellschaft für Geschichte der Sportwissenschaft e.V. in Marburg.

Panconcelli-Calzia, G. (1924). Fechten als Sport. Ein Beitrag zur Reform des Studentenfechtens. *Hochschulblätter für Leibesübungen, 3*(19/20), 3-4.

Peiffer, L. (1987). *Turnunterricht im Dritten Reich – Erziehung für den Krieg*. Köln: Pahl-Rugenstein.

Peiffer, L. (2012). *Juden im Sport während des Nationalsozialismus: ein historisches Handbuch für Niedersachsen und Bremen*. Hildesheim: Wallstein.

Pfannenstiel, W. (1940). *Kurzer Überblick über die Entwicklung des Hygienischen Instituts Marburg innerhalb der letzten zehn Jahre 1930–1940*. Marburg: Bauer.

Piel, F. (1938). *Neugestaltung der Mehrkampfwertung auf Grund von 10000 Leistungsmessungen der Marburger Jugend*. Dissertation, Marburg.

Pirscher, V. v. (1986). Aufbau und Entwicklung des Instituts für Leibesübungen der Philipps-Universität Marburg nach 1945. In F. Klimt (Hrsg.), *Jubiläums-Band zum 40jährigen Jubiläum der Wiederaufnahme der Sportlehrerausbildung am Institut für Leibesübungen der Philipps-Universität Marburg* (S. 10-22). Marburg: Institut für Sportwissenschaft und Motologie.

Priebe, A. (2015). Das Deutsche Akademische Olympia 1924 in Marburg. In M. Dietz, M. Thomas, & J. Ulfkotte (Hrsg.), *Sportge-*

schichte mitten in Deutschland: Sammeln – Erforschen – Zeigen. Vorträge des gleichnamigen 7. DAGS-Symposiums am 9. bis 11. Oktober 2014 in der Jahnstadt Freyburg* (S. 211-218). Hildesheim: Arete.

Priebe, A. (2017). Deutsch-Akademische Olympien. Feste der akademischen Turn- und Sportbewegung (1909–1927). *SportZeiten: Sport in Geschichte, Kultur und Gesellschaft, 17*(1), 7-23.

Priebe, A. (2018). „Studenten fliegen": Die Abteilung für Luftfahrt am Hochschulinstitut für Leibesübungen der Philipps-Universität Marburg (1934–1945). *German journal of exercise and sport research, 48*(4), 573-581.

Priebe, A. (2019a). *„Studenten fliegen" – Die Abteilung für Luftfahrt am Hochschulinstitut für Leibesübungen der Philipps-Universität Marburg (1934–1945). Eine Ausstellung in der Universitätsbibliothek Marburg, 03. Juli bis 25. August 2019.* Abruf unter https://www.uni-marburg.de/de/fb21/sportwissenschaft-motologie/forschung/studentenfliegen.pdf

Priebe, A. (2019b). Die Anerkennung des Faches „Leibesübungen und körperliche Erziehung" an der Philipps-Universität Marburg im Jahr 1929. In J. Bietz, P. Böcker, & M. Pott-Klindworth (Hrsg.), *Die Sache und die Bildung. Bewegung, Spiel und Sport im bildungstheoretischen Horizont von Lehrerbildung, Schule und Unterricht. Zur Emeritierung von Ralf Laging* (S. 273-287). Baltmannsweiler: Schneider.

Priebe, A. (2020a). Die Abteilungen für Luftfahrt an den deutschen Universitäten unter dem NS-Regime. *Stadion: internationale Zeitschrift für Geschichte des Sports, 44*, 61-85.

Priebe, A. (2020b). Wanderpreis des Rektors der Philipps-Universität Marburg für die beste Flugleistung einer Kameradschaft (1939–1943). In M. Krüger (Hrsg.), *Deutsche Sportgeschichte in 100 Objekten* (S. 270-273). Neulingen: J. S. Klotz.

Priebe, A. (2020c). Plakat des Deutsch-Akademischen Olympia 1924 in Marburg. In M. Krüger (Hrsg.), *Deutsche Sportgeschichte in 100 Objekten* (S. 194-197). Neulingen: J. S. Klotz.

Priebe, A. (2022). Professor Dr. Hans Möckelmann – Direktor des Hochschulinstituts für Leibesübungen der Philipps-Universität Marburg (1937–1945). In J. Court, & A. Müller (Hrsg.), *Jahrbuch 2021 der Deutschen Gesellschaft für Geschichte der Sportwis-*

senschaft e.V. (Studien zur Geschichte des Sports, Band 26, S. 39-66). Berlin: Lit.

Priebe, A. (2023a). Peter Jaeck – Gründungsdirektor des Instituts für Leibesübungen der Philipps-Universität Marburg (1923–1937). In J. Court, & A. Müller (Hrsg.), *Jahrbuch 2022 der Deutschen Gesellschaft für Geschichte der Sportwissenschaft e.V.* (Studien zur Geschichte des Sports, Band 27, S. 59-81). Berlin: Lit.

Priebe, A. (2023b). Die Uni in Bewegung. Der Fußball gab den Anstoß: vor 100 Jahren erhielt die Marburger Universität ihr Stadion. *Marburger UniJournal, 25*(68), 26-30.

Priebe, A. (in Vorbereitung). Die Geschichte der Institute für Leibesübungen an den Technischen Hochschulen am Beispiel der TH Darmstadt. In J. Court, & A. Müller (Hrsg.), *Jahrbuch 2024 der Deutschen Gesellschaft für Geschichte der Sportwissenschaft e.V.* Berlin: Lit.

Priebe, A. unter Mitarbeit von Julia Hartrumpf (2023). *Bibliographie zur Geschichte der Institute für Leibesübungen und Sportwissenschaft in Deutschland von 1924 bis 1974* (Schriften der Deutschen Vereinigung für Sportwissenschaft, Band 297). Hamburg: Feldhaus.

Priebe, A., & Grabarits, M. (2015). *Das Deutsch-Akademische Olympia 1924 in Marburg. Eine Ausstellung im Foyer der Universitätsbibliothek Marburg, 10. November 2015 bis 31. Januar 2016.* Abruf unter https://www.uni-marburg.de/de/fb21/sportwissenschaft-motologie/forschung/dao1924.pdf

Priebe, A., & Grabarits, M. (2024). Das Institut für Leibesübungen und die kommunale Sportentwicklung in der Universitätsstadt Marburg. In J. Court, & A. Müller (Hrsg.), *Jahrbuch 2023 der Deutschen Gesellschaft für Geschichte der Sportwissenschaft e.V.* (Studien zur Geschichte des Sports, Band 28, S. 109-119). Berlin: Lit.

Priebe, A., & Reining, M. (2023). *100 Jahre Universitätsstadion der Philipps-Universität Marburg. Eine Ausstellung des Instituts für Sportwissenschaft und Motologie in Zusammenarbeit mit dem Zentrum für Hochschulsport im Universitätsstadion vom 24. Mai bis 14. Juli 2023.* Abruf unter https://www.uni-marburg.de/de/zfh/hochschulsport/unistadion-2023.pdf

Priebe, A., Orliczek, M. T., & Reining, M. (2024). *Das IfL und die Sportstadt Marburg. Ausstellung im Institut für Sportwissenschaft und Motologie. 03. Mai bis 19. Juli 2024.* Abruf unter https://www.uni-marburg.de/de/fb21/sportwissenschaft-motologie/ifl100/bilder/ifl100-ausstellung_das-ifl-und-die-sportstadt-marburg.pdf

Raulff, U. (2014). *Wiedersehen mit den Siebzigern. Die wilden Jahre des Lesens.* Stuttgart: Klett-Cotta.

Rief, M. (2017). *Die Geschichte des Instituts für Leibesübungen der Philipps-Universität Marburg von Beginn des zweiten Weltkrieges bis in die 1950er Jahre.* Examensarbeit, Marburg.

Rittner, V. (1977). *Identität und Natürlichkeit.* Habilitation, Marburg.

Rohstock, A. (2010). *Von der „Ordinarienuniversität" zur „Revolutionszentrale"? Hochschulreform und Hochschulrevolte in Bayern und Hessen 1957–1976.* München: Oldenbourg.

Rühl, J. K. (Hrsg.). (1971). *Entwicklung und Geschichte der Institute für Leibeserziehung* (Das Studium der Leibeserziehung, Band 8, S. 79-80). Saarbrücken: Landessportverband für das Saarland.

Rybnicek, R. (2014). *Neue Steuerungs- und Managementmethoden an Universitäten. Über die Akzeptanz und Problematik unter den Universitätsangehörigen.* Wiesbaden: Springer.

Sargk, C. (2010). *Hochschulpolitik und Hochschulgesetzgebung in Hessen in den 1960er und 1970er Jahren. Das Beispiel Gießen.* Dissertation, Gießen.

Schaub, H. (1977). Konsolidierung des IfL Marburg und seine Entwicklung bis zur Hochschulreform (1950–1970). In W. Bernsdorff (Hrsg.), *Siebzig Jahre Turn- und Sportlehrerausbildung in Marburg. Zur Geschichte des Instituts für Leibesübungen (IfL) 1907–1977* (S. 110-145). Gladenbach: Kempkes.

Schaub, H. (o.J.). *Theoretisch-wissenschaftliche Ausbildung und Forschungstätigkeit am IfL Marburg 1945 bis 1970.* Examensarbeit, Marburg.

Schilling, F. (1986). Der Aufbau des Bereichs Motologie innerhalb des Instituts. In F. Klimt (Hrsg.), *Jubiläums-Band zum 40jährigen Jubiläum der Wiederaufnahme der Sportlehrerausbildung am Institut für Leibesübungen der Philipps-Universität Marburg* (S. 60-66). Marburg: Institut für Sportwissenschaft und Motologie.

Schinke, P. (2019). *Peter Jaeck und das Institut für Leibesübungen der Philipps-Universität Marburg. Wesen und Wirken im Spannungsfeld der historischen Entwicklung*. Examensarbeit, Marburg.

Schlürmann, J. (2020). Ein biblio-biographisches Verzeichnis der europäischen Fechtmeister des Spätmittelalters und der frühen Neuzeit (ca. 1350–ca. 1730). In J. Court, & A. Müller (Hrsg.), *Jahrbuch 2019 der Deutschen Gesellschaft für Geschichte der Sportwissenschaft e.V.* (Studien zur Geschichte des Sports, Band 24, S. 21-64). Berlin: Lit.

Schmidt, O. (1986). 40 Jahre danach – Erinnerungen und Eindrücke. In F. Klimt (Hrsg.), *Jubiläums-Band zum 40jährigen Jubiläum der Wiederaufnahme der Sportlehrerausbildung am Institut für Leibesübungen der Philipps–Universität Marburg* (S. 67-76). Marburg: Institut für Sportwissenschaft und Motologie.

Schmidt, W. (1986). Die Wiederaufnahme der Sportmedizin in das Lehrprogramm nach 1945. In F. Klimt (Hrsg.), *Jubiläums-Band zum 40jährigen Jubiläum der Wiederaufnahme der Sportlehrerausbildung am Institut für Leibesübungen der Philipps-Universität Marburg* (S. 23-24). Marburg: Institut für Sportwissenschaft und Motologie.

Smolny, D. (2024, 05. Juli). *Die erste Turnplatzgründung in der Universitätsstadt Marburg*. Vortrag auf der Jahrestagung der Deutschen Gesellschaft für Geschichte der Sportwissenschaft e.V. in Marburg.

Streib, W. (1935). *Geschichte des Ballhauses, unter besonderer Berücksichtigung des Ballhauses zu Marburg*. Dissertation, Marburg.

Schulke, H.-J. (Hrsg.). (1975). *Sport, Wissenschaft und Politik in der BRD*. Köln: Pahl-Rugenstein.

Schulke, H.-J. (2018). Was „68" in Bewegung kam. Ein sportpolitischer Rückblick. In *1968 im Sport* (S. 94-96). Hildesheim: Arete.

Sybel, L. v. (1903). *Die Sammlung der Gipsabgüsse der Universität Marburg. Im Reithaus, Barfüsserstraße Nr. 1*. Marburg: Elwert.

Torges, K. (1937). *Die Kulturpolitik auf dem Gebiet der körperlichen Erziehung in Kurhessen*. Dissertation, Marburg.

Ueberhorst, H. (1976). *Carl Krümmel und die nationalsozialistische Leibeserziehung*. Berlin: Bartels & Wernitz.

Ungerer, D. (1977). *Zur Theorie des sensomotorischen Lernens* (3. überarb. und erw. Auflage). Schorndorf: Hofmann.

Vokietaitis, A. (1939). *Problem der Systematik und der nationalen Form im heutigen Schulturnen der führenden europäischen Länder*. Dissertation, Marburg.

Willimczik, K. (2001). *Sportwissenschaft interdisziplinär. Ein theoretischer Dialog. Band 1: Geschichte, Struktur und Gegenstand der Sportwissenschaft*. Hamburg: Czwalina.

Willimczik, K. (2018). Die westdeutsche Sportwissenschaft in der Nachkriegszeit 1945–1970 – eine alternative Deutung zum Beitrag von Wolfgang Buss. In J. Court, & A. Müller (Hrsg.), *Jahrbuch 2017 der Deutschen Gesellschaft für Geschichte der Sportwissenschaft e.V.* (Studien zur Geschichte des Sports, Band 21, S. 131-141). Berlin: Lit.

Wolf, N. (1974). *Dokumente zum Schulsport, Bemühungen des Deutschen Sportbundes 1950–1974*. Schorndorf: Hofmann.

Zansen genannt von der Osten, L. (2016). *Die Prüfungslager am Hochschulinstitut für Leibesübungen an der Universität Marburg – Entwicklung und Funktion im nationalsozialistischen Erziehungssystem*. Examensarbeit, Marburg.

Zhorzel, W. (1977). Zwischen Kaiserreich und Nationalsozialismus. Sport an der Universität Marburg 1907–1945. In W. Bernsdorff (Hrsg.), *Siebzig Jahre Turn- und Sportlehrerausbildung in Marburg. Zur Geschichte des Instituts für Leibesübungen (IfL) 1907–1977* (S. 8-85). Gladenbach: Kempkes.

Zhorzel, W. (1978). *Hochschulsport und Sportwissenschaft an der Universität Marburg bis 1945*. Examensarbeit, Marburg.

Zok, A. (2022). *Die Einführung und Entwicklung der Hochschulsport-Ordnung vom 30. Oktober 1934 am Hochschulinstitut für Leibesübungen der Philipps-Universität Marburg (1934–1945)*. Examensarbeit, Marburg.

Chronik des Instituts[*]

1907 — Einrichtung der einjährigen Turnlehrerkurse

1912 — Gründung des *Akademischen Ausschusses für Leibesübungen* (AAfL)

1920 — Gründung des *Amtes für Leibesübungen* (AfL) der Studentenschaft

1921 — Gründung des *Deutschen Hochschulamtes für Leibesübungen* (DeHofL) in Berlin

1923 — Einweihung des Universitätsstadions (13. Mai)

Anstellung von Dr. Peter Jaeck als Akademischen Turn- und Sportlehrer an der *Philipps-Universität Marburg* (01. Oktober)

1924 — Einrichten des Universitätsschwimmbades am Wehrdaer Weg (ehemals Florabad)

Gründung des *Instituts für Leibesübungen* (20. März)

Deutsch-Akademisches Olympia (18. bis 20. Juli)

Zweites Turnerjugendtreffen in Marburg (02./03. August)

---

[*] Für eine Kontextualisierung wurden zudem ausgewählte Daten zur Infrastruktur, Bildungspolitik, zu den Direktoren und besonderen Ereignissen des Sports aufgenommen.

1925

Erlass des preußischen Ministeriums zur *Gründung der Institute für Leibesübungen an den Universitäten* (30. September)

Habilitation Dr. Peter Jaecks an der *Philosophischen Fakultät* („Die Grundlagen der körperlichen Höchstleistung. Ein Beitrag zur Pädagogik der Leibesübungen an Deutschen Hochschulen") (07. November)

Gründung des Stadtverbandes der Marburger Turn- und Sportvereine, dessen Vorsitz Dr. Peter Jaeck übernimmt und dessen Geschäftsstelle im IfL eingerichtet wird.

Der 1919 initiierte Stadtstaffelllauf wird fortan unter der Leitung Dr. Peter Jaecks ausgerichtet.

1926

Ernennung Dr. Peter Jaecks zum Direktor des *Instituts für Leibesübungen* (10. Februar)

Einweihung des Bootshauses am Wehrdaer Weg

Gründung der DLRG am Trojedamm mit Dr. Peter Jaeck als Gründungsmitglied

1927

Einweihung des Universitätsreitstalls im ehemaligen Gutshof des Deutschen Ordens am Ortenberg (03. Juni)

Einzug des *Instituts für Leibesübungen* in die ehemalige Reithalle (1731) an der Barfüßerstraße 1 im Rahmen des 400. Universitätsjubiläums

1928

Einweihung des Bootshauses am Edersee bei Herzhausen

Einweihung des Strandbades am Trojedamm nahe dem Universitätsstadion

1929	Einweihung der Segelflughalle am Hasenkopf
	Erlass des Ministeriums zur *Neuordnung der Ausbildung der Turn- und Sportlehrer(-innen) an den höheren Schulen in Preußen* (01. August)
1930	Einweihung des städtischen Luisabades (geplant unter dem Vorsitz von Peter Jaeck)
1931	Gründung des *Allgemeinen wissenschaftlichen Wehramtes* durch die Burschenschaften und Korporationsverbände
1932	Ausweitung des Wehr- und Geländesports am IfL
1933	Fortführung des *Instituts für Leibesübungen* im „nationalsozialistischen Geist" (Peter Jaeck) und enge Zusammenarbeit mit dem SA-Hochschulamt
1934	Einführung der *Hochschulsportordnung* mit Pflichtsport für alle Studierenden (30. Oktober)
	Gründung der *Abteilung für Luftfahrt* (11. November)
1935	Einführung des *Sport-Dies* zum Abschluss des Sommersemesters
	Beginn der vierwöchigen, zentralen Prüfungslager aller angehenden Turnlehrerinnen in Deutschland im HIfL Marburg unter der Leitung von Prof. Dr. Peter Jaeck in denen auch die BdM-Führerinnen eingebunden sind
	Prof. Dr. Peter Jaeck erhält das Promotionsrecht.

1936	—	Die *Abteilung für Luftfahrt* stellt deren Konzeption auf der Ausstellung *Schule und Luftfahrt* des *Reichserziehungsministeriums* in Berlin aus (Januar/Februar).
		Einführung des Windenstarts auf dem Flugplatz Afföller
		Internationales Studentenlager (23. Juli bis 17. August) und *Kongreß für körperliche Erziehung* (27. bis 31. Juli) im Rahmen der Olympischen Spiele 1936 in Berlin unter der Leitung von Carl Krümmel und Peter Jaeck
1937	—	Gründung des *Nationalsozialistischen Fliegerkorps* (NSFK), mit dem die *Abteilung für Luftfahrt* kooperiert (April)
		Einweihung des *Marburger Hauses* auf der „Hohen Fahrt" am Edersee (Juni)
		Professor Dr. Peter Jaeck verunglückt tödlich (05. Oktober).
		Dr. Hans Möckelmann tritt die Nachfolge von Jaeck als Direktor des HIfL in Marburg an (01. November).
1938	—	Dr. Hans Möckelmann wird NS-Dozentenbundführer (14. April).
		Dr. Hans Möckelmann übernimmt die Leitung der zentralen *Prüfungslehrgänge* (Juni/Juli).
1939	—	Dr. Hans Möckelmann wird zum außerordentlichen Professor ernannt (April).
		Einberufung von Dr. Hans Möckelmann zum Heeresdienst (August)
		Erich Lindner wird von Kiel nach Marburg abgeordnet und mit der „stellvertretenden Führung der Direktorial-

geschäfte des Instituts für Leibesübungen" in Marburg beauftragt (10. Oktober).

1940

Erich Lindner erhält seine Promotionsurkunde zum „Doktor der Philosophie" von der *Philosophischen Fakultät* der *Philipps-Universität Marburg* (20. März).

Dr. Erich Lindner wird von Kiel nach Marburg versetzt und zum kommissarischen IfL-Direktor ernannt (01. April).

Die *Abteilung für Luftfahrt* übernimmt die Ausbildung für alle westdeutschen Universitäten.

Einrichten von Luftfahrt-Lehrgängen für alle Studierende der wehrwichtigen Fächer

1941

Prof. Dr. Hans Möckelmann wird vom Heeresdienst beurlaubt und in das *Reichserziehungsministerium* berufen, wo er an den *Richtlinien für Leibeserziehung der Mädchen an Schulen* mitarbeitet.

Das Bootshaus auf der „Hohen Fahrt" wird für die Kinderlandverschickung umgenutzt.

1942

Das HIfL übernimmt die fachliche Schulung der technische Assistentinnen für die Ausbildung in der Heilgymnastik bei Prof. Dr. Rudolf Klapp und die Hebammenschülerinnen.

Ministerialdirektor Prof. Dr. Carl Krümmel besucht das Prüfungslager der Turnstudentinnen (August).

1944

Zerstörung des Bootshauses am Wehrdaer Weg und des Reitinstituts am Ortenberg durch Bombenabwurf

Habilitation von Dr. Erich Lindner in der *Philosophi-*

schen Fakultät der Universität Marburg („Der Persönlichkeitsaufbau der Turn- und Sportlehrerin im Spiegel der Motorik")

1945 — Besetzung des *Instituts für Leibesübungen* durch die alliierten Truppen (März)

1946 — Wiederaufnahme der Ausbildung der Turnlehrer/innen

Einrichtung einer viersemestrigen Gymnastiklehrerinnenausbildung, in deren Rahmen regelmäßig Lehrgänge von Rudolf Bode, zeitweise auch von Hinrich Medau (1947) angeboten wurden.

Das Bootshaus auf der „Hohen Fahrt" wird von der Militärregierung übernommen.

1948 — Wiederbegründung des *Akademischen Ausschusses für Leibesübungen* (AAfL) als Senatsauschuss der Universität Marburg

Gründung der *Arbeitsgemeinschaft deutscher Hochschulsportreferenten* in Bayrischzell, der später in *Allgemeiner Deutscher Hochschulsportverband* (ADH) umbenannt wird

Gründung der *Arbeitsgemeinschaft der Institutsdirektoren* (AID) in Bonn

1949 — Dr. Erich Lindner wird zum Kommissarischen Direktor des *Hochschulinstituts für Leibesübungen* in Marburg ernannt (29. Juni).

Wiederinbetriebnahme des Bootshauses auf der *Hohen Fahrt*

Bei der *Ersten Internationalen Hochschulsportwoche*

(später *Universiade*) in Meran nehmen erstmalig wieder deutsche Studierende teil. Die Marburger Teilnehmer/innen gewinnen vier erste Plätze für die deutsche Mannschaft.

1950 — Dr. Erich Lindner wird durch den Hessischen Ministerpräsidenten zum Direktor des *Instituts für Leibesübungen* ernannt (01. Mai).

Gründung des *Deutschen Hochschulausschusses für Leibesübungen* (DeHofL), in dem der Rektor der Universität Marburg, Prof. Dr. Gerhard Albrecht, den Vorsitz und Dr. Erich Lindner die Aufgaben des Geschäftsführers übernimmt.

Wiederinbetriebnahme des Universitätsschwimmbades am Wehrdaer Weg

Wiederbegründung des *Sport-Dies* im Sommersemester

1952 — Bau einer Brücke über die Lahn zur Verbindung des Bootshauses und der Afföllerwiesen (Oktober)

1953 — Die Arbeit von Dr. Erich Lindner „Bewegungsschrift und Charakter, ein exakter Ausdrucksgehalt in der Motorik" wird mit der *Carl-Diem-Plakette* gewürdigt.

Einführung einer Ausbildung für angehende Sportärzte in Zusammenarbeit mit der *Medizinischen Fakultät* unter der Leitung von Prof. Dr. Hans Erhard Bock

1955 — Die Arbeit von Dr. Erich Lindner zu den antiken Halterensprüngen erhält im *Carl-Diem-Wettbewerb* eine „lobende Anerkennung".

1957	—	Die Marburger Leichtathlet/innen gewinnen die Deutsche Hochschulmeisterschaft.
1959	—	Die Marburger Leichtathlet/innen gewinnen die Deutsche Hochschulmeisterschaft.
1960	—	Dr. Erich Lindner wird zum Dozenten an der neu gegründeten *Internationalen Olympischen Akademie* in Olympia/Griechenland berufen und trägt dort zu seinen Forschungen über den antiken Halterensprung vor.
		Die Ausbildung zur Turn- und Sportlehrer/in im freien Beruf wird eingestellt.
1961	—	Beginn der Planungen für ein zentrales Institutsgebäude mit Sportanlagen und Schwimmhalle in Ockershausen, das nicht realisiert wurde. Auch die Pläne in den 1970er-Jahren für ein Sportzentrum auf den Lahnbergen werden nicht umgesetzt.
1962	—	Ausrichtung der Deutschen Hochschulmeisterschaften im Schwimmen, Springen und Wasserball im städtischen Schwimmbad
1963	—	Gründung des *Universitätssportclubs* (USC), der nach längerer Auseinandersetzung 1969 keine Aufnahme in den Landessportbund Hessen findet.
1964	—	Dr. Erich Lindner trägt anlässlich der Olympischen Spiele in Tokio zu seinen Arbeiten über den Stabhochsprung vor.
		Arbeitstreffen der *Arbeitsgemeinschaft der Institutsdi-*

	rektoren (AID) in Marburg und Gedenkfeier zum 70. Geburtstag von Prof. Dr. Peter Jaeck (Dezember)
1965	Dr. Erich Lindner wird in den *Leistungsrat* des *Deutschen Leichtathletik Verbandes* (DLV) berufen.
	Der Abriss der alten Jugendherberge auf dem Gelände des Universitätsstadion bereitet den Neubau der Sporthalle vor.
1966	Das *Hessische Hochschulgesetz* wird verabschiedet (16. Mai).
1967	Eröffnung des *Georg-Gassmann-Stadions* in Ockershausen
	Eröffnung des Skiheims *Marburger Haus* im Kleinen Walsertal unter der Trägerschaft des *Marburger Universitätsbundes* (30. August)
1969	Einweihung der Universitäts-Sporthalle
	Studienreise des *Instituts für Leibesübungen* unter der Leitung von Dr. Erich Lindner zum *Zentralinstitut für Körperkultur* nach Moskau (Oktober)
	1. Bundestagung der Fachschaften Sport in Marburg (31. Oktober bis 01. November)
1970	Verabschiedung des *Hessischen Universitätsgesetzes* (HUG) (12. Mai)
1972	Auflösung der *Arbeitsgemeinschaft der Institutsdirektoren* (AID), geplant war zunächst die Gründung einer

Arbeitsgemeinschaft der Institute (AdI) (26./27. November 1971 in Tübingen), gegründet wurde 1972 die *Arbeitsgemeinschaft der Sportwissenschaftlichen Hochschuleinrichtungen* (ASH) (26./27. Mai in Gießen). Die AID erklärte am Gründungstag der ASH ihre Auflösung.

Dr. Herbert Hartmann wird im Rahmen der Überleitung zum Professor am IfL ernannt (Dezember).

1973

Dr. Erich Lindner wird auf Antrag des Kanzlers an das HKM zum Professor für *Bewegungslehre und Biomechanik* ernannt (15. Februar).

Prof. Dr. Erich Lindner verstirbt (02. März).

Prof. Dr. Herbert Hartmann wird geschäftsführender Direktor (23. Mai).

Dr. Volker Rittner wird zum Dozenten für die Professur *Anthropologie und Soziologie des Sports* ernannt (Mai). Die Ruferteilung auf diese Professur erfolgt erst im August 1978. Rittner wechselt 1979 auf eine Professur für *Sportsoziologie* an die DSHS Köln.

1974

Teilung des *Fachbereichs Gesellschaftswissenschaften* (FB 03) durch die Ausgliederung der Erziehungswissenschaft und Sonderpädagogik in einen neuen *Fachbereich Erziehungswissenschaften* mit der Zuordnung des *Instituts für Leibesübungen* (20. Februar Beschluss im FB 03, 11. März Beschluss des *Ständigen Ausschusses II*, 29. März Genehmigung durch das HKM)

Prof. Dr. Herbert Hartmann tritt eine Professur für *Sportpädagogik* an der TH Darmstadt an (Oktober).

1975

Dr. Eberhard Hildenbrandt erhält den Ruf auf die

Professur für *Sportpädagogik* und übernimmt die Stelle zum Wintersemester. Er ist damit der erste berufene Professor nach Kriegsende im IfL (Oktober).

Konstituierende Sitzung des neuen Fachbereichs *Erziehungswissenschaften* mit den Instituten Erziehungswissenschaft, Sonderpädagogik und Sportwissenschaft (25. Juni).

Gründung des *Zentrums für Hochschulsport* unter der Leitung von Wolfgang Elsner (Oktober)

1976

Dr. Hans-Gerhard Sack übernimmt die Professur für *Sportpsychologie* (15. Februar).

Dr. Friedhelm Schilling übernimmt die Professur für *Sozialpsychologie des Sports und Bewegungstherapie* (02. Mai).

Studien zur Geschichte des Sports
hrsg. von Prof. Dr. Wolfram Pyta (Universität Stuttgart),
Prof. Dr. Giselher Spitzer (HU Berlin), Prof. Dr. Rainer Gömmel
(Universität Regensburg), Prof. em. Dr. Jürgen Court (Universität Erfurt) und
Prof. Dr. Michael Krüger (Universität Münster)

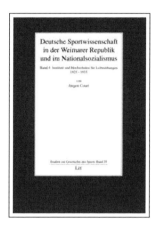

Jürgen Court
Deutsche Sportwissenschaft in der Weimarer Republik und im Nationalsozialismus
Band 4: Institute und Hochschulen für Leibesübungen 1925 – 1933
Nachdem Band III der Historie der deutschen Sportwissenschaft von 1900 bis 1945 die Gründungsphase der staatlichen Universitätsinstitute für Leibesübungen (IfL) zwischen 1920 und 1925 zum Inhalt hatte, geht es nun um die Zeit von 1925 bis in die Mitte des Jahres 1933, die durch zwei neue Funktionen gekennzeichnet ist: die Organisation des studentischen Pflichtsports und die Ausbildung von Turnlehrern und -lehrerinnen für die höheren Schulen. Während im Teil zur Sportpflicht der Übungs- und Wettkampfbetrieb mit seinen Rahmenbedingungen wie der Sportärztetagung 1926 oder der Gründung wissenschaftlicher Gesellschaften behandelt wird, bildet den Mittelpunkt der Ausführungen zur Turnlehrerausbildung die auf umfangreiches Archivmaterial gestützte Reaktion an den Universitäten, die in der Berliner Arbeitsgemeinschaft mit der Deutschen und Preußischen Hochschule kooperieren mußten.
Besondere Aufmerksamkeit wird dem Prozeß der Umgestaltung der Sportwissenschaft in den ersten Monaten nach der ‚Machtergreifung' 1933 und ihrem Zusammenhang mit dem Aufstieg in der Weimarer Republik gewidmet. Im Zentrum steht hier das Reformkonzept der ‚neuen universitas', das dieser jungen Disziplin mit ihrer Synthese von Wissen und Handeln wichtige Legitimationsmöglichkeiten im Rahmen der traditionellen Geistes- und Naturwissenschaften eröffnete.
Gerade aufgrund dieser untrennbaren Verbindungen ist der Band sowohl für Interessenten aus der Wissenschaftsgeschichte als auch an Einzelwissenschaften (vor allem Medizin, Pädagogik und Geschichte) von Interesse.
Bd. 29, 2024, 308 S., 29,90 €, gb., ISBN 978-3-643-15020-2

LIT Verlag Berlin – Münster – Wien – Zürich – London
Auslieferung Deutschland / Österreich / Schweiz: siehe Impressumsseite

Jürgen Court; Arno Müller (Hrsg.)
Jahrbuch 2023 der Deutschen Gesellschaft für Geschichte der Sportwissenschaft e. V.
Dieses achtzehnte Jahrbuch der interdisziplinären Deutschen Gesellschaft für Geschichte der Sportwissenschaft e. V. versammelt die Beiträge ihrer Jahrestagung 2022. Es behandelt den Ansatz einer didaktischen Bewegungsarchäologie, den Turnlehrer Friedrich Bachmaier, das Institut für Leibesübungen und die kommunale Sportentwicklung in der Universitätsstadt Marburg, die Deutsche Vereinigung für Sportwissenschaft, die WM 1966 als Katalysator für die Kommerzialisierung des Fußballs und architekturgeschichtliche Analysen als Instrument sporthistorischer Forschung. Die Autoren der Aufsätze sind Tarik M. Orliczek, Winfried Joch, Alexander Priebe, Miriam Grabarits, Klaus Willlimczik, Matthias Fechner und Juliane Gansera-Blum.
Der Band ist für Studierende und Lehrende der Sportwissenschaft und ihrer Mutterdisziplinen (Geschichtswissenschaft, Wissenschaftsgeschichte, Archäologie, Didaktik, Architekturgeschichte, Sportgeschichte und Kulturgeschichte) gleichermaßen von Interesse.
Bd. 28, 2024, 218 S., 24,90 €, br., ISBN 978-3-643-15347-0

Jürgen Court, Arno Müller (Hrsg.)
Jahrbuch 2022 der Deutschen Gesellschaft für Geschichte der Sportwissenschaft e. V.
Bd. 27, 2022, 116 S., 24,90 €, br., ISBN 978-3-643-15266-4

Jürgen Court; Arno Müller (Hrsg.)
Jahrbuch 2021 der Deutschen Gesellschaft für Geschichte der Sportwissenschaft e. V.
Bd. 26, 2022, 114 S., 24,90 €, br., ISBN 978-3-643-15022-6

Jürgen Court; Arno Müller; Wolfgang Buss (Hrsg.)
Jahrbuch 2020 der Deutschen Gesellschaft für Geschichte der Sportwissenschaft e. V.
Bd. 25, 2021, 114 S., 24,90 €, br., ISBN 978-3-643-14817-9

Jürgen Court; Arno Müller (Hrsg.)
Jahrbuch 2019 der Deutschen Gesellschaft für Geschichte der Sportwissenschaft e. V.
Bd. 24, 2020, 164 S., 24,90 €, br., ISBN 978-3-643-14513-0

Jürgen Court
Deutsche Sportwissenschaft in der Weimarer Republik und im Nationalsozialismus
Bd. 3: Institute für Leibesübungen 1920 – 1925
Bd. 23, 2019, 228 S., 24,90 €, gb., ISBN 978-3-643-14354-9

Jürgen Court; Arno Müller (Hrsg.)
Jahrbuch 2018 der Deutschen Gesellschaft für Geschichte der Sportwissenschaft e. V.
Bd. 22, 2019, 132 S., 24,90 €, br., ISBN 978-3-643-14234-4

LIT Verlag Berlin – Münster – Wien – Zürich – London
Auslieferung Deutschland / Österreich / Schweiz: siehe Impressumsseite

Jürgen Court; Arno Müller (Hrsg.)
Jahrbuch 2017 der Deutschen Gesellschaft für Geschichte der Sportwissenschaft e. V.
Bd. 21, 2018, 200 S., 24,90 €, br., ISBN 978-3-643-13926-9

Jürgen Court; Arno Müller (Hrsg.)
Jahrbuch 2015/16 der Deutschen Gesellschaft für Geschichte der Sportwissenschaft e. V.
Bd. 20, 2017, 250 S., 24,90 €, br., ISBN 978-3-643-13637-4

Jürgen Court; Arno Müller (Hrsg.)
Jahrbuch 2014 der Deutschen Gesellschaft für Geschichte der Sportwissenschaft e. V.
Bd. 19, 2016, 136 S., 24,90 €, br., ISBN 978-3-643-13245-1

Jürgen Court; Arno Müller (Hrsg.)
Jahrbuch 2013 der Deutschen Gesellschaft für Geschichte der Sportwissenschaft e. V.
Bd. 18, 2014, 160 S., 24,90 €, br., ISBN 978-3-643-12895-9

Josef M. Feigenberg
Nikolai Bernstein – from Reflex to the Model of the Future
vol. 17, 2014, 272 pp., 29,90 €, pb., ISBN-CH 978-3-643-90583-3

Jürgen Court
Deutsche Sportwissenschaft in der Weimarer Republik und im Nationalsozialismus
Bd. 2: Die Geschichte der Deutschen Hochschule für Leibesübungen 1919 – 1925
Bd. 16, 2014, 320 S., 39,90 €, br., ISBN 978-3-643-12558-3

Jürgen Court; Eberhard Loosch; Arno Müller (Hrsg.)
Jahrbuch 2012 der Deutschen Gesellschaft für Geschichte der Sportwissenschaft e. V.
N. A. Bernstein versus I. P. Pavlov – „‚bedingte Reflexe' revisited"
Bd. 15, 2014, 192 S., 24,90 €, br., ISBN 978-3-643-12437-1

Jürgen Court; Hans-Georg Kremer; Arno Müller (Hrsg.)
Jahrbuch 2011 der Deutschen Gesellschaft für Geschichte der Sportwissenschaft e. V.
Bd. 14, 2012, 248 S., 24,90 €, br., ISBN 978-3-643-11922-3

Michael Krüger (Hrsg.)
Erinnerungskultur im Sport
Vom kritischen Umgang mit Carl Diem, Sepp Herberger und anderen Größen des deutschen Sports
Bd. 13, 2. Aufl. 2014, 312 S., 29,90 €, br., ISBN 978-3-643-11677-2

Jürgen Court; Arno Müller; Wolfram Pyta (Hrsg.)
Jahrbuch 2010 der Deutschen Gesellschaft für Geschichte der Sportwissenschaft e. V.
Bd. 12, 2011, 144 S., 24,90 €, br., ISBN 978-3-643-11476-1

Jürgen Court; Arno Müller; Christian Wacker (Hrsg.)
Jahrbuch 2009 der Deutschen Gesellschaft für Geschichte der Sportwissenschaft e. V.
Bd. 11, 2010, 176 S., 24,90 €, br., ISBN 978-3-643-11026-8

Jürgen Court; Arno Müller; Andrea Schulte (Hrsg.)
Jahrbuch 2008 der Deutschen Gesellschaft für Geschichte der Sportwissenschaft e. V.
Bd. 10, 2009, 232 S., 24,90 €, br., ISBN 978-3-643-10229-4

Michael Krüger (Hrsg.)
Der deutsche Sport auf dem Weg in die Moderne
Carl Diem und seine Zeit
Bd. 9, 2009, 400 S., 39,90 €, br., ISBN 978-3-643-10140-2

Michael Krüger (Hrsg.)
Erinnerungen an Carl Diem
Bd. 8, 2009, 136 S., 19,90 €, br., ISBN 978-3-643-10120-4

Jürgen Court; Arno Müller; Christian Wacker (Hrsg.)
Jahrbuch 2007 der Deutschen Gesellschaft für Geschichte der Sportwissenschaft e. V.
Sport-Körper-Religion
Bd. 7, 2008, 160 S., 24,90 €, br., ISBN 978-3-8258-1678-0

Jürgen Court
Deutsche Sportwissenschaft in der Weimarer Republik und im Nationalsozialismus
Band 1: Die Vorgeschichte 1900 – 1918
Bd. 6, 2008, 320 S., 24,90 €, gb., ISBN 978-3-8258-1379-6

Christian Wacker; Robert Marxen (Hrsg.)
Olympia – Ideal und Wirklichkeit
Festschrift für Norbert Müller zum 60. Geburtstag
Bd. 5, 2008, 352 S., 34,90 €, br., ISBN 978-3-8258-1208-9

Loosch Eberhard
Otto Klemm (1884 – 1939) und das Psychologische Institut in Leipzig
Bd. 4, 2008, 160 S., 24,90 €, gb., ISBN 978-3-8258-0981-2

Peter Tauber
Vom Schützengraben auf den grünen Rasen
Der Erste Weltkrieg und die Entwicklung des Sports in Deutschland
Bd. 3, 2008, 496 S., 39,90 €, br., ISBN 978-3-8258-0675-0

Jürgen Court; Arno Müller; Christian Wacker (Hrsg.)
Jahrbuch 2006 der Deutschen Gesellschaft für Geschichte der Sportwissenschaft e. V.
Fußballsport und Wissenschaftsgeschichte
Bd. 2, 2007, 176 S., 24,90 €, br., ISBN 978-3-8258-0674-3

Jürgen Court (Hrsg.)
Jahrbuch 2005 der Deutschen Gesellschaft für Geschichte der Sportwissenschaft e. V.
Bd. 1, 2006, 192 S., 14,90 €, br., ISBN 3-8258-9352-9

LIT Verlag Berlin – Münster – Wien – Zürich – London
Auslieferung Deutschland / Österreich / Schweiz: siehe Impressumsseite